A educação pela noite

Antonio Candido

A educação pela noite

todavia

A Ruth e Décio de Almeida Prado

Explicação 9

Primeira parte

A educação pela noite 13
Os primeiros baudelairianos 31
Os olhos, a barca e o espelho 53
Poesia e ficção na autobiografia 69

Segunda parte

O patriarca 97
Timidez do romance 111
Fora do texto, dentro da vida 137
O ato crítico 167

Terceira parte

Literatura e subdesenvolvimento 191
Literatura de dois gumes 223
A Revolução de 1930 e a cultura 247
A nova narrativa 271

Notas bibliográficas 295

Explicação

Este livro reúne textos de palestras e artigos divulgados em circunstâncias diversas, registradas numa nota final. Alguns se destinavam a público estrangeiro, e isto explica não apenas certas informações dispensáveis para o leitor brasileiro, mas a ocorrência de ideias que já estavam noutros escritos do autor. Apesar de organizados em três partes, são independentes e não há ordem necessária de leitura.

Os da primeira parte abordam de perto alguns escritores, individualmente ou em pequenos grupos. O ensaio de abertura, que dá nome ao livro, analisa o teatro e a narrativa em prosa de Álvares de Azevedo, talvez o poeta mais interessante do nosso Romantismo. Nele é apresentada a hipótese de que a articulação do *Macário* com *Noite na taverna* constitui uma ousada modulação de gêneros que leva para frente o programa romântico de romper as barreiras entre eles. "Os primeiros baudelairianos" estuda a maneira peculiar com que três jovens poetas de transição entre Romantismo e Parnasianismo sofreram a influência de Baudelaire, ajustando-a às tendências e necessidades do meio literário brasileiro daquele tempo. O terceiro texto, "Os olhos, a barca e o espelho", analisa trechos dos diários de Lima Barreto, procurando detectar sementes virtuais de ficção no registro da experiência pessoal, a fim de ver como ela se mistura ao sentimento social para desaguarem combinadas na elaboração da escrita. Encerra esta parte uma análise da infiltração da poesia e da ficção na autobiografia, com destaque para a obra de Pedro Nava.

Na segunda parte são estudados quatro críticos: dois brasileiros bem conhecidos e dois estrangeiros de outro tempo, quase ignorados mas importantes para quem se interesse pela história da teoria do romance. "O patriarca" mostra o caráter inovador de um tratado de 1554, do italiano Giraldi Cintio, o primeiro teórico da narrativa, que então era moderna, sob a forma do poema cavaleiresco de assunto medieval. "Timidez do romance" fala de quem é talvez o primeiro teórico da ficção em prosa, o francês Fancan, que tentou modestamente, no começo do século XVII, reivindicar a dignidade do gênero. "Fora do texto, dentro da vida" focaliza a obra de Sílvio Romero, procurando inclusive sugerir o ritmo vivo com que ele sentiu e exprimiu as contradições do seu país. "O ato crítico" é consagrado a Sérgio Milliet, analista sensível, que transformava o estudo das obras num certo tipo de engajamento da personalidade.

A terceira parte contém amostras do que se poderia chamar "crítica esquemática", panoramas abrangendo segmentos amplos da atividade literária e cultural vista a voo de pássaro. "Literatura e subdesenvolvimento" expõe a correlação entre atraso cultural e produção literária na América Latina. "Literatura de dois gumes" distingue o papel duplo da literatura na formação da sociedade brasileira: de um lado como instrumento do sistema de dominação colonial; de outro, como elaboração de uma linguagem culta própria ao país. O terceiro texto procura mostrar a importância que a transformação centralizada pelo movimento armado de 1930 teve na cultura brasileira, inclusive pela ampliação das produções regionais para o âmbito nacional, junto com a abertura motivada pela incorporação crescente do Modernismo. Encerra o livro uma visão de conjunto sobre certas tendências da ficção brasileira contemporânea: "A nova narrativa".

Antonio Candido de Mello e Souza
São Paulo, junho de 1986

Primeira parte

A educação pela noite

Come, thick night
And pall thee in the dunnest smoke of hell.

Shakespeare, *Macbeth*

I

O teatro e a narrativa em prosa de Álvares de Azevedo constam do *Macário*, da *Noite na taverna* e do que restou (ou do que conhecemos) d'*O livro de Fra Gondicário*. Mas é preciso lembrar que escreveu em verso o sketch "Boêmios" (definido por ele em subtítulo como "ato de uma comédia não escrita") e os contos ou novelas metrificadas: *O poema do frade*, *O conde Lopo*, "Um cadáver de poeta".

Esta produção toda se apoia em estudos críticos, onde ele exprimiu a sua concepção de literatura com uma consciência teórica que o destaca entre os nossos poetas românticos. De tais estudos interessariam, para a análise dos escritos dramáticos e narrativos, os prólogos do *Macário* e d'*O conde Lopo*, os ensaios "George Sand", "Jacques Rolla" e "Carta sobre a atualidade do teatro entre nós". Mas a essência do seu melhor pensamento crítico talvez esteja no prefácio à segunda parte da *Lira dos vinte anos*, cuja base é o que ele chamava "binomia", isto é, a coexistência e choque dos contrários, um dos pressupostos da estética romântica.

Esta teoria justifica o esforço para dar realce ao embate das desarmonias, superando o equilíbrio do "decoro" e as normas que regiam e procuravam tornar estanques os gêneros literários. É o que se vê nas obras que vou comentar e cujo temário repousa numa psicologia tempestuosa, enquanto a organização formal mistura (para usar conceitos dele) o "horrível" ao "sublime" e ao "belo doce e meigo". A consequência foi que a corda esticou a ponto de rebentar nos escritos de nível inferior, onde o desejo de modular todos os sentimentos costeou o caos psicológico, enquanto o desejo de desrespeitar as normas estéticas tradicionais levou à desorganização do texto. Sob este aspecto, tais escritos inferiores são interessantes para se verificarem, pelos casos extremos, certas características da sua escrita.

Mas é preciso sempre lembrar que as obras de Álvares de Azevedo foram publicadas depois da sua morte, sem que ele tivesse podido organizá-las nem dizer o que considerava acabado, o que era rascunho e o que não era para publicar. Daí a pergunta: esse monte de prosa e verso é tão irregular porque não foi devidamente selecionado e polido, ou porque o autor queria que fosse assim mesmo, para sugerir a inspiração desamarrada, em obediência a uma estética atraída pelo espontâneo e o fragmentário? É difícil dizer, mas as duas coisas devem estar combinadas.

2

O *Macário* é um drama fascinante, feito mais para a leitura do que para a representação, com duas partes diferentes enquanto estrutura e qualidade, sendo a primeira melhor e uma das mais altas realizações de Álvares de Azevedo.

A ação desta primeira parte decorre toda à noite, salvo a breve cena final, e é organizada em cinco cenas (embora o autor só especifique quatro) vivas e bem construídas, distribuindo em réplicas curtas, não raro humorísticas, um debate moral e psicológico muito denso, desenvolvido com excelente articulação.

Bastante regular, o esquema se baseia num jogo alternativo de cenas interiores e exteriores que fecha a ação num anel, depois de ter propiciado o amadurecimento dos problemas:

1ª cena (interior)	2ª cena (exterior)
quarto da estalagem	caminho da cidade
3ª cena (interior)	4ª cena (exterior)
sala na casa de Satan	cemitério
5ª cena (interior)	
quarto da estalagem	

Na cena inicial o jovem Macário, viajando para uma cidade onde vai estudar, encontra na estalagem certo desconhecido, nada menos que Satan, com quem discute sobre o amor, obsedado pelo contraste entre pureza e impureza, entre a aspiração a relações idealizadas e a realidade decepcionante — problema dramático para o adolescente daquele tempo. A sua tônica é um cinismo que mal encobre o desespero e vai se chocar no cinismo autêntico de Satan, podendo este, assim, ser considerado o limite ao qual tende a sua personalidade.

Na cena seguinte ambos estão a caminho de São Paulo, cujo nome não se diz e o demônio descreve de maneira admirável, cheia de sarcasmo, desencanto e poesia. O debate é retomado numa escala mais tensa, porque agora tem como quadro de referência a realidade paulistana, graças à qual o amor é reduzido à dimensão degradante do meretrício, ligado à doença e ao tédio. Isto prepara os temas da terceira cena, em casa de Satan, já na cidade. O amor aparece como ilusão frágil tocada pela morte, que de certo modo se concretiza na cena seguinte, não indicada como tal, mas destacando-se nitidamente da outra. Ela tem lugar no cemitério vizinho, aonde Satan leva Macário. Deitado em cima de um túmulo, este tem um sonho opressivo e complicado, no qual figura certa mulher, que toma nos braços os cadáveres de homens rejeitados pelo rio próximo — "torrente", conforme a marcação. Acordando, o rapaz ouve um lamento angustiado, que segundo Satan é o suspiro de sua mãe moribunda, transformado numa espécie de gemido noturno da Natureza. Talvez seja também signo de remorso e redenção, pois em nome da mãe ele esconjura o demônio, que antes de desaparecer lhe ensina a maneira de chamá-lo.

Na última e breve cena Macário está de novo na estalagem, acordando, no dia seguinte, de um longo sono. Fica então na dúvida se tudo foi ou não pesadelo, inclusive porque a hospedeira não confirma as ocorrências da véspera nem a presença de outra pessoa. No entanto, ambos veem no assoalho marcas chamuscadas de um pé de cabra, sugerindo a passagem do demônio.

Assim, a ponta do fim engata na do começo, fechando o círculo como os dois únicos momentos de realidade indiscutível. O espaço inscrito é marcado por uma dubiedade de significado que talvez indique a estrutura profunda do drama, construído sobre a reversibilidade entre sonhado e real, vacilante terreno onde, quando pensamos estar num, estamos no outro.

Um elemento importante desta primeira parte é o que se poderia chamar de "a invenção literária da cidade São Paulo", que Álvares de Azevedo instaurou como espaço ficcional. Com isto deu corpo a um processo em curso entre os moços estudantes, enclausurados num lugar sem interesse, onde a sua energia transbordava tanto na boemia e na rebeldia estética quanto na imitação de Byron. O noturno aveludado e acre do *Macário* suscitou a noite paulistana como tema, caracterizado pelo mistério, o vício, a sedução do marginal, a inquietude e todos os abismos da personalidade. Tema que fascinou gerações numa dimensão quase mitológica, repontando em muitos poemas de Mário de Andrade e, nos nossos dias, em sambas de Adoniran Barbosa e Paulo Vanzolini, filmes de Walter Hugo Khouri, quadros de Gregório Correia, contos de João Antônio.

A segunda parte do *Macário* pode ser chamada de "o momento de Penseroso" (novo personagem, de cunho angélico em oposição ao demônio) e é inferior sob todos os pontos de vista, a começar pela composição desarticulada em dez cenas sem nexo, duas das quais desprovidas da indicação de lugar.

O início é tão desligado, tão alheio ao resto, que chegamos a pensar ter o autor querido incluí-lo artificialmente como sobra da primeira parte, a fim de assinalar a continuidade do mesmo universo fantasmagórico. É noite, e Macário anda ao longo de "um rio torrentoso" (diz a marcação), em cuja margem uma mulher embala desvairada o cadáver do filho que se afogara. Seria "citação" do sonho da primeira parte, onde a mulher abraçava os cadáveres emersos? A impressão é de que Macário se encontra no desdobramento daquele sonho, embora puxe a situação para a realidade ao atribuir à loucura as palavras tresvariadas da mulher. Mas, quando a seguir encontra Penseroso na mesma paisagem, ficamos em dúvida e fortalecidos na impressão de que o trecho é uma espécie de friso onírico, destinado a manter a tonalidade dúbia da primeira parte.

Nesta segunda predominam dois temas, ambos tratados de maneira antinômica: o amor sentimental e puro, encarnado em Penseroso, que acaba se matando, depois de muito debater com um Macário antagônico mas amistoso, entre cínico e lírico; e uma discussão sobre literatura, de grande interesse crítico, mas agravando o cunho pouco teatral desta parte, pois o seu momento mais importante é um debate teórico mais ou menos desligado do jogo dramático.

A propósito de um poeta (sem dúvida, e apesar da falta de indicação expressa, o próprio Álvares de Azevedo da segunda parte da *Lira dos vinte anos*, como observou mais de um crítico), Penseroso defende o sentimentalismo, o pitoresco, o otimismo social, enquanto Macário opõe a legitimidade da ironia e do ceticismo, combatendo com desencanto sarcástico as posições nacionalistas.

Quanto a este último aspecto, lembremos que Álvares de Azevedo foi antinacionalista decidido em matéria de literatura. Segundo ele, a nossa fazia parte da portuguesa e não havia sentido nem vantagem em proclamar a sua identidade específica — atitude destoante do esforço central da crítica do tempo, constituindo um paradoxo que deve ter sido difícil e quase heroico sustentar.

Além disso, podemos considerar simbólica a dualidade dos lugares: primeira parte em São Paulo; segunda, numa Itália indefinida, mas correspondendo às raízes europeias, que muitos românticos desejariam superar ou mesmo negar (da boca para fora), numa autoilusão que teve o seu papel no processo do nosso crescimento espiritual. Na obra de Álvares de Azevedo a dimensão cosmopolita é um pressuposto aceito e conscientemente incorporado como algo legítimo e necessário.

Penseroso, puro, sonhador, morre simbolicamente, e Macário, depois de um momento de revolta, acamarada-se de novo com Satan, que é o anti-Penseroso, enquanto o próprio Macário é a frágil síntese de ambos, encarnando a suprema "binomia" do bem em face do mal, das forças que arrastam para os impulsos "inferiores" e das que resistem a elas.

É interessante que Álvares de Azevedo faça um desdobramento da clássica dupla Homem/Diabo, tão em voga no Romantismo, principalmente sob o avatar mais famoso de Fausto/Mefistófeles — pois aqui Penseroso, Satan e Macário podem ser vistos respectivamente como Homem Angélico, Homem Diabólico e Homem Homem. E é digno de nota que, assim como o Homem Angélico inexiste na primeira parte, nesta o Homem Diabólico só perpassa, voltando à cena no fim (e aí de maneira decisiva para reorientar a ação), quando o antagonista potencial morre, e Macário cai de novo sob a sua influência. Esta é bastante complexa e abrange um toque de homoerotismo, sugerido numa fala de Satan carregando o amigo desfalecido:

> E como é belo descorado assim! com seus cabelos castanhos em desordem, seus olhos entreabertos e úmidos, e seus lábios feminis! Se eu não fosse Satan, eu te amaria, mancebo...

Este toque homoerótico é um caso de satanismo romântico, e talvez possua também certo cunho socrático, segundo o qual Satan se dedica a formar à sua maneira o pupilo adolescente. Seja como for, morto Penseroso ele parece decidido a ir mais longe na instrução de Macário e o leva a uma orgia. Não para *participar*, mas para *ver*. E o drama acaba de repente, no meio de uma fala; ou por outra, não acaba, porque *Noite na taverna* é uma sequência do *Macário*, cujas linhas finais são as seguintes (sendo notório o tom pedagógico de Satan):

SATAN
— Paremos aqui. Espia nessa janela.
MACÁRIO
— Eu vejo-os. É uma sala fumacenta. À roda da mesa estão sentados cinco homens ébrios. Os mais revolvem-se no chão. Dormem ali mulheres desgrenhadas, umas lívidas, outras vermelhas... Que noite!
SATAN
— Que vida! Não é assim? Pois bem, escuta, Macário. Há homens para quem essa vida é mais suave que a outra.
O vinho é como o ópio, é o Letes do esquecimento... A embriaguez é como a morte...
MACÁRIO
— Cala-te. Ouçamos.

Ouçamos o quê?, pensa o leitor. É claro que não se trata de um fim, e o drama pode ter sido suspenso deliberadamente para dar lugar ao seu seguimento, isto é, ao que Macário vai ver pela janela. Ora, o cenário de *Noite na taverna* é uma orgia onde estão, como anunciou Satan, *cinco homens numa mesa e outros deitados bêbados no chão, dormindo de envolta com mulheres*. E o seu começo é uma fala, isto é, algo que *se ouve*, correspondendo ao imperativo da deixa final de Macário ("Cala-te. Ouçamos."):

— Silêncio! moços! acabai com essas cantilenas horríveis! Não vedes que as mulheres dormem ébrias, macilentas como defuntos?

Satan com certeza quer iniciar Macário nos aspectos mais convulsos e extremos da vida, satisfazendo como se fosse um alter ego a curiosidade dos seus impulsos. Para isso Álvares de Azevedo efetuou com raro malabarismo uma substituição de gêneros e personagens, passando do drama à narrativa, que dispõe de recursos mais amplos para especificar e multiplicar no tempo e no espaço os exemplos do que há de desvairado na alma e no comportamento, sem falar na ousadia, extremamente original, de levar ao máximo a ruptura com a teoria dos gêneros, pois aqui dois deles estão não apenas misturados, mas acoplados numa mesma empresa. E a narrativa é a que os personagens do drama ouvem pela janela.

É difícil marcar o lugar onde para o homem e começa o animal, onde cessa a alma e começa o instinto — onde a paixão se torna ferocidade. É difícil marcar onde deve parar o galope do sangue nas artérias, e a violência da dor no crânio. (Prólogo do *Macário*)

Noite na taverna é uma pesquisa dessas fronteiras dúbias, e a sua matéria parece concebida e escolhida por Satan como episódio duma espécie de anti-*Bildungsroman*, que ele propusesse para a formação (às avessas) do seu pupilo.

Para este, morto Penseroso, isto é, perdida a possibilidade de pureza e ideal, resta essa via feroz onde o homem procura conhecer o segredo da sua humanidade por meio da desmedida, na escala de um comportamento que nega todas as normas. Aqui não se trata mais de análise (como no *Macário*), mas de fatos, acontecimentos e sentimentos levados ao máximo de tensão moral, até a fronteira da crueldade, da perversão e do crime, que testam as nossas possibilidades diabólicas. Por isso, a novela é o momento de Satan, como a segunda parte do *Macário* é o momento de Penseroso.

Lembrando que o *Macário* começa pela viagem de um moço a caminho da escola, dir-se-ia que a etapa final dos seus estudos é a terrível lição pelo exemplo dos narradores da *Noite na taverna*. O estudante entrou na noite paulistana, passou pela da Itália e acabou nesse espaço igualmente noturno, indeterminado, sangrento, onde o demônio sugere a violação dos parâmetros por meio das vidas desenfreadas dos narradores, que ele mostra através de uma espécie de bola de cristal: a janela que termina o drama e inicia a novela. Por estas razões penso que as duas obras formam uma grande modulação ficcional, que vai do drama irregular à novela negra numa ousada experimentação que amplia o ponto de vista romântico da mistura dos gêneros.

Passando à novela, lembremos que é formada por uma solda de histórias, o que a inclui no tipo de narrativa que se poderia chamar *difuso*, em contraste com o que se poderia chamar *concentrado*.

No prefácio a *The Fortunes of Nigel* (1822), Walter Scott propõe uma tipologia, reconhecendo duas modalidades fundamentais de romance. Primeiro, o de linha coerente, com nexo causal entre os acontecimentos e atos, de modo a fazer da narrativa um todo necessariamente articulado. Conforme ele, é o tipo proposto e praticado por Fielding, no *Tom Jones*, que se tornou uma das matrizes do romance moderno. O segundo tipo, praticado por escritores como Le Sage e Smollett, e, segundo Scott, por ele próprio na sua geração, é aquele onde os acontecimentos vão saindo caprichosamente uns dos outros ao sabor das associações e dos pretextos, sem haver uma diretriz que os concatene e dê a impressão de que são necessários.[1]

Noite na taverna pertence a uma modalidade do último tipo, com os seus cinco episódios independentes narrados por cinco figurantes da orgia que, segundo a hipótese apresentada, são os que Satan mostra a Macário pela janela. A unidade é devida ao local e às intervenções dos figurantes, que formam uma rede entre as narrativas. Mas, além disso, elas se ligam por certa comunidade de atmosfera, que as torna aspectos de uma linha ideal de assombramento e catástrofe. Estamos sem dúvida ante um produto do romance negro, mais particularmente da modalidade que os franceses chamam de "frenético". Narrativa frenética é de fato esta que Satan desvenda a Macário como uma espécie de experiência-limite, marcada pelo incesto, a necrofilia, o fratricídio, o canibalismo, a traição, o assassínio — cuja função para os românticos era mostrar os abismos virtuais e as desarmonias da nossa natureza, assim como a fragilidade das convenções. Associados a isto a modo de correlativo estão a noite, a tempestade, o raio, o naufrágio, o tufão —, constituindo o arsenal daquele "belo sublime" que podia costear o "horrível", como indicam algumas páginas críticas de Álvares de Azevedo.

Os cinco homens que Macário avista pela janela são Johann, Bertram, Archibald, Solfieri e Arnold. Este, muito bêbado, não chega a falar por enquanto e, balbuciando uma cantiga,

---

[1] Sir Walter Scott, "Introductory Epistle", *The Fortunes of Nigel*. Boston: De Wolfe, Fiske & Co., [s.d.], p. XIII.

vai logo misturar-se aos que estão deitados no chão, dois dos quais (depreende-se) virão depois à mesa: Gennaro e Claudius Herrmann. Os narradores são, na ordem: Solfieri, Bertram, Gennaro, Claudius Herrmann e Johann. Terminada a narrativa deste, a última, estão todos embriagados no assoalho quando entra Giorgia, que mata Johann adormecido e acorda Arnold para reconhecê-lo. Assim o presente completa o passado da narrativa de Johann, que pensava ter morto em duelo Artur (mas este não morreu e vem a ser Arnold), cuja amada fora em seguida possuir, aproveitando-se do escuro como se fosse o outro. Na saída um vulto o esperava: o irmão dela, que tinha vindo matar o suposto Artur. Eles lutam e Johann, levando a melhor, verifica ter matado o próprio irmão, o que significa que violara a irmã. Esta é Giorgia, agora prostituta, que vem cinco anos depois realizar a vingança. Em seguida morre nos braços do antigo amado e este se apunhala.

Se estruturalmente o *Macário* e *Noite na taverna* estão ligados, no que toca aos significados profundos haveria nesta ligação uma pedagogia satânica visando desenvolver o lado escuro do homem, que tanto fascinou o Romantismo e tem por correlativo manifesto a noite, cuja presença envolve as duas obras e tantas outras de Álvares de Azevedo como ambiente e signo. E estou me referindo não apenas às horas noturnas como fato externo, lugar da ação, mas à noite como fato interior, equivalendo a um modo de ser lutuoso ou melancólico e à explosão dos fantasmas brotados na treva da alma. A minha análise implica o desdobramento do ser, segundo o qual os "outros" de Macário são Penseroso e Satan, sendo que este lhe propõe, em oposição ao exemplo do primeiro, uma espécie de educação pela noite — expressão usada por causa da "educação pela pedra", de João Cabral de Melo Neto. Este, partindo das conotações de secura, aridez, linha nítida, visa promover no ofício do poeta as normas de concisão e máxima lucidez. A "educação pela noite", que estou imaginando, partiria das conotações de mistério e treva, para chegar a um discurso aproximativo ou mesmo dilacerado, como convém ao derrame sentimental unido à liberação das potências recalcadas no inconsciente.

3

Isto dito, podemos considerar o *Macário* e *Noite na taverna* dois modelos básicos da imaginação dramática e narrativa de Álvares de Azevedo. O primeiro, ilustrando uma certa visão da alma; o segundo, ilustrando uma certa visão do mundo — e ambos formando a representação do destino como fatalidade inexorável, a *Anankê* posta em voga pelo romance *Nossa Senhora de Paris*, de Victor Hugo, e mencionada mais de uma vez por Álvares de Azevedo. Noutros escritos podemos encontrar manifestações de ambos estes modelos em combinação variada, como no fragmento que conhecemos do romance *O livro de Fra Gondicário*.

Conforme indicação do manuscrito, trata-se da terceira parte, intitulada "Lábios e sangue". Mas parece mais um início de livro, com prólogo em verso, invocação e autonomia fabulativa que o torna bastante a si mesmo. Daí a pergunta: estaríamos aqui também ante um romance feito pela justaposição de episódios, ao modo da *Noite na taverna*? Só que, ao contrário deste, cuja linha narrativa é nítida em cada episódio, ele se aproxima como estrutura dos contos metrificados de Álvares de Azevedo, nos quais a extrema prolixidade e o abuso da digressão bifurcam o fio da história a cada instante até confundi-lo, restando no espírito do leitor uma lembrança de cenas, descrições, tiradas declamatórias e figurantes melodramáticos, tudo mais ou menos desligado.

"Lábios e sangue" se passa em Veneza e é um verdadeiro compêndio dos lugares comuns do Romantismo exaltado, com um enredo retorcido e elementar, baralhado pelo paroxismo das descrições, retrospectos, declamações, invocações. Trata-se em essência do seguinte (se leio bem): é noite, o servidor Ali guarda o palácio do conde Tancredo, onde chega de gôndola a esperada e linda Elisah. Dali a pouco, debaixo de chuva, chega e entra (inesperada) outra moça, Belvidera (nome da protagonista de uma tragédia famosa do século XVII, a *Venice Preserved*, de Otway, com a qual o romance de Álvares de Azevedo não possui todavia qualquer outro ponto de contato). Isto, mais a invocação a Veneza (bonita no gênero), ocupa quatro capítulos.

Numa sala luxuosa do palácio, Elisah ouve a fala apaixonada de Tancredo, e fica sugerido que vão se amar noutro aposento. A cena seguinte é em torno dos restos de uma ceia, mas agora a moça está vestida de homem, num disfarce pouco explicável que talvez seja reminiscência de George Sand. Surge então Belvidera e sai com Tancredo para outro lugar. Ela recorda como ele a seduzira e raptara da casa de seu pai, pescador na Sicília, abandonando-a depois. Revela então que o pai morrera de desgosto e ela se tornara cortesã. Mas o belo Tancredo ouve-a e despede-a com fastio, não antes dela tentar matá-lo. Na sala vizinha, Elisah dá um grito e cai (ou porque ouviu tudo e ficou abalada, ou porque, segundo veremos, recebeu uma punhalada mortal, registrada antes do tempo). Até aqui, mais quatro capítulos.

Então voltamos ao exterior do palácio, onde está o judeu Jedediah, ao qual se junta outro, Issacaar. Depreende-se, da narração confusa, que Tancredo teria seduzido Elisah, filha deste, amada por aquele, e ambos disputam o direito à vingança (que acabará repartida). Nessa altura Belvidera surge e impede que Ali (fascinado por ela) cumpra o seu dever de guarda e ataque os dois homens de aspecto suspeito; deste modo ela facilita o atentado contra Tancredo e (parece) justifica-se narrando ao mouro como foi seduzida pelo seu amo. Jedediah se desvencilha de Issacaar e entra no palácio, onde consegue ferir o conde, que todavia o mata; mas antes de morrer ele conta que havia assassinado Elisah, cujo cadáver mostra. (Repito: se o grito mencionado acima corresponde a este ato, ela o terá soltado algumas páginas antes da hora.) Tancredo sai, luta com Issacaar, que o mata e se atira no canal, ferido mas triunfante. O fragmento termina com a seguinte fala, certamente de Belvidera, que assim ficou também vingada:

— É ele — morto — disse uma voz.

Como ficou dito, o fluxo verbal e a frouxidão da estrutura aproximam este romance dos contos metrificados, onde tais características são levadas ao máximo. N'*O poema do frade*, por exemplo, é preciso um grande esforço para saber do que se trata. Os versos puxam os versos, as digressões suscitam as digressões, perpassam donzelas, cenas mais ou menos confusas se sucedem, o narrador faz reflexões, medita com extraordinária prolixidade sobre a vida, o amor e a morte — e tudo se esfuma na massa informe dos versos, alguns dos quais bonitos. Já o fragmento dramático "Boêmios" e o conto metrificado "Um cadáver de poeta" (ambos relativamente curtos) são claros, apesar de também se basearem no jogo fugidio das digressões, segundo o cacoete romântico de assunto-puxa-assunto, que faz dos romances de Victor Hugo, por exemplo, monumentos de alarmante tagarelice. Portanto, essas tendências não são apenas traço pessoal, mas também estilo de época e, mais restritamente, resultado da influência de certos modelos, sobretudo Byron e Musset. Só que em Byron a prolixidade digressiva mais parece capricho de narrador displicente do que incapacidade de organizar.

4

A propósito, convém fazer algumas observações finais sobre a estética das obras narrativas e dramáticas de Álvares de Azevedo, na medida em que são manifestações do Romantismo.

Esquematizando um pouco podemos dizer que o clássico tende ao resumo, porque o resumo mostra o essencial e com isto caminha para o abstrato. Atrás de cada particularidade dissolvida vai surgindo o geral, pois a abstração é uma superação do particular. Mas o romântico deseja, ao contrário, o particular, que na sua singularidade contém o característico. Por isso ele tende ao concreto e se apega ao pormenor, sem prejuízo de encará-lo como sinal ou manifestação de uma generalidade ideal.

Assim, o gosto pelo concreto leva a diminuir a capacidade de escolha, porque tudo interessa e o espírito quer abranger a variedade das coisas. Na narrativa isto gera o amor ao detalhe, que é a própria manifestação do múltiplo. A inclinação romântica é sugerir a realidade por meio da multiplicação, não da subtração, como o clássico. É o que vemos em Walter Scott, em Balzac, em Dickens, em Alencar, para não falar nos espichadores de texto; e é o que vemos na narrativa romântica em verso, de Byron, de Musset, de Lamartine e seus imitadores brasileiros.

Ora, essa estética da multiplicação atenua o esforço de organizar a matéria, porque diminui o gosto pela seleção. Daí as estruturas vacilantes, com acúmulo de incidências, a propósitos e digressões, resultando uma composição em arabesco, extremamente caprichosa, na qual o fio da meada é torcido até se perder.

É fácil verificar isto nos contos metrificados e em "Lábios e sangue", nos quais ocorre também verdadeiro delírio de caracterização, ou seja, a apresentação excessivamente minuciosa do personagem — técnica que às vezes parece substituto do desejo de desvendar a própria alma por meio de uma confidência vicária, projetada. Delírio de caracterização que, na sua prolixidade, sacrifica a ação, pois esta nunca chega a se configurar realmente. Mais do que em Byron ou Musset, em Álvares de Azevedo há uma fuga permanente do assunto, uma espécie de adiamento compulsivo que retira muitos dos seus escritos do âmbito da ficção em prosa ou verso, para reduzi-los a vastas meditações.

Acrescente-se a fuga do presente. O modo de ser dos seus personagens nada mais é do que uma consequência de experiências decisivas e arrasadoras do passado, fazendo a narrativa fugir para trás e assim devorar a ação presente, como ficou visto na breve indicação sobre o enredo de "Lábios e sangue" e como é quase paroxístico nos contos metrificados. Exceção é *Noite na taverna*, onde o passado predomina, mas como retrospecto corretamente aferido ao momento da narração.

Assim, na narrativa e no drama de Álvares de Azevedo, houve uma espécie de acentuação de tendências características do Romantismo em geral, e dos seus modelos literários em particular. Incapaz na maioria das vezes de dominar a matéria, ele frequentemente não consegue manter a sequência nem articular logicamente os fios do enredo, de tal modo que no exemplo extremo d'*O poema do frade* e d'*O conde Lopo* não se sabe se os personagens que falam agora são os que falaram antes; se as cenas descritas são episódios da mesma sequência ou unidades independentes. Daí o seu ar de fragmento. No entanto, este não parece resultar de uma opção estética, como era frequente entre os românticos, que costumavam usar a composição picada a fim de sugerir a sua concepção do incompleto, do inexprimível; e que os manifestavam no tateio estratégico do estilo, na elipse, no subentendido, produzindo uma descrição aproximativa, que procura preservar o mistério. Em Álvares de Azevedo a fragmentação mais parece abuso da liberdade romântica, desandando em obscuridade e confusão nas obras secundárias.

Mas chegando ao fim convém repetir o que ficou dito no começo: que a sua obra foi publicada por assim dizer à revelia, sem que ele pudesse dizer o que considerava pronto e o que era para jogar fora. Em consequência, só podemos ler o seu teatro e a sua ficção em prosa e verso como um conjunto de tentativas e fragmentos, dos quais se destacam *Noite na taverna*, pela composição mais acabada, e o *Macário*, como surto de inspiração verdadeiramente criadora. Na primeira parte deste drama fascinador encontramos alguns dos momentos mais fortes do nosso Romantismo, vindo até nós com o dom de longa vida das obras realizadas.

Os primeiros baudelairianos

I

Já se tem escrito que o momento culminante da influência de Baudelaire no Brasil foi o Simbolismo, no decênio de 1890 e primeiros anos do seguinte. Momento *fin de siècle*, rosa-cruz e floral, que viu nele sobretudo o mestre da arte pela arte, o visionário sensível ao mistério das correspondências e o *filósofo*, autor de poemas sentenciosos marcados pelo desencanto. Logo a seguir os últimos poetas de cunho simbolista, como Eduardo Guimaraens (tradutor de 84 poemas d'*As flores do mal*), o aproximaram perigosamente das elegâncias decadentes de Wilde e D'Annunzio.

Os parnasianos, que vinham dos anos de 1880, também o admiravam, mas nunca o imitaram nem cultivaram tanto, salvo alguns secundários como Venceslau de Queirós e sobretudo Batista Cepelos. E caberia a um heterodoxo, Augusto dos Anjos, levar ao extremo certas componentes de amargura, senso da decomposição e castigo da carne, que se consideravam originárias dele, coadas através de Antero de Quental e Cruz e Sousa.

Depois do Modernismo não se pode mais falar em influência, mas apenas da presença normal de um grande poeta na sensibilidade dos escritores e leitores. No decênio de 1930 surgiu uma espécie de consagração acadêmica, expressa em muitas traduções (quase todas devidas a poetas convencionais) e numa verdadeira campanha promovida por Félix Pacheco, destinada a inventariar as que haviam sido feitas e analisar certos aspectos da repercussão do poeta no Brasil.

Este movimento se apoiou na Academia Brasileira de Letras e no *Jornal do Commercio*, e um dos seus resultados foram cinco pequenos volumes e alguns artigos esparsos de Félix Pacheco, tradutor de 34 poemas. Talvez isto haja contribuído para estimular certos trabalhos (mais sólidos), como as traduções de Guilherme de Almeida (21 poemas) e Osório Dutra (38). Em 1947 o texto francês d'*As flores do mal* foi editado em São Paulo numa bonita edição limitada, e em 1958 apareceu a contribuição monumental de Jamil Almansur Haddad: nada menos que a tradução completa, precedida de um estudo de grande importância. Doutro lado, Roger Bastide e Alfred Bonzon, professores franceses da Universidade de São Paulo, publicaram, o primeiro, um ensaio sobre a influência em Cruz e Sousa; o segundo, dois estudos notáveis sobre temas e linguagem. Finalmente, em 1963, C. Tavares Bastos fez o levantamento sistemático das traduções.[1]

---

1 Félix Pacheco, *Baudelaire e os milagres do poder da imaginação*; *Paul Valéry e o monumento a Baudelaire em Paris*; *O mar através de Baudelaire e Valéry*. Rio de Janeiro: Oficinas Tipográficas do Jornal do Commercio, 1933; Id., *Do sentido do azar e do conceito de fatalidade em Charles Baudelaire*; *Baudelaire e os gatos*. Rio de Janeiro: Oficinas Tipográficas do Jornal do Commercio, 1934; Guilherme de Almeida, *Flores das "flores do mal"*. São Paulo: Nacional, 1944; Osório Dutra, *Cores, perfumes e sons: Poemas de Baudelaire*. Barcelona: O Livro Inconsutil, 1948; Baudelaire, *As flores do mal*. Trad., pref. e notas de Jamil Almansur Haddad. São Paulo: Difel, 1958. (Só faltou o poema em latim bárbaro "Franciscae Meae Laudes".) O prefácio é o referido estudo: "Baudelaire e o Brasil", pp. 5-76; Roger Bastide, "Cruz e Sousa e Baudelaire (Estudo de literatura comparada)", em *Poesia afro-brasileira*. São Paulo: Martins, 1943; Alfred Bonzon, "La Dégradation des images dans la poésie de Baudelaire", *Boletim da FFCL da Universidade de São Paulo*, n. 22, 1958; "L'Enfer et le ciel dans les 'Fleurs du mal'", *Boletim da FFLCH da Universidade de São Paulo*, n. 276, 1962; C. Tavares Bastos, *Baudelaire no idioma vernáculo*. Rio de Janeiro: Livraria São José, 1963.

Neste ensaio não tratarei do apogeu da influência nem da fase acadêmica de celebração tranquila. O intuito é estudar o grupo inicial de baudelairianos dos anos de 1870 e começo dos de 1880, que, embora formado por poetas secundários, talvez represente o único momento em que a presença dos textos de Baudelaire foi decisiva para definir os rumos da produção poética, traçando a fisionomia de uma fase e, deste modo, assumindo uma importância histórica que os períodos seguintes não conheceram. Isso foi possível inclusive por causa de uma certa deformação, como as que em toda influência literária tornam o objeto cultural ajustado às necessidades e características do grupo que o recebe e aproveita. Vamos pois indagar de que maneira alguns jovens, no decênio de 1870, extraíram d'*As flores do mal*, em parte arbitrariamente, o alimento mais nutritivo que elas já forneceram aqui.

2

Os primeiros sinais de interesse por Baudelaire no Brasil partem de escritores cuja obra não recebeu qualquer marca ponderável da sua. É o caso do torrencial Luís Delfino, que fez em 1871 uma tradução de "Le Poison", inédita até 1941. Ou de Carlos Ferreira, em cujo livro *Alcíones*, de 1872, há uma epígrafe extraída de "L'Irréparable" e uma adaptação de "Le Balcon", sob o título de "Modulações".[2] Em 1873, Baudelaire é mencionado como autor corrente num artigo de Artur de Oliveira, moço dispersivo, agitado, que viveu na França e na Alemanha

---

[2] Sobre a tradução de Luís Delfino, ver Tavares Bastos, op. cit., pp. 28-29, que se reporta ao artigo de Félix Pacheco, "Baudelaire e Luís Delfino", *Jornal do Commercio*, 24-25 dez. 1934. A referência à tradução de Carlos Ferreira, na p. 26 da mesma obra, tem um engano quanto ao título de seu livro, que aparece também em Jamil Almansur Haddad, no seu "Prefácio" a *As flores do mal*, op. cit., p. 40. E nenhum dos dois estudiosos alude à epígrafe.

de 1870 a 1873 e quem sabe contribuiu para difundir *As flores do mal* no Rio de Janeiro.[3] Em 1874, Regueira Costa publica, em seu livro *Flores transplantadas*, uma tradução de "Le Jet d'eau",[4] e a partir de 1876 não apenas as traduções aumentam em número, mas alguns poetas jovens começam a manifestar na sua obra a impregnação baudelairiana, como Carvalho Júnior, cujos versos foram publicados em 1879, depois da sua morte, por Artur Barreiros,[5] que diz:

> Compõem a segunda parte dos *Escritos póstumos* os primorosos sonetos, escritos ao jeito dos de Baudelaire e modificados ao mesmo passo pelo temperamento e pela individualidade do poeta.
> Assim, ganharam um tom menos satânico e mais quente que o do modelo.
> É a poesia da febre, da sensualidade, do prazer levado até à dor, do beijo que fere, do amor que rasga as veias, num deslumbramento e num delírio, para beber o próprio sangue.
> Neste descompassado amor à carne, certo deve de haver o seu tanto quanto de artificial; mas, como observa Th. Gautier nos versos d'*As flores do mal*, e eu noto nestes, a poesia pode ser má; comum nunca é.

Aí está, definido por um contemporâneo, o tom atribuído inicialmente no Brasil à influência de Baudelaire: satanismo atenuado e sexualidade acentuada. Nesse ano de 1879 isso já era tão notório que Machado de Assis fala em "tradição", num

---

[3] "Romances de pacotilha, vindos do estrangeiro — os pesadelos da parvoíce *au front de taureau*, na frase de Ch. Baudelaire, eis o pasto da inteligência da nossa mocidade." Artur de Oliveira, "Flechas", em *Dispersos*. Rio de Janeiro: Academia Brasileira de Letras, 1936, p. 219. [4] A referência é de Tavares Bastos, op. cit., p. 38. [5] Artur Barreiros, "Carvalho Júnior", em F. A. de Carvalho Júnior, *Parisina*. Rio de Janeiro: Tipografia de Agostinho Gonçalves Guimarães & C., 1879, p. XII.

artigo onde faz referência à mistura de Romantismo e Realismo que um dos jovens alegava como característica da nova poética, encarnados respectivamente em Victor Hugo e Baudelaire:

> Quanto a Baudelaire, não sei se diga que a imitação é mais intencional do que feliz. O tom dos imitadores é demasiado cru; e aliás não é outra a tradição de Baudelaire entre nós. Tradição errônea. Satânico, vá; mas realista o autor de *D. Juan aux Enfers* e da *Tristesse de la Lune*!

E alertava:

> [...] os termos Baudelaire e realismo não se correspondem tão inteiramente como [...] parece. Ao próprio Baudelaire repugnava a classificação de realista — *cette grossière epithète*, escreveu ele numa nota.[6]

Machado tinha razão formalmente; mas hoje podemos perceber que historicamente a razão estava com os moços que deformavam segundo as suas necessidades expressivas, escolhendo os elementos mais adequados à renovação que pretendiam promover e de fato promoveram. Esses elementos (o "descompassado amor à carne" e o "satanismo", para usar as expressões de Artur Barreiros) representavam atitudes de rebeldia. Como os de hoje, os jovens daquele tempo, no Brasil provinciano e atrasado, faziam do sexo uma plataforma de libertação e combate, que se articulava à negação das instituições. Eles eram agressivamente eróticos, com a mesma truculência com que eram republicanos e agrediam o Imperador, chegando alguns ao limiar do socialismo. Portanto, foi um grande instrumento libertador esse Baudelaire

---

6 Machado de Assis, "A nova geração", *Revista Brasileira* (2ª fase), Rio de Janeiro, v. 2, pp. 375 e 380, 1879.

unilateral ou deformado, visto por um pedaço, que fornecia descrições arrojadas da vida amorosa e favorecia uma atitude de oposição aos valores tradicionais, por meio de dissolventes como o tédio, a irreverência e a amargura.

O ponto de apoio desta atitude foi a luta contra o Romantismo declinante, que deu lugar a escaramuças entre partidários da tradição e renovadores. Estes, que integraram o que desde o começo se chamou Realismo Poético, e também Realismo Social, queriam poesia *progressista* em política e desmistificadora com relação à vida afetiva. O Victor Hugo de *Les Châtiments* serviu de estímulo para o primeiro aspecto; Baudelaire, para o segundo, com o reforço mediador decisivo dos portugueses da "geração de 1865", que já tinham enfeixado ambos na sua obra, como é visível em Antero de Quental e Guerra Junqueiro. Em 1875 foi publicado em Lisboa *Claridades do sul*, de Gomes Leal, onde se encontram a "ideia nova" e a influência baudelairiana, além de premonições de Augusto dos Anjos. "O visionário ou Som e cor (A Eça de Queirós)", sequência de quatro sonetos *sinestésicos*, é uma das melhores realizações em português da teoria implícita no soneto "Correspondances".

A obra de Carvalho Júnior "dá o tom" ao Realismo Poético brasileiro, e um de seus sonetos, "Profissão de fé", imitado de "L'Idéal", de Baudelaire, vale por manifesto antirromântico:

>Odeio as virgens pálidas, cloróticas,
>Belezas de missal que o romantismo
>Hidrófobo apregoa em peças góticas,
>Escritas nuns acessos de histerismo.
>
>Sofismas de mulher, ilusões óticas,
>Raquíticos abortos de lirismo,
>Sonhos de carne, compleições exóticas,
>Desfazem-se perante o realismo.

> Não servem-me esses vagos ideais
> Da fina transparência dos cristais,
> Almas de santa em corpo de alfenim.
>
> Prefiro a exuberância dos contornos,
> As belezas da forma, seus adornos,
> A saúde, a matéria, a vida enfim.

Lendo este soneto vê-se que de fato transpõe o movimento geral do de Baudelaire, sendo que na primeira parte estão todos os seus elementos característicos, mas endurecidos por uma espécie de exagero. Assim, a conotação patológica mantém-se pela terminologia médica equivalente à do original ("*Je laisse à Gavarni, poète des chloroses,/ Son troupeau gazouillant de beautés d'hôpital*"); mas é acentuada na expressão "aborto raquítico". Por sua vez, a rejeição da mulher descarnada pela idealização passa de uma frase neutra, que constata ("*ne sauront satisfaire un coeur comme le mien*"), para a agressão cheia de aspereza da palavra "odeio". Em ambos os sonetos, o de Baudelaire e o de Carvalho Júnior, a atitude polêmica se manifesta na alusão à anemia das modernas mulheres deliquescentes e opera um desvio de foco na segunda parte — quando Baudelaire lhes contrapõe as dimensões titânicas de um ideal vigoroso e agressivo de feminilidade (que vai buscar na transfiguração do passado), enquanto o nosso poeta se concentra na mulher-de-todo-dia, restaurada em sua integridade carnal.

Note-se que Carvalho Júnior não traduz, mas parafraseia, como fará com igual liberdade no soneto "Símia", transpondo "Le Cadre" ao seu modo. É interessante verificar que no caso ele "baudelairiza" mais que o original, pois neste lemos que, assim como a moldura aumenta o encanto do quadro, "isolando-o da imensa natureza", os enfeites e as alfaias realçam a irradiação da beleza feminina, do mesmo modo que a roupa, dentro da qual a mulher

> [...] *à chaque mouvement*
> *Montrait la grâce enfantine du singe.*

Em "Símia" (cujo subtítulo é: "Sobre uma página de Baudelaire") a função segregadora da moldura é pouco explícita, e os objetos são substituídos pelos produtos de beleza, que não abafam o encanto da mulher no tumulto da cidade moderna (inexistente no soneto de Baudelaire), onde a graça simiesca adquire um traço deformante de caricatura:

> Assim como aos painéis, aos quadros inspirados,
> Embora perfeições, adorna-os a moldura,
> Que, apesar de excluir o *exato* da pintura,
> Vem destacar a tela aos olhos fascinados;
>
> Igualmente o *cold-cream*, as tintas, os frisados,
> Não te empanam sequer a rara formosura,
> E em meio do aranzel dessa Babel impura
> Os teus encantos mil eu vejo realçados.
>
> Tudo parece amar-te e condizer contigo;
> E quando num abraço afetuoso, amigo,
> Cambraias e cetins envolvem-te sem pejo
>
> O belo corpo nu, febril e palpitante,
> Tens o gesto, o ademan e a graça triunfante
> Duma infantil macaca ao som dum realejo.

Além destes dois poemas e de uma epígrafe, a presença de Baudelaire aparece atenuada ou desviada em outros (o livro tem ao todo 21), sobretudo no gosto pelo perfume, certa perversidade estudada e o tratamento altissonante do corpo feminino, contrastando com a familiaridade da roupa ou da cama. Além disso, pode-se perceber a hipertrofia da componente erótica, assinalada por Artur Barreiros como traço pessoal, e por Machado de Assis como restrição abusiva da poética baudelairiana.

Em Carvalho Júnior, e nos outros de tendência parecida, esta visão parcial, ou esta escolha, serviu como arma de polêmica antirromântica, adquirindo um sentido e um significado que a nova concepção do sexo nunca teve em Baudelaire. Do mesmo modo, não havia neste o curioso animalismo dos jovens poetas brasileiros, que por meio de imagens tomadas ao mundo animal, ou pela ideia de um amor que passa de carnal a metaforicamente carnívoro, manifestaram ao seu modo o sadismo que ele suscitou na poesia moderna, por meio de outros temas e imagens.

No soneto "Adormecida", a contemplação da mulher que dorme nua desfecha no seguinte:

> Aos flancos do teu leito, abutres esfaimados,
> Meus instintos sutis negrejam fileirados,
> Bem como os urubus em torno da carniça.

Em "Símia" ele tinha acentuado até o grotesco a comparação que termina o original francês ("... *la grâce enfantine du singe*"). Aqui vemos quase uma vontade de conspurcar, no fato de trazer para o rol de imagens da vida amorosa a carniça, que no famoso poema de Baudelaire ("Une Charogne") é apenas motivo para evocar a fragilidade da carne.

Mas é no soneto chamado significativamente "Antropofagia" que o animalismo se exprime de modo mais completo e complexo:

> Mulher! ao ver-te nua, as formas opulentas
> Indecisas luzindo à noite sobre o leito,
> Como um bando voraz de lúbricas jumentas
> Instintos canibais refervem-me no peito.

Como a besta feroz a dilatar as ventas
Mede a presa infeliz por dar-lhe o bote a jeito,
Do meu fúlgido olhar às chispas odientas
Envolvo-te e, convulso, ao seio meu te estreito:

E ao longo do teu corpo elástico, onduloso,
Corpo de cascavel, elétrico, escamoso,
Em toda essa extensão pululam meus desejos,

— Os átomos sutis, — os vermes sensuais,
Cevando a seu talante as fomes bestiais
Nessas carnes febris, — esplêndidos sobejos!

A equiparação do desejo a animais ferozes foi indicada por Péricles Eugênio da Silva Ramos como própria do nosso Realismo Poético.[7] Nós a encontramos com efeito em outros poetas do tempo, como Teófilo Dias e Fontoura Xavier, baudelairianos mais completos e matizados, além de poetas melhores que o seu amigo Carvalho Júnior. E, para seguir falando nessa curiosa tendência, extrapolação do modelo baudelairiano, lembremos que a sua manifestação mais vistosa é "A matilha", de Teófilo Dias — uma caçada simbólica onde os cães do desejo, lançados numa carreira desenfreada, alcançam afinal a presa, isto é, a posse, numa imagem que deixa expostas as componentes de violência do amor, quando

da presa, enfim, nos músculos cansados,
Cravam com avidez os dentes afiados.

[7] P. E. da Silva Ramos, "Introdução", em *Panorama da poesia brasileira: Parnasianismo*. Rio de Janeiro; São Paulo: Civilização Brasileira, 1959, v. 3, p. XVI.

Mas o ponto culminante é alcançado por Fontoura Xavier (poeta que sempre teve gosto pelo humorismo), ao explorar a ambiguidade contida em português no verbo "comer" — ao mesmo tempo alimentação e ato sexual. A tensão erótica de Carvalho Júnior e Teófilo Dias (que incorporam as pulsões de Baudelaire) se abre aqui em piada franca e, ao mesmo tempo, expressiva como manifestação de uma certa lógica poética que vai até o nonsense. O poema (composto provavelmente entre 1876 e 1878) se chama "Roast-beef" (como ainda se escrevia "rosbife"), e depois de ter descrito o esplendor carnal da mulher, num verdadeiro desafio às normas românticas, conclui por um verso inesperado e divertidíssimo:

E sinto fervilhar-me o pego dos desejos
De um Tântalo faminto em face de um *roast-beef*!

Com relação a esta tendência, que poderíamos chamar *canibal* ou (com base no soneto de Carvalho Júnior, e sem nenhuma referência ao sentido que o termo viria a adquirir no Modernismo) *antropofágica*, lembremos que na obra de Baudelaire o verbo *manger* aparece, com ambiguidade que lembra as conotações portuguesas, pelo menos em dois contextos, de violência crescente:

Alors, ô ma beauté! dites à la vermine
Qui vous mangera de baisers.
   ("Une Charogne")

Ainsi qu'un débauché pauvre qui baise et mange
Le sein martyrisé d'une antique catin.
   ("Au Lecteur")

Enquanto o primeiro caso corresponde a uma locução corrente em francês, o segundo é mais raro e evoca os elementos sádicos d'*As flores do mal*, podendo ter estimulado a hipertrofia do amor-devoração, entendido em vários planos de significado, que ocorre no Realismo Poético brasileiro.

A respeito, ainda convém lembrar Jean Richepin, que estreou mais ou menos ao mesmo tempo que os jovens citados e cuja influência aparece clara nalguns outros do decênio seguinte, como Medeiros e Albuquerque. O poema que abre *Les Caresses* (1877) é uma profissão de fé amorosa em tom desmistificador, que tem pontos de semelhança com a de Carvalho Júnior, mas nenhuma com o soneto de Baudelaire em que este se baseou ("L'Idéal"). E usa imagens eróticas de cunho alimentar, jogando com o duplo sentido da palavra "carne" (mais nítido em português), exatamente como fez Fontoura Xavier, com o qual Richepin tem em comum o senso da piada, que nele pode chegar à pitoresca vulgaridade deste trocadilho:

> *L'amour que je sens, l'amour qui me cuit,*
> *Ce n'est pas l'amour chaste et platonique,*
> *Sorbet à la neige avec un biscuit;*
> *C'est l'amour de la chair, c'est un plat tonique.*
>   ("Déclaration")

Noutros poemas aparece o amor-devoração e o amante-carnívoro, mas sempre com um ar de brincadeira que, quanto a este tema, só ocorre excepcionalmente nos baudelairianos brasileiros:

> *Puisqu'à mon fauve amour tu voulus te soumettre,*
> *Il faudra désormais le nourrir comme un maître;*
> *Et tu sais qu'il est plein d'appétits exigeants.*
> *Un féroce mangeur! Il n'est pas de ces gens*
> *Qu'un morceau de pain sec rassasie et contente.*
> *Ce qu'il demande, lui, c'est la chair palpitante,*
> *C'est ton corps tout entier, c'est ton être absolu.*
>   ("Thermidor", IV)

No vulgaríssimo e longo "Le Goinfre d'amour", o desejo é comparado a um comilão que desafivela a cinta para comer tudo, sem medo de indigestão,

À la table divine où l'on doit manger vite.

Teriam os jovens do Realismo Poético sofrido alguma influência lateral de Richepin (poeta inferior a eles), como um reforço da de Baudelaire — o que ajudaria a explicar certos aspectos que esta assumiu aqui? É muito improvável, pois nenhum deles o cita, comenta ou traduz. Salvo erro, a sua marca só apareceria a partir de 1884 nos versos de Medeiros e Albuquerque, que diz ter lido nesse ano *Les Blasphèmes*, cujas sugestões estão no seu livro *Canções da decadência*, de 1889. Conclui-se, pois, que houve coincidência no fato de poetas moços de linhagem baudelairiana, nos dois lados do Atlântico, haverem extraído d'*As flores do mal* uma espécie de tratamento exacerbado e *canibal* do sexo. Mas enquanto em Richepin o *canibalismo* é superficial e anedótico, nos brasileiros é mais complicado, com nervuras de sadismo.

Para concluir sobre este assunto, um traço interessante: postos diante da sexualidade poética admitida naquele tempo, os versos dos jovens brasileiros representam uma ousada acentuação do erotismo; mas, noutro polo, postos em face do sadismo, são frequentemente tímidos (salvo alguns momentos de Fontoura Xavier), quando comparados com a terrível galeria baudelairiana de "mártires" e "vampiros".

Essas acentuações misturadas a atenuações ficaram mais evidentes quando eles tiveram de enfrentar certos problemas de tradução. Se, de um lado, aceitaram e mesmo sublinharam tudo o que nos poemas de Baudelaire era posição ousada do corpo, ato amoroso tendendo ao escultórico, imagem da carne levada a certa truculência animal, de outro, recuaram ante tudo o que pudesse, por exemplo, parecer prosaico demais e menos ortodoxo. Caso curioso é o da palavra "saliva", que Baudelaire introduziu na poesia e enriqueceu de conotações as mais diversas, além do sentido próprio, desde um nível inicial de realismo até a esfera simbólica dos filtros misteriosos e fatais do amor. Richepin, com a vulgaridade costumeira, tem um poema quase pilhérico, onde, levando o mestre às últimas consequências, chega ao seguinte:

> *La salive de tes baisers sent la dragée*
> *Avec je ne sais quoi d'une épice enragée,*
> *Et la double saveur se confond tellement*
> *Que j'y mange à la fois du sucre et du piment.*
>   ("Thermidor", IX)

Mas Teófilo Dias fez o movimento inverso, recuando até derreter o sentido do original numa substituição timorata e inexpressiva, ao verter certo trecho de "Le Poison", onde os versos

> *Tout cela ne vaut pas le terrible prodige*
>   *De ta salive qui mord,*

se transformam em

> Nada ao teu beijo iguala a pressão indizível
>   Que morde.

Por falta de audácia, Teófilo substituiu *salive* por *pressão*, palavra no caso arbitrária e atenuante que, além disso, tirou a força do verbo "morder". No texto de Baudelaire este tem um sentido complexo, abrangendo a ação corrosiva dos ácidos; mas aqui ficou sendo apenas um grau a mais de "pressão", contribuindo para cortar o impacto e desvirtuar o significado do original.

3

Seria errado pensar que esses poetas, movidos por um senso estreito de realismo, tenham feito a equiparação pura e simples de Baudelaire a um "descompassado amor à carne". Para começar, vimos que o erotismo para eles foi revolta e desmistificação, tanto assim que os seus poemas *realistas* ombreavam com as suas violentas diatribes políticas, em prosa e verso. Além disso, a obra de Baudelaire se desdobrou neles em outros matizes, que encontramos melhor em Teófilo Dias e Fontoura Xavier, baudelairianos mais completos que Carvalho Júnior, como ficou dito.

Teófilo Dias começou a traduzir e a sofrer a influência de Baudelaire desde 1877, sobretudo no domínio da sinestesia, como é visível no livro *Cantos tropicais* (1878), onde há uma tradução de "L'Albatros". (A seguir traduziu pelo menos mais seis poemas.) Mas só nos versos escritos a partir de 1879 a impregnação é de fato profunda, associada (como apontou Péricles Eugênio da Silva Ramos) à sensualidade violenta de Carvalho Júnior.[8] O livro *Fanfarras* (1882), onde os reuniu, forma o conjunto mais maciço da presença baudelairiana na poesia brasileira; sobretudo a primeira parte, cujo título, "Flores funestas", alude claramente ao modelo. Além da "tradição local", consolidada por Carvalho Júnior (isto é, baudelairianismo como violência erótica e franqueza na sua descrição), notamos aqui traços porventura mais legítimos d'*As flores do mal*, inclusive a dissociação analítica e requintada do impulso amoroso, dando lugar a combinações originais de sensações, ordenadas conforme a sinestesia.[9]

---

8 P. E. da Silva Ramos, "A renovação parnasiana na poesia", em Afrânio Coutinho (Dir.), *A literatura no Brasil*. Rio de Janeiro: Sul-Americana, 1955, v. 2, pp. 292-293. **9** Há um estudo mais pormenorizado desta influência em Teófilo Dias, *Poesias escolhidas*. Sel., intr. e notas de Antonio Candido. São Paulo: Conselho Estadual de Cultura, 1960, pp. 7-32.

Como Baudelaire, Teófilo Dias costuma salientar o gosto e o olfato, e manipular todos os sentidos em constelações raras, como tinha feito desde "Olhos azuis", de 1877 ou 1878. Ainda no rastro do mestre explora o "filtro", elemento às vezes imponderável que é como a substância da sedução e se manifesta ora na voz, ora no gosto, ora no perfume, identificando-se não raro aos tóxicos (ópio, haxixe). E como em Baudelaire, surge de repente o elemento corrosivo das mulheres fatais. Eis o soneto "Latet anguis":

> O som, que a tua voz límpida exala,
> Grato feitiço mágico resume:
> A frase mais vulgar, na tua fala,
> Colorido matiz, brilhando, assume.
>
> Afaga como a luz; como um perfume
> Pela alma filtra, e se insinua, e cala,
> E só de ouvi-la, o espírito presume
> Que um éter, feito de torpor, o embala.
>
> Quando a paixão altera-lhe a frescura,
> Quando o frio desdém lhe tolda o acorde
> À viva polidez, vibrante e pura,
>
> Não se lhe nota um frêmito discorde:
> — Apenas do primor, com que fulgura,
> Às vezes a ironia salta — e morde.

Noutros poemas aparecem imagens tipicamente baudelairianas, como, neste trecho de "Sulamita", o lábio-fonte e o desejo-caravana:

> Teu lábio é fonte, onde em beijos

Mata a sede devorante
A caravana arquejante
Dos meus cansados desejos.

Que aroma tépido e fino
Tua voz no timbre assume!
Se o teu hálito é um hino,
A tua voz é um perfume.

Às vezes a impregnação é quase tirânica, a modo da estrofe inicial, do poema "Spleen":

Minh'alma é um velho arsenal
Cheio de armas assassinas;
Tem a mudez sepulcral
Que paira sobre as ruínas,

que termina copiando "Causerie" ("*Et laisse, en refluant, sur ma lèvre morose/ Le souvenir cuisant de son limon amer*"):

Desola-me o peso atroz
Como um mar profundo, extenso,
Que num silêncio feroz,

Cerca-me surdo e sombrio,
E após, refluindo ao largo,
Só me deixa ao lábio frio
Vestígios do lodo amargo.

E a mulher adquire uma espécie de dureza que lembra a dos anjos-demônios d'*As flores do mal*, contrastando com a passividade dilacerada do poeta:

Tuas pupilas alaga
Não sei que acerba ternura,
Cuja luz cruel me afaga,
Cujo afago me tortura.

[...]

Com sarcasmos me apunhalas;
Depois, as feridas cruas
Ameigas com a luz que exalas
Dos teus olhos, negras luas.

[...]

E eu te amo, beleza fátua,
Minha perpétua loucura,
Como o verme a flor mais pura,
E o musgo a mais bela estátua!
    ("Esfinge")

Embora menos afamado que os outros dois, Fontoura Xavier foi talvez o mais interessante dos baudelairianos brasileiros. O seu livro *Opalas* (1884) contém uma primeira parte quase toda panfletária, "Musa livre", onde a marca de Baudelaire já aparece no poema "A morte de Gérard de Nerval". A segunda parte, "Clowns", é humorística e joga a semente do tipo de poesia frívola e funambulesca que cultivaria mais tarde (nela se encontra o citado "Roast-beef"). A influência de Baudelaire aparece em pelo menos oito dos dezessete poemas da terceira parte, denominada "Ruínas"; sobretudo por uma espécie de transformação do tédio romântico, com laivos de perversidade que aguça o senso da decomposição do corpo e empurra a violência carnal para o lado do sadismo. Os aspectos mais dilacerantes da série sobre o spleen, n'*As flores do mal*, já aparecem no soneto de abertura, "Flor da decadência":

> Sou como o guardião dos tempos do mosteiro!
> Na tumular mudez dum povo que descansa,
> As criações do Sonho, os fetos da Esperança
> Repousam no meu seio o sono derradeiro.
>
> De quando em vez eu ouço os dobres do sineiro:
> É mais uma ilusão, um féretro que avança...
> Dizem-me — Deus... Jesus... outra palavra mansa
> Depois um som cavado — a enxada do coveiro!
>
> Minh'alma, como o monge à sombra das clausuras,
> Passa na solidão do pó das sepulturas
> A desfiar a dor no pranto da demência.
>
> — E é de cogitar insano nessas cousas,
> É da supuração medonha dessas lousas
> Que medra em nós o tédio — a flor da decadência!

Em 1879 recitou no enterro de Carvalho Júnior um poema cheio de audácia satanista e ateísmo (admirado e traduzido por Rubén Darío), começando por uns versos cujo efeito se pode imaginar, naquela circunstância e naquele meio provinciano:

> Um instante, coveiro! o morto é meu amigo,
> E como vês cheguei para dizer-lhe adeus;
> Depois podes levá-lo, a Satanás, contigo,
> Que sei que não pretende a salvação de Deus.

A última estrofe alude ritualmente a Baudelaire, como símbolo da poesia de revolta que praticavam:

Não tomes Baudelaire por um jogral — Yorick!

Mas desde 1876, isto é, desde os seus precoces dezoito anos, o poeta que mais tarde se perderia no *banvillismo elegante* (como Rubén Darío qualificou a sua última etapa)[10] escreveria alguns dos melhores poemas da geração, impregnados em profundidade por Baudelaire, como "Nevrose", ou, sobretudo, o admirável "Pomo do mal":

Dimanam do teu corpo as grandes digitalis,
Os filtros da lascívia e o sensualismo bruto!
Tudo o que em ti revive é torpe e dissoluto,
Tu és a encarnação da síntese dos males.

No entanto, toda a vez que o seio te perscruto,
A transbordar de amor como o prazer de um cálix,
Assalta-me um desejo, ó glória das Onfales!
— Morder-te o coração como se morde um fruto!

Então, se dentro dele um mal que à dor excite
Conténs de mais que o pomo estéril do Asfaltite,
Eu beberia a dor nos estos do delírio!...

E podias-me ouvir, excêntrico, medonho,
Como um canto de morte ao ritmo de um sonho,
O poema da carne a dobres de martírio!...

A evocação inicial dos "paraísos artificiais", identificados à sedução feminina; o gosto pela depravação e pela mulher esmagadora;

---

[10] Rubén Darío, "Fontoura Xavier", em Fontoura Xavier, *Opalas*, 4. ed. Rio de Janeiro: Graphica Sauer, 1928, p. 206. (Artigo de 1912, transcrito em apêndice a este livro.)

as diversas alusões sádicas — tudo entronca no temário e na própria maneira de Baudelaire, enquanto a violência devoradora é mais um traço da sua adaptação pelos jovens brasileiros. Por causa desses poemas e alguns outros, tinha razão o seu tradutor peruano ao achar adequado o título *Opalas*, "*ya que, a su manera, evocando* Las flores del mal *de Baudelaire, este libro es un cofre en que un poeta há atesorado las piedras del mal*".[11] Como tradutor, Fontoura Xavier foi razoável, vertendo "Spleen", "Elévation", "Phares", "Don Juan aux enfers", "Le Flacon", "Le Châtiment de l'orgueil", "Le Soleil", "À une Madonne", além de parafrasear "Recueillement" em "Minha dor" e ser o único até os nossos dias (salvo erro) a transpor "Franciscae Meae Laudes" numa adaptação livre: "Termas de luz".

4

A opinião de Machado de Assis no artigo de 1879 foi enunciada num momento em que Teófilo Dias e Fontoura Xavier ainda não tinham reunido em livro a sua melhor produção. Por isso não abrange outros aspectos da influência de Baudelaire, além da que ele condena como deformação. Quanto a esta, vimos que, embora tenha razão formalmente, a perspectiva histórica mostra que ela funcionou de maneira construtiva, dadas as condições locais. A exacerbação de sexualidade que os moços efetuaram a partir do texto d'*As flores do mal* foi uma *felix culpa*.

1884, data de *Opalas*, é também a de *Meridionais*, de Alberto de Oliveira, livro que marca oficialmente o fim do Realismo Poético e a instalação do Parnasianismo. Os baudelairianos do decênio de 1870 foram portanto uma espécie de pré-parnasianos, sobretudo na medida em que aprenderam com o seu inspirador o cuidado formal, o amor pelas imagens raras, a recuperação do soneto e outras

---

[11] J. Santos Chocano, "Prólogo", em Fontoura Xavier, *Ópalos: Poesias escogidas y traducidas al español por J. Santos Chocano*. Paris; México: Ch. Bouret, 1914, p. 8.

formas fixas. Mas são antiparnasianos no relativo gosto pelo moderno, bem como na atitude geral de contestação, que os levou a rejeitar o passado e adotar os ideais republicanos como matéria de poesia. N'*As flores do mal* encontraram um tratamento não convencional do sexo, um lutuoso spleen e um senso refinado da análise moral; mas refugaram ou não sentiram bem a coragem do prosaísmo e dos torneios coloquiais. Também não se interessaram pelos espaços externos da vida contemporânea, inclusive o senso penetrante da rua e da multidão; ficaram quase sempre dentro de casa e mais especialmente do quarto de dormir. Apesar disso, assimilaram algo da modernidade de Baudelaire na medida em que se inspiraram nele para afirmar o tempo presente e seus problemas, contra o refúgio no ego e na história, como tinham feito os românticos; ou na história e na neutralidade dos objetos, como fariam em grande parte os parnasianos.

A este propósito, e com o intuito de sentir a posição histórica dos nossos poetas do Realismo, digamos que mais ou menos entre 1875 e 1885 houve no Brasil uma espécie de opção tácita e simbólica entre Baudelaire e Leconte de Lisle. Os realistas se inclinaram para aquele e os parnasianos para este.

Não espanta que Baudelaire pudesse ter sido considerado um mestre de rebeldia, adequado à contestação. Apesar do horror que manifestou contra a sociedade do tempo, a sua obra comporta, além da análise moral desabusada, a aceitação da vida e da cultura das cidades como tema e problema, pressupondo a elaboração de uma linguagem feita para exprimi-la. Leconte de Lisle, ao contrário, enveredou pela rejeição drástica dos temas contemporâneos, com o desejo de criar uma visão redentora do passado por meio de uma linguagem restauradora, que tencionava aproximar-se da antiga. Os seus seguidores não poderiam aceitar Baudelaire, que naquele tempo era sinônimo de revolta, niilismo, neurose e desmando sexual — alimentos fortes demais para os nossos corretos parnasianos, que foram uns verdadeiros campeões de falsas ousadias.

Os olhos, a barca e o espelho

I

Para Lima Barreto a literatura devia ter alguns requisitos indispensáveis. Antes de mais nada, ser sincera, isto é, transmitir diretamente o sentimento e as ideias do escritor, da maneira mais clara e simples possível. Devia também dar destaque aos problemas humanos em geral e aos sociais em particular, focalizando os que são fermento de drama, desajustamento, incompreensão. Isto, porque no seu modo de entender ela tem a missão de contribuir para libertar o homem e melhorar a sua convivência.

Assim, talvez o Lima Barreto mais típico seja o que funde problemas pessoais com problemas sociais, preferindo os que são ao mesmo tempo uma coisa e outra — como por exemplo a pobreza, que dilacera o indivíduo, mas é devida à organização defeituosa da sociedade; ou o preconceito, traduzido em angústia, mas decorrendo das normas e interesses dos grupos. E por aí afora.

Esta concepção empenhada, quem sabe devida às circunstâncias da sua vida, nos leva a perguntar de que maneira as suas convicções e sentimentos se projetam na visão do homem e da sociedade, e em que medida afetam o teor da sua realização como escritor. Porque, se de um lado favoreceu nele a expressão escrita da personalidade, de outro pode ter contribuído para atrapalhar a realização plena do ficcionista. Lima Barreto é um autor vivo e penetrante, uma inteligência voltada com lucidez para o desmascaramento da sociedade e a análise das próprias emoções, por meio de uma linguagem cheia de calor. Mas é um narrador menos bem realizado, sacudido entre altos e baixos, frequentemente incapaz de transformar o sentimento e a ideia em algo propriamente criativo.

A análise dos escritos pessoais contribui para esclarecer isto, mostrando inclusive de que maneira o interesse dos seus romances pode estar em material às vezes pouco elaborado ficcionalmente, mas cabível enquanto testemunho, reflexão, impressão de cunho individual ou intuito social — como se o fato e a elaboração não fossem de todo distintos para quem a literatura era uma espécie de paixão e dever; e até uma forma de existência pela qual sacrificou outras. Em nota sobre Nestor Vitor, que publicou pouco antes de morrer, lemos esta confissão:

> Nunca amei; nunca tive amor; mas sempre tive amigos, nos transes mais dolorosos da minha vida.[1]

De fato, o seu biógrafo exemplar Francisco de Assis Barbosa diz que na existência dele não há vislumbre de caso amoroso; e ele próprio conta que visitava rapidamente as prostitutas, sem aprofundar relações. Não espanta que o principal da vitalidade e da ternura fosse absorvido pelas letras, sobre as quais se exprime numa linguagem indicadora de transferência afetiva (grifo meu):

> Mais do que qualquer outra atividade espiritual da nossa espécie, a Arte, especialmente a Literatura, a que me dediquei e *com que me casei*; mais do que ela nenhum outro qualquer meio de comunicação entre os homens, em virtude mesmo do seu poder de contágio, teve, tem e terá um grande destino na nossa triste Humanidade.[2]

[1] "Elogio do amigo", em *Impressões de leitura*. 2. ed. São Paulo: Brasiliense, 1961, p. 140. As citações são de Francisco de Assis Barbosa (Org.), *Obras de Lima Barreto*. 17 v. São Paulo: Brasiliense, 1956. [2] "O destino da literatura", op. cit., p. 66.

Neste trecho se combinam uma concepção da literatura e, com relevo impressionante, a identificação a ela. A literatura, encarada como vida na qual a pessoa se realiza, parece então substituto de sentimentos ou experiências, e este lado subjetivo não se destaca do outro, que é o seu efeito e o seu papel fundamental: estabelecer comunicação entre os homens.

Resulta a ideia de que a eficácia dos textos literários depende em grande parte da capacidade do escritor se manifestar integralmente por meio deles. Argumentando com exagero e anacronismo, poderíamos dizer que é como se a obra de Lima Barreto tivesse nascido da proposição transcrita acima (formulada pouco antes da morte), pois ele canalizou a própria vida para a literatura, que a absorveu e tomou o seu lugar; e esta doação de si mesmo atrapalhou-o paradoxalmente a ver a literatura como arte.

Talvez porque, surgindo de um empenho pessoal tão fundo, ela se configurasse para ele como participação na sociedade, como militância exigente e sem complacência, opondo-se aos padrões estéticos dominantes, que, na medida em que eram oficializados, se situavam do lado dos que mandam. Outro traço básico da sua escrita é com efeito o desejo de oposição contra as categorias comprometidas do seu tempo — o "bonito", o "elegante", o "profundo" —, que rejeitava de cambulhada com o bem-feito e o bem-acabado, como quem nega a face da iniquidade na literatura e por isso quer mostrar o real desmascarado.

Este movimento negativo deve ter freado a busca de uma escrita onde a arte oficial fosse atacada por meio da diferença criadora, da capacidade de inovar, como fariam os modernistas, que ele também negou, porque lutava noutro terreno. No combate ao discurso de corte acadêmico, ficou, por assim dizer, no polo oposto ao de Raul Pompeia, que procurou superar por dentro o tom predominante, elaborando-o até o preciosismo e indo *além* da norma, enquanto ele atacou de fora e ficou *aquém* da norma. Mas, de qualquer maneira, sem compromisso. Daí a força desmistificadora como escritor e a irregularidade como ficcionista, que só se pode admirar sem reservas em alguns contos e no *Policarpo Quaresma*. Nos outros romances (mesmo quando o impacto é forte) ficou perto demais do testemunho, do comentário, do desabafo, da conversa sardônica ou sentimental.

Por isso, nos escritos pessoais e nos artigos a sua concepção de literatura se realiza às vezes melhor, porque é mais adequada a eles. O seu ideal declarado é a representação direta da realidade; e no fundo os recursos expressivos lhe parecem intermediários incômodos. Tanto assim que, quando comenta um romance de outro autor, ele o trata como se fosse documento, não ficção, e o condena ou louva exclusivamente por este lado, mostrando desinteresse pelos aspectos formais, sobretudo os inovadores. É como se a sua consciência artística decorresse do desejo polêmico de não ter consciência artística propriamente dita. Nos escritos pessoais podemos surpreender momentos significativos deste fato, quando vemos o texto literário se constituir na medida em que o autor parece estar querendo "mostrar" a vida, mas chega, aparentemente sem querer, aos níveis da elaboração criadora.

Veja-se o *Diário íntimo*, que pode dar a impressão errada de ser pouco importante, ou de ser importante apenas como documento. Nele encontramos projetos de ficção, anotações breves, confissões e certos episódios da sua vida que são às vezes de grande interesse, como no caso de dois trechos que escolhi para exemplo. Tendo muita densidade de experiência e de escrita, eles servem para mostrar até que ponto na sua obra o autobiográfico pode funcionar como inventado.

2

Na entrada de 5 de janeiro de 1908 Lima Barreto conta a visita à casa de um amigo. Este não estando, quem o recebe é a moça portuguesa com quem vivia, e que aliás não gostava dele, mas era sua amante para não ter de recair na prostituição. Pelo que sei do nosso autor, é o único momento em que estabeleceu com uma mulher relação de entendimento afetuoso e compreensão mútua, que lhe faz sentir um grande e raro bem-estar. Ela o convida para jantar, ele aceita, ambos se abrem numa conversa cheia de espontânea confiança recíproca, onde a possibilidade do sexo passa apenas como lampejo reprimido. Depois ele vai embora, e dali a três dias registra a experiência.

A narração curta (mais ou menos três páginas) possui um tom poético e um gosto pela imagem pouco frequentes no estilo desse inimigo de enfeites e amenidades. Lendo, nós sentimos qual pode ser para ele a melhor maneira literária, pois estão presentes a verdade dos fatos e uma situação de desvalimento social, encarnada na prostituição. Ele trata a matéria de modo direto, pondo em jogo uma firmeza de composição e redação que parece aderir sem mediações à própria realidade. Esta passagem insensível da vida à literatura corresponde ao seu alvo de escritor; e aqui ele o atinge quase sem querer, na confluência da confissão, do sentimento do mundo, da mágoa em face da iniquidade. No diálogo com a moça jogada no mar alto da vida, o escritor que se sente isolado, rejeitado como náufrago, encontra a si mesmo e à sua virtude artística:

> Essa rapariga, que viu bordéis, ladrões, estelionatários e jogadores; que se meteu em orgias; que certamente se atirou a desvios da sexualidade, aparece-me cândida, ingênua e até piedosa. Estou a ver daqui os seus cabelos castanhos, os seus olhos de um azul desmaiado, e não sei por que me lembram Maria Madalena. Há não sei que separação entre o seu passado e presente e a sua alma

verdadeira, que tenho um delicioso bem-estar em vê-la. É como se ela me trouxesse "uma redoma de alabastro cheia de bálsamo". Nessa tarde, eu, com 26 anos, e ela, com 24, ainda muito lembrada da vida antiga, conversamos, das seis e meia às dez horas, inocentemente, e creio que saí com os pés ungidos de nardo, mal enxugados pelos seus lindos cabelos. Eu a olhava com o meu olhar pardo, em que há o tigre e a gazela, de quando em quando, e ela, sempre, constantemente, me envolvia com o seu olhar azul, macio e sereno, que lhe iluminava o sorriso de afeto, eterno e constante, espécie de riso da natureza fecunda e amorável por uma manhã límpida e suave de maio, quando as flores desabrocham para frutos maduros.³

Parece que os olhos funcionam em mais de um sentido como apoio simbólico da narrativa. Se pensarmos no que dizem os analistas do inconsciente, chama logo a atenção o aspecto sexual, pois "o olho sempre foi símbolo da força procriadora, símbolo da potência viril".⁴ Por toda a cena da visita paira um reprimido negaceio amoroso entre o escritor e a moça, que o convida do seguinte modo:

— Senhor Barreto, M... não está. O senhor janta e depois vai-se embora, não é?

Ele comenta:

Esse "depois vai-se embora" foi dito com tal singeleza, com tal espontaneidade, como se (o) pronunciasse uma donzela ou senhora casada. E quantas destas seriam capazes de dizer isto com tanta candura?!!

---

3 *Diário íntimo: Memórias*. 2. ed. São Paulo: Brasiliense, 1961, pp. 127-128.
4 Georg Groddeck, "L'Anneau", em *La Maladie, l'art et le symbole*. Paris: Gallimard, 1977, p. 232.

Mas durante a refeição ela se refere de maneira curiosamente erótica ao hóspede, metaforizando-o com ambiguidade no alimento, que é escuro como ele:

— O feijão tem uma cousa, disse eu, é feio...
— Mas é gostoso, acrescentou ela alegre, e como muita gente feia, mas gostosa.

Em semelhante contexto, a leitura simbólica nos faz ficar atentos, quando o (puro) olhar azul de uma portuguesa, branca mas desvalida, quase uma pária, cruza com o seu olhar furtivo de desejo e ternura, de desejo freado pela ternura mas coexistindo com ela, como o tigre com a gazela. E, além de exprimir o jogo erótico sublimado, os olhos manifestam outras aspirações e frustrações, pois a cor deles se desdobra em significados que abrangem não apenas a visão convencional da pureza oposta ao desejo, mas a raça e a posição social. O olhar do escritor é pardo, ele é pardo e se sente um pouco pária, como a moça. ("É triste não ser branco", dirá adiante a propósito de outro caso.)

Note-se ainda a alusão insistente ao episódio evangélico de Maria Madalena (Lucas 7,36-50), transformando a moça numa espécie de pecadora purificada, pronta para ungir os seus pés como se ele tivesse a força redentora de Cristo (por ter dissolvido o desejo na ternura respeitosa?). A experiência individual se eleva a um estranho nível de transcendência e volta transfigurada, para se misturar à condição social; e, nesta cena, é como se dois rejeitados encontrassem um oásis momentâneo na natureza imaginária em que a imagem feminina foi metaforizada (o "riso da natureza").

Três dias mais tarde resolve anotar a cena no diário:

É de tarde, chove, embora assim [sic] olho a janela, para ver se dou no céu com um pouco daqueles olhos de azul límpido, com aquele seu sorriso de florescimento da natureza... É feia a tarde, névoa cerrada, moinha de carvão no ar...

A sua natureza recobriu a da moça, isto é, a cor parda da tristeza não deixa ver o azul, mas ambas formam um sistema contraditório de tensões, porque o azul (pureza, raça branca, paisagem límpida) está ligado à prostituição (pecado, vício), enquanto o pardo (desejo do sexo, raça escura, céu enfarruscado) está ligado à clareza da honestidade (profissão regular, ideais artísticos). Há pois uma compensação, mas o resultado é melancólico porque a natureza ridente e florida, que se vincula metaforicamente à moça e parece um sinal de esperança, é apagada pela tarde pardacenta.
Acho que Antonio Arnoni Prado, em seu livro *Lima Barreto: o crítico e a crise*, foi o primeiro a mostrar cabalmente como o nosso autor usava as notações do cotidiano para construir momentos bem realizados na escrita de ficção. Na cena indicada há uma espécie de embrião desse processo. Ao que eu saiba, Lima Barreto não a transpôs para nenhum dos seus romances ou contos. Mas, nela, elaborou a realidade com um toque que nos faz ler como se fosse trecho de ficção este retalho onde a dimensão pessoal converge com a visão da sociedade e a consciência artística, propiciando a realização literária plena, mesmo com o seu ar de rascunho.

3

Outro exemplo disto é a visita a um amigo em São Gonçalo, perto de Niterói, registrada no *Diário* em 10 de fevereiro do mesmo ano de 1908.
A narrativa obedece a uma espécie de realismo distante, como se o narrador empenhasse toda a sua sensibilidade, mas ao mesmo tempo comentasse com o afastamento de quem

quer produzir uma visão objetiva; e, apesar dos descuidos da escrita que não se destinava ao público, parece um admirável fragmento de ficção aplicada em desvendar a realidade do Brasil. Enquanto corre o trenzinho de São Gonçalo ele lembra que os seus antepassados eram de lá:

> Eu, olhando aquelas casas e aqueles caminhos, lembrei-me da minha vida, dos meus avós escravos e, não sei como, lembrei-me de algumas frases ouvidas no meu âmbito familiar, que davam vagas notícias das origens da minha avó materna, Geraldina. Era de São Gonçalo, de Cubandê, onde eram lavradores os Pereira de Carvalho, de quem era ela cria.
> Lembrando-me disso, eu olhei as árvores da estrada com mais simpatia. Eram muito novas; nenhuma delas teria visto minha avó passar, caminho da corte, quando seus senhores vieram estabelecer-se na cidade. Isso devia ter sido por 1840, ou antes, e nenhuma delas tinha a venerável idade de setenta anos. Entretanto, eu não pude deixar de procurar, nos traços de um molequinho que me cortou o caminho, algumas vagas semelhanças com os meus. Quem sabe eu não tinha parentes, quem sabe se não havia gente do meu sangue naqueles párias que passavam cheios de melancolia, passivos e indiferentes, como fragmentos de uma poderosa nau que as grandes forças da natureza desfizeram e cujos pedaços vão pelo oceano afora, sem consciência do seu destino e da sua força interior.
> Entretanto, embora enchesse-me de tristeza o seu estado, eu não pude deixar de lembrar-me, sem algum orgulho, que o meu sangue, parente do seu, depois de volta de três quartos de século, voltava àquelas paragens radiante de mocidade, saturado de noções superiores, sonhando grandes destinos, para ser recebido em casa de pessoas que, se não foram senhores dele, durante algum tempo, tinha-o [sic] sido de outrem da mesma origem que o meu.

Eu vi também pelo caminho uma grande casa solarenga, em meio de um grande terreno, murado com um forte muro de pedra e cal. Estava em abandono, grandes panos de muro caídos e as aberturas fechadas com frágeis cercas de bambus. Eu me lembrei que a grande família, de cuja escravatura saíra minha avó, tinha-se extinguido, e que deles, diretamente pelos laços de sangue ou de adoção, só restavam um punhado de mulatos, muitos, trinta ou mais, de várias condições, e eu era o que mais prometia e o que mais ambições tinha.[5]

"[...] a noção de 'sangue', como 'raça e antepassados', domina o trecho, e secundariamente a de 'senhores'", diz uma nota na página 302 da edição de Francisco de Assis Barbosa (extraindo, porém, uma conclusão negativa a respeito da estrutura que não me parece justificada).

Com efeito, a composição se organiza a partir desta metonímia extremamente eficaz, o sangue, por meio da qual a sua condição de mulato de origem modesta aparece dos dois lados, o pessoal e o social, pois a metonímia se metaforiza de certo modo, tresdobrando-se, na medida em que o sangue representa não apenas a singularidade da sua pessoa, mas, num segundo nível, os pobres-diabos dos quais se imagina parente e, no terceiro, os senhores de sua avó, certamente seus próprios antepassados. Fluindo do individual para o social, o sangue configura uma estirpe e vincula os outros dois esteios do trecho, a "poderosa nau" e seu correlativo terrestre, a "grande casa solarenga", desfeitas ou desgastadas pela ação da natureza = sociedade. Quando íntegras, elas representavam o sistema familiar com seus bens, poder, escravos, agregados. Fragmentadas, arruinadas, correspondem aos descendentes anônimos que restaram.

Neste momento o escritor se identifica como representante da casa-nau (estirpe e instituição), num orgulho afirmativo de quem

---

5 *Diário íntimo*, op. cit., pp. 131-132.

conhece o próprio valor e constata que, daquele passado, social e economicamente forte e vistoso, resta ele como produto extremo. É uma expansão íntima e ao mesmo tempo uma análise metafórica da sociedade brasileira, na qual existia e sob muitos aspectos existe a ligação profunda, inclusive pelo sangue, entre dominadores e dominados, antagônicos no seu destino social. Nos dias do escritor o antagonismo ainda se traduzia pela sujeição do descendente de escravo que não tinha subido na escala social e que, em suas palavras neste mesmo *Diário*, leva uma "vida pobre e triste",

> [...] tão parecida ainda com a senzala, em que o chicote disciplinador de outrora ficou transformado na dureza, na pressão, na dificuldade do pão nosso de cada dia. (p. 131)

A sua visão complexa e reveladora mostra a sujeição do proletário como sendo homóloga à do escravo, sugerindo a aberração de ambas, inclusive pelo fato de dominadores e dominados serem eventualmente do mesmo sangue, numa espécie de monstruoso incesto econômico. E constata que o significado social dos dominadores mudou de registro, a ponto de se entrever que o descendente dos dominados, sendo também descendente do dominador (da mesma casa, da mesma nau), representaria com maior legitimidade, devido aos seus dons, a preeminência e liderança que o dominador exerceu.

Ainda aqui, portanto, verificamos o encontro favorável da confissão, da análise social e do achado estilístico, fazendo o documento biográfico deslizar para a criação literária.

4

Deixando de lado o *Diário íntimo*, vamos ver um terceiro exemplo, tomado ao *Diário do hospício*, registro patético e singularmente objetivo no qual o escritor, internado entre os loucos depois de um acesso de delírio alcoólico, esquece de si para avaliar a situação em que está e, depois, volta sobre si, aprofundando o autoconhecimento graças ao conhecimento do meio. Em seguida às duas reflexões pessoais que já vimos, relacionadas com a prostituição e a servidão, temos agora o clima da loucura, que é a alienação máxima. Nos três casos ocorre a construção analítica da própria imagem e a tendência (que no terceiro é deliberação) de levar o processo ao âmbito ficcional.

Este terceiro exemplo talvez seja o mais característico, porque se liga à feitura de um romance inacabado, *O cemitério dos vivos*. Aliás, sob a forma pela qual conhecemos as duas obras, é difícil distinguir o plano real do plano imaginário, porque nas notas íntimas há partes que já são elaboração dos fatos, obviamente com vistas ao romance. Diríamos, então, que se *O cemitério dos vivos* pode ser considerado um esboço de romance, o *Diário do hospício* não pode ser considerado documento pessoal puro, porque a cada momento parece que o escritor está ficcionalizando a si mesmo e ao ambiente onde se encontra, a ponto de denominar a primeira pessoa narradora, ora Lima Barreto, ora Tito Flamínio, ora Vicente Mascarenhas, sendo este último o nome que acabou por fixar para o personagem central da obra projetada. Aqui, portanto, estamos ante um exemplo característico da maneira pela qual o nosso autor manifesta o seu movimento constante entre a pureza documentária e a elaboração fictícia, assim como o desejo de integrá-las.

Há no *Diário do hospício* um episódio mostrado nas duas etapas — isto é, como anotação de acontecimento e como elaboração deste na craveira romanesca. Na edição de Francisco de Assis Barbosa, o segundo vem antes, não sei se por obediência à ordem do manuscrito ou por critério do organizador; de qualquer modo, a ordem lógica é inversa. O trecho do registro documentário é o seguinte:

D. E... Veio o corpo de bombeiros, com uma escada, para tirá-lo de cima do telhado. Ele partiu as telhas e pôs-se a atirá-las em cima do povo que assistia ao espetáculo do lado da rua. Não parece intimidado. Está seminu e, apesar de saber perfeitamente que está tomado de loucura alcoólica, de pé, na cumeeira do pavilhão, destinado à rouparia, como que vi, naquele desgraçado, a imagem da revolta.

Esse acontecimento causa-me apreensões e terror. A natureza deles. Espelho.[6]

Noutra parte do *Diário*, o mesmo incidente aparece como narrativa já elaborada e posta numa sequência nitidamente ficcional, que é das melhores páginas de Lima Barreto e termina assim:

> Num dado momento, trepado e de pé na cumeeira, falando, cabelos revoltos, com os braços levantados para o céu fumacento, esse pobre homem surgiu-me como a imagem da revolta... Contra quem? Contra os homens? Contra Deus? Não; contra todos, ou melhor, contra o irremediável. (p. 86)

É possível que a densidade da visão ficcionalizada se deva à relação estreita, de cunho especular, entre o escritor, o alucinado e a coletividade dos loucos — relação que por sua vez parece esclarecer muitos lados da humanidade em geral. Por isso, acho que deve ser destacado o fecho da anotação transcrita mais alto:

> Esse acontecimento causa-me apreensões e terror. A natureza deles. Espelho.

6 "Diário do hospício" (Apontamentos), em *O cemitério dos vivos: Memórias*. 2. ed. São Paulo: Brasiliense, 1961, p. 104.

Leia-se: os atos do alucinado pela bebida me encheram de terror e apreensão quanto a mim mesmo. A natureza dos loucos é no fundo a minha, não apenas porque sou um alcoólatra exposto ao desequilíbrio eventual, mas porque sou homem, simplesmente, e dentro de cada homem há coisas inesperadas que podem vir para fora. Por isso, me vejo nos loucos como num espelho.

O espelho assume função de compromisso por solidariedade. O sentimento de participar da mesma humanidade frágil, sujeita à marginalização social da prostituta, ao esmagamento do pobre, à alienação do insano, faz por contágio que o sentimento pessoal se torne verdade para os outros; e a verdade dos outros, experiência pessoal. Desses vasos comunicantes é que brota, quem sabe, a opção por uma arte áspera e sincera, capaz de transmitir o seu recado e deste modo servir. No primeiro e único capítulo do romance truncado, lemos o seguinte, que parece confirmar a hipótese (o grifo é meu):

> Esqueci-me um momento dos meus propósitos de alto debate metafísico, de ferir a Ciência nas suas bases e contestar-lhe esse caráter de confidência dos Deuses, que os pedantes querem dar-lhe, para justificarem a vaidade de que tresandam, por saber dela um poucochito, levando, com as suas asserções arrogantes, tristeza no coração dos outros e discórdia entre os homens.
>
> Certo dia em que me pus a pensar nisso, veio-me a reflexão de que não era mau que andasse eu a escrever aquelas tolices. Seriam como que exercícios para bem escrever, com fluidez, claro, simples, atraente, de modo a dirigir-me à massa comum dos leitores, quando tentasse a grande obra, sem nenhum aparelho rebarbativo e pedante de fraseologia especial ou um falar abstrato que faria afastar de mim o grosso dos legentes. Todo o homem, sendo capaz de discernir o verdadeiro do falso, por simples e natural intuição, desde que se lhe ponha este em face daquele, seria

muito melhor que me dirigisse ao maior número possível, com o auxílio de livros singelos, ao alcance das inteligências médias com uma instrução geral, do que gastar tempo com obras só capazes de serem entendidas por sabichões enfatuados, abarrotados de títulos e tiranizados na sua inteligência pelas tradições de escolas e academias e por preconceitos livrescos e de autoridades. *Devia tratar de questões particulares com o espírito geral e expô-las com esse espírito.*[7]

Essas "questões particulares" expostas com "espírito geral" exprimem o ritmo profundo da escrita de Lima Barreto, a sua passagem constante da particularidade individual para a generalidade da elaboração romanesca (e vice-versa), que importa numa espécie de concepção do homem e do mundo, a partir de um modo singular de ver e sentir. Daí o interesse de tudo aquilo que, na sua obra, pode ser chamado literatura íntima: diários, correspondência, até os desabafos frequentes dos escritos de circunstância. Com efeito, trata-se de um elemento pessoal que não se perde no personalismo, mas é canalizado para uma representação destemida e não conformista da sociedade em que viveu. Espelho contra espelho (para usar noutro sentido a imagem de Eugênio Gomes) é uma das atitudes básicas desse rebelado que fez da sua mágoa uma investida, não um isolamento.

---

[7] "O cemitério dos vivos" (Fragmentos), em *O cemitério dos vivos*, op. cit., pp. 138-139.

Poesia e ficção na autobiografia

Nesta palestra desejo comentar certos livros recentes produzidos por escritores mineiros, que podem ser qualificados de autobiografias poéticas e ficcionais, na medida em que, mesmo quando não acrescentam elementos imaginários à realidade, apresentam-na no todo ou em parte como se fosse produto da imaginação, graças a recursos expressivos próprios da ficção e da poesia, de maneira a efetuar uma alteração no seu objeto específico. Além disso, a palestra visa sugerir que estes traços imprimem um cunho de acentuada universalidade à matéria narrada, a partir de algo tão contingente e particular como é em princípio a vida de cada um.

Os livros em questão foram publicados entre 1968 e 1973 e são devidos a Carlos Drummond de Andrade, Murilo Mendes e Pedro Nava. Antes de os abordar, lembro duas circunstâncias que podem servir para ajustá-los ao ponto de vista proposto aqui: o fato da produção literária ter surgido em Minas, no século XVIII, com um acentuado cunho de universalidade; e o fato dos mineiros gostarem de literatura na primeira pessoa, em particular a autobiografia, ou seja, algo à primeira vista eminentemente particularizador e, portanto, oposto à outra tendência.

I

Nas fases iniciais da literatura brasileira, as condições históricas favoreceram em Minas algumas manifestações literárias de qualidade, ligadas à floração urbana que sucedeu em tempo pasmosamente curto ao *far-west* inicial, cuja superação Cláudio Manuel da Costa celebrou no *Vila Rica*.

Do ângulo que nos interessa, é preciso registrar que tais manifestações constituíram um ponto de partida decisivo para a cultura de todo o país, porque em virtude das características do Barroco e do Neoclassicismo estabeleceram uma opção universalizante, traduzida na linguagem civilizada do Ocidente, em terra semibárbara como era o Brasil daquele tempo na quase totalidade.

A partir dos românticos e a bem dizer até nossos dias, esse fato foi encarado frequentemente como desvio do "espírito nacional", como atraso no processo de autoidentificação, que teria requerido de preferência um mergulho profundo nas particularidades do pitoresco e da cor local. Mas na verdade ele representava a incorporação das normas cultas, necessárias para a nossa configuração como povo. Decisivo, no caso, não era o fato em si do artifício, que pertence a toda arte, mas o vínculo que ele estabelecia em relação às culturas-matrizes. Do mesmo modo atuou, noutro plano, a vitória da língua portuguesa sobre a língua geral, nos lugares em que esta predominava. Se não fosse assim não seríamos o que somos.

A essa luz a literatura dos árcades ganha o seu pleno significado histórico de tradução *daquele* local *naquele* universal, que permitiria elaborar bem a inflação de pitoresco e particularismo, promovida dali a pouco pela moda romântica, num movimento dialético oportuno. Foi sobretudo por obra do eixo universalizante dos clássicos (no caso brasileiro, ligado de maneira decisiva à civilização urbana de Minas) que se desenvolveu em condições favoráveis a dialética da nossa literatura no correr do decisivo século XIX. Quando ela atingiu um ponto de maturidade, com Machado de Assis, foi possível ver que o local e o universal, o transitório e o permanente, o particular e o geral estavam devidamente tecidos na sua carne, como na de qualquer literatura que vale alguma coisa.

Ora, não esqueçamos que uma das obras mais importantes no processo de naturalização dos valores cultos no Brasil se apresenta de certo modo como confissão em verso (não importa se imaginária ou real): a *Marília de Dirceu*. O fato de ter havido essa espécie de autobiografia de uma situação amorosa em contexto tão universal quanto foi o do Arcadismo, sobretudo em seus aspectos neoclássicos, permite colocar sob a sua égide a pesquisa, não apenas do ficcional ligado ao real, mas do universal através do particular, tomando como exemplo o particular por excelência, que é a narrativa da própria vida.

Lembremos, ainda no século XVIII, os singelos *Apontamentos para se unir ao Catálogo dos Acadêmicos da Academia Brasílica dos Renascidos*, de Cláudio Manuel da Costa, uma espécie de miniautobiografia. Lembremos também que Minas Gerais produziu o melhor livro brasileiro de memórias do século XIX, as *Minhas recordações*, de Francisco de Paula Ferreira de Resende, escritas de 1887 a (provavelmente) 1890 e publicadas apenas em 1944.

No famoso *Minha formação*, Joaquim Nabuco atenua o caráter exemplar do que narra, porque traz a primeiro plano uma personalidade bastante narcísica, embora eminente, dando exemplo de como o dado pessoal pode se dissolver na vaidade, a mais particularizadora das forças que atuam em nós. Ferreira de Resende, ao contrário, alcança naturalmente o cunho generalizador através da sua candura arguta e do desejo de fazer viver o seu tempo e o seu meio, graças ao relato da sua vida. Como escreveu Otávio Tarquínio de Sousa,

> se este livro interessa pelo homem que nos aparece mineiramente numa "tal ou qual autobiografia", impõe-se em primeiro lugar como um documento de excepcional valor acerca da vida social e de família, dos costumes, das tradições, de tudo que

é mais característico do Brasil e, particularmente, de Minas Gerais, entre os anos de 1830 e 1890.[1]

Ferreira de Resende é um escritor direto e aparentemente tosco; mas o seu estilo, peculiar e original, é uma espécie de revelação constante da realidade, inclusive pelo caráter abrangente e penetrante dos períodos longos, acumulados e cheios de matéria, com um uso muito pessoal do ponto e vírgula, que lhe serve para construir sólidos blocos narrativos e dissertativos sem perder a clareza nem a concatenação das partes.

Por tudo isso, depois de *Marília de Dirceu*, tomemos *Minhas recordações* como exemplo da capacidade demonstrada por tantos mineiros de, inserindo o eu no mundo, mostrar os aspectos mais universais nas manifestações mais particulares, num avesso da autobiografia estritamente individualista do tipo Nabuco, da qual o interesse é de outro tipo e consiste em reduzir o geral à contingência do particular.

Para ser exato, é preciso dizer que Minas produziu também autobiografias medíocres no século XIX, como as *Minhas memórias*, do visconde de Nogueira da Gama, descosidas apesar de contar fatos curiosos e transcrever documentos importantes. Em compensação, nos últimos anos do século Helena Morley enchia os seus cadernos com essa flor de graça e verdade que é *Minha vida de menina*, uma das obras-primas da literatura pessoal no Brasil.

Se o meu intuito fosse falar da autobiografia em geral, e não da modalidade particular que defini acima e fica num setor especial, seria preciso estudar escritos como os de Joaquim de Sales, Passos Maia, Fernando de Azevedo, Antônio de Lara

---

[1] "Prefácio", em Ferreira de Resende, *Minhas recordações*. Intr. de Cássio Barbosa de Resende. Rio de Janeiro: José Olympio, 1944, p. 22. Coleção Documentos Brasileiros, n. 45.

Resende, Paulo Monteiro Machado, Euríalo Canabrava, Valdemar Pequeno, Raquel Jardim. Seria preciso analisar os de corte literário mais acentuado, e isso nos levaria à escrita seca e amarga de Orlando Vilela, estuante de sinceridade e retidão; à bruma lírica de Cyro dos Anjos, em *Explorações no tempo*; à maneira incisiva e eloquente dos livros de Afonso Arinos de Melo Franco, nos quais a apresentação lúcida e direta dos fatos é traduzida num modelado de mestre da prosa.

Mas seria ir longe demais numa só palestra que, repito, quer apenas comentar de maneira breve alguns livros autobiográficos de cunho francamente poético e ficcional, aliás muito diferentes entre si. Os seus autores nasceram de 1901 a 1903, e eles também foram publicados perto um do outro: *Boitempo*, de Carlos Drummond de Andrade, e *A idade do serrote*, de Murilo Mendes, em 1968; *Baú de ossos*, de Pedro Nava, em 1972; *Menino antigo*, de Drummond, e *Balão cativo*, de Nava, em 1973. Como traço comum ostensivo, quase apenas o deslumbramento de todos eles pelo cometa Halley, em 1910.

Tomando os três primeiros (isto é: *Boitempo*, *A idade do serrote* e *Baú de ossos*), podemos aproveitar a ordem casual em que apareceram a fim de estabelecer uma gradação, porque o primeiro é escrito em verso, o segundo numa prosa-poesia e o terceiro em prosa; o primeiro é autobiografia através de poesia; o segundo, através de uma poesia inextricavelmente ligada à ficção; o terceiro, como se fosse ficção.

Isto mostra que, apesar das diferenças, eles têm um substrato comum, que permite lê-los reversivelmente como recordação ou como invenção, como documento da memória ou como obra criativa, numa espécie de dupla leitura, ou leitura "de dupla entrada", cuja força, todavia, provém de ser ela simultânea, não alternativa.

Por isso, quando falar de cada um dos autores como sujeito que narra, e para acentuar essa posição especial entre dois modos de discurso, usarei o designativo Narrador, consagrado para mencionar a voz que se lançou *Em busca do tempo perdido*.

O traço que acabo de definir os afasta não apenas de memorialistas espontâneos, como Ferreira de Resende com o seu ar de cronista, mas de memorialistas de elevado teor literário, como Afonso Arinos de Melo Franco ou Cyro dos Anjos, nos quais a elaboração estilística é evidente, mas não altera, porque não quer alterar, a pureza do objetivo autobiográfico.

2

Diz José Guilherme Merquior que em determinada altura de sua obra Drummond procedeu a uma depuração do estilo "mesclado" ou "impuro", de cunho modernista, com que havia começado, entrando numa zona de maior elevação de tom, tema e vocabulário. É a passagem de *Alguma poesia* e *Brejo das almas* para *Rosa do povo* e, sobretudo, *Fazendeiro do ar*. Observa ainda que em seguida retomou até certo ponto a "mescla" estilística e temática em *Lição de coisas*, mas principalmente em *Boitempo*, onde voltam a piada, o humor cotidiano, o tratamento das situações corriqueiras com certo ânimo cômico, inclusive a habitual "autoironia, sinal distintivo da poesia de Drummond desde as suas formas inaugurais", mas que

> assume agora um giro deliberadamente brincalhão, como se (para dizê-lo como Freud) o humor drummondiano, reconhecidamente tão "superdeterminado", tão equívoco ou polissêmico, emergisse desta vez alacremente unívoco, solto e gaio, sem as restrições mentais da emotividade ferida ao choque do mundo.[2]

[2] José Guilherme Merquior, *A astúcia da mímese: Ensaios sobre lírica*. Rio de Janeiro: José Olympio, 1972, p. 50.

Note-se que *Menino antigo* (*Boitempo II*) continua na mesma craveira, deixando discernir um veio autobiográfico sem amargura, em contraste com a notória acidez denotada pelo emissor dos versos em relação a si mesmo no restante da obra. E talvez seja possível encarar a tendência observada pelo crítico como decorrente do firme intuito autobiográfico que domina esses dois livros. Não se trata mais de poemas da memória em meio a outros de orientação diversa; mas unicamente de casos, cenas, emoções da infância de um emissor suficientemente caracterizado para se saber quem é.

Ora, esse intuito autobiográfico não ocorre sob o aspecto de autoanálise, dúvida, inquietude, sentimento de culpa, ou seja, as vestimentas com que aparece na maioria da lírica de Drummond; mas com aquele sentimento do mundo como espetáculo, que se configura nalguns poemas de *Lição de coisas*. A impressão é de que o poeta incluiu deliberadamente a si mesmo na trama do mundo como parte do espetáculo, vendo-se de fora para dentro. Dir-se-ia então que a tonalidade dos últimos livros é fruto de uma abdicação do individualismo extremado, em favor de uma objetividade que encara serenamente o eu como peça do mundo. Por isso, embora guardem o sabor do pitoresco provinciano e remoto, *Boitempo* e, depois, *Menino antigo* denotam um movimento de transcender o fato particular, na medida em que o Narrador poético opera um duplo afastamento do seu eu presente: primeiro, como adulto que focaliza o passado da sua vida, da sua família, da sua cidade, da sua cultura, vendo-os como se fossem objetos de certo modo remotos, fora dele; segundo, como adulto que vê esse passado e essa vida, não como expressão de si, mas daquilo que formava a constelação do mundo, de que ele era parte.

Esse distanciamento generaliza o que pareceria restrito, particular, e se revela no fato do Narrador poético falar indiferentemente "eu" ou "o menino", e usar certa indeterminação que deixa apenas pressuposta a $1^a = 3^a$ ou a $3^a = 1^a$ pessoas em muitos poemas. O "eu" é "ele", mas "ele" é "eu"; são o mesmo, mas podem ver-se do lado de fora e de longe.

Por isso, uma experiência privada, como a do menino que procura vistas indiscretas pelas frinchas do assoalho, é tão pitoresca e tão espetáculo, mas também tão exemplar, quanto a referência a objetos exteriores ao eu, como, por exemplo, a mineiridade dos comerciantes turcos, que são sírios, os ingleses da mina, os excêntricos da cidade. A experiência pessoal se confunde com a observação do mundo e a autobiografia se torna heterobiografia, história simultânea dos outros e da sociedade; sem sacrificar o cunho individual, filtro de tudo, o Narrador poético dá existência ao mundo de Minas no começo do século.

Parece, portanto, que para sentir o efeito peculiar de *Boitempo* e *Menino antigo* é preciso vê-los também como um tipo especial de memorialística: o que supera francamente o sujeito-narrador para se concentrar poeticamente no objeto e, de torna-viagem, ver o sujeito como criação. No caso, o poeta Carlos Drummond de Andrade cria um menino por meio do qual vê e mostra aos outros em que medida ele é Andrade, porque Itabira é o país dos Andrades; porque ele tem um certo jeito de ser mineiro; porque minerações, fazendas, bois são componentes dele; porque o sexo em Itabira, no tempo da Primeira Guerra Mundial, não é a mesma coisa que noutro lugar e noutro tempo — e assim por diante. Usando o seu verso seco e humorístico, o seu firme golpe de vista e a capacidade de escorço, ele constrói, num clima de poesia e ficção, a verdade que é o mundo do eu, e o eu como condição do mundo.

Por isso é possível tratar estes dois livros como sendo de memórias, o que não seria possível em relação a outros de Drummond, mesmo quando cheios de casos e parentes de Itabira. Em *Boitempo* e *Menino antigo* a estilização literária é aplicada para narrar a existência do eu no mundo: particularizadora, de um lado, na medida em que destaca o indivíduo e seus casos; mas, de outro, generalizadora, porque é simultaneamente descrição de lugar e biografia de grupo. Os fatos e sentimentos, as impressões e os ambientes, que são o ponto de partida da elaboração literária, pesam com maior impureza do que na obra lírica anterior; e, como acontece nos livros de memórias pessoais, a elaboração da forma não chega a dispensar o sentimento vivo do objeto, ponto de partida, porque o escritor quer justamente pô-lo na luz da ribalta, embora poeticamente transfigurado. Resulta um modo narrativo ou lírico mais particular, em relação à lírica anterior de Drummond; porém mais geral, em relação ao ângulo específico de uma autobiografia.

3

A idade do serrote, de Murilo Mendes, é autobiografia declarada, escrita em prosa. Mas também aqui, de modo semelhante ao dos dois livros de poemas que acabamos de ver, os tópicos são apresentados como unidades autônomas, ou semiautônomas, à maneira de crônicas soltas. E a prosa tem um ímpeto de tal maneira transfigurador, que nós nos sentimos dentro da poesia, como um primeiro fator que alarga o restrito elemento particular da recordação pessoal.

A esse propósito, diga-se que talvez Murilo Mendes seja o poeta mais radicalmente poeta da literatura brasileira, na medida em que praticamente nunca escreveu senão poesia, mesmo quando escrevia sob a aparência de prosa. A sua capacidade de reflexão e debate era grande, mas ele a exerceu sempre de modo poético, ao contrário de Manuel Bandeira, Mário de Andrade ou Carlos Drummond de Andrade, que são grandes prosadores ao mesmo tempo que grandes poetas.

Neste livro encantador, perfeitamente ambientado na sua obra poética, Murilo Mendes procede a um duplo movimento de composição. De um lado estabelece um tema fixo, tenazmente fixo, como o jardim, a moça, o piano, o primo, o louco e outros; e este vem carregado de toda a sua particularidade, exibindo ao máximo a condição de objeto descrito. De outro lado procede ao seu desdobramento através de variações sucessivas e incessantes, variações múltiplas que permitem mostrar todas as facetas, soltar todas as possibilidades de significação que contém. O tema se multiplica, portanto, deixa de ser o que é, vira outra coisa, adquire uma amplitude de significados que o transfigura, ao arrancá-lo da situação limitada de lugar e momento, dando-lhe um toque de intemporalidade. A Itabira de *Boitempo* é uma presença física definida, embora enroupada de magia. A Juiz de Fora de *A idade do serrote* é tonalidade quase fantasmal num lugar permeado de sonho. As pessoas, os animais, as coisas, as cenas se revelam sempre múltiplas — são e não são. Assim extravasam os limites e o instante, como convém a um mundo onde a loucura e o milagre são normais, do mesmo modo por que o banal e o cotidiano são miraculosos.

> Movido por um instinto profundo, sempre procurei sacralizar o cotidiano, desbanalizar a vida real, criar ou recriar a dimensão do feérico.[3]

Este trecho decisivo explica a atitude literária de Murilo Mendes em sua poeticidade total, mostrando ao mesmo tempo por que ele alça o particular até o mais alto teor de generalidade.

Além da técnica de "tema-variação", lembremos em *A idade do serrote*, para ficar nas analogias musicais que ele tanto prezava, a modulação de estilo, a mudança sucessiva e organizada de tonalidade, maneira, composição. Longe de recorrer a um discurso

---

3 Murilo Mendes, *A idade do serrote*. Rio de Janeiro: Sabiá, 1968, p. 62. As citações seguintes são do mesmo livro, com o número da página entre parênteses.

homogêneo, melodicamente desenvolvido, Murilo ajusta-o estruturalmente ao tema e à circunstância, quebrando a singularidade dos fatos e dando-lhes uma ampla possibilidade de significar. Exemplificando apenas com a variação de tamanho dos períodos e sua articulação nos capítulos, leia-se este trecho do começo do livro, quando são referidos fatos e circunstâncias anteriores à possibilidade da memória concatenar:

> O circo. Amanajós. O balão. O quarto escuro. O canto do Magnificat. Ciranda cirandinha. O bicho-papão. A mula sem cabeça. Os nomes do demônio. As meninas. A roda do arco. Pianolas. Quindum-sererê. (p. 6)

Em três linhas, treze períodos nominais, altamente elípticos, sem ligações nem coerência externa. Compare-se a capítulos como "Sebastiana" (pp. 19-22) ou "Momentos e frases" (pp. 68-71), feitos de um só período que ocupam cerca de três páginas cada um. Com espírito metafórico, poder-se-ia dizer que essa amplitude de composição sintática corresponde ao jogo permanente que passa do menor ao maior, do restrito ao amplo, do singular ao plural — conduzindo o leitor a uma superação constante do cotidiano por meio do poético, do fantástico ou do simplesmente exemplar, como é propósito do Narrador, grande estrategista do insólito e da transcendência.

Num livro de memórias, o toque de poesia por si só já confere exemplaridade, graças ao milagre da consubstanciação que cria o mais geral sob as espécies do mais particular. Daí a preeminência teórica da poesia sobre a história, segundo Aristóteles:

> Pois refere aquela principalmente o universal, e esta o particular. Por "referir-se ao universal" entendo eu atribuir a um indivíduo de determinada natureza pensamentos e ações que, por liame de necessidade e verossimilhança, convêm a tal natureza; e ao

universal assim entendido visa a poesia, ainda que dê nomes aos seus personagens.[4]

Podemos dizer que Murilo Mendes reforça este processo pelo uso sistemático do insólito, que eleva a potências imprevisíveis os expoentes já de si universalizadores do discurso poético. Não custa dizer de outro modo o que já foi dito, lembrando que em *A idade do serrote* o Narrador não apenas transfigura o dado comum, ao mostrá-lo como algo tocado pelo cunho excepcional, mas introduz o insólito propriamente dito sob a forma de excentricidade, aberração da norma, loucura. Dá-se então um movimento pendular que unifica o texto em profundidade e estabelece a sua normalidade própria: o comum é visto como extraordinário; o extraordinário é visto como se fosse comum.

Talvez não seja arbitrário demais, dado o contexto, considerar toque de insólito que universaliza, ao extravasar de um âmbito linguístico menor para um maior, o uso de palavras estrangeiras tratadas como se fossem portuguesas e, sobretudo, de palavras estrangeiras adaptadas ao português; e que, num caso e noutro, funcionam fônica, semântica e sintaticamente como se pertencessem de modo normal à frase em nossa língua. Com efeito, a frase é construída de tal maneira que o leitor tem a impressão de estar sempre no mesmo contínuo linguístico. Por outras palavras, o insólito linguístico parece normal e, ao mesmo tempo, cria uma originalidade rara e inesperada, que encaminha a frase para um campo mais largo de significado, além do nosso discurso portuguesmente usual.

No primeiro caso ("normalidade" do léxico estrangeiro) estão as palavras, sobretudo italianas, empregadas de maneira a

---

[4] Aristóteles, *Poética*. Trad., pref., comentários e apêndices de Eudoro de Souza. Porto Alegre: Globo, 1966, p. 78.

se confundirem com as nossas, o que pode ser visto nos exemplos seguintes:

> seu fáscino perigoso (p. 29); compreenderam tudo num baleno (p. 66); meu estômago ou intestino urla ursa uiva ulula (p. 71); sendo o espírito do amor sensível, mobile (p. 102); celerípede, vispa, um gnomo. (p. 145)

No segundo caso, o das palavras ajeitadas à portuguesa, temos:

> nuvens nuvolosas (p. 15); distraindo os seus guais (p. 39); o que mais me colpiu no relato (p. 93); espaventosas frases de São Basílio (p. 98); inaferrável pequeno sáurio (p. 109); olhos castanhos estralunados (p. 145); criminosos, analfabetos, malviventes (p. 157); aflancada do seu eterno espasimante Segismundo. (p. 142)

Deixo de lado os casos de "citação", isto é, uso da palavra estrangeira "pura", de modo a conservá-la como inclusão que rompe o fluir natural da língua. Por exemplo:

> charme irreversível de Paris (p. 10); adorável e méchante (p. 23); arrabiato fuorilegge encharcado de caninha (p. 27); sendo uma hommasse (p. 36); que seria de nós, ahimé! (p. 71); à sua dolce vita de nobre cria (p. 73); eu sentia por Teresa una voglia matta. (p. 146)

Mas considero característicos do processo que venho indicando certos casos de adaptação mais complexa, ao mesmo tempo léxica e sintática: "jogávamos às vezes ao pirata"; "jogávamos ao eco; eu fazia o pastor" (ambos p. 146).

Esse trânsito entre duas línguas, ao mesmo tempo natural e insólito, simboliza a atitude de Murilo, generalizando por meio da superação de fronteiras, usando o excepcional como se fosse corriqueiro, não recorrendo às tabuletas prudentes do grifo, da aspa, do destaque de citação — mas fundindo os contrários e uniformizando na universalidade da linguagem poética os particulares de cada língua. Ou, para dizer tudo num instante:

> Saudemos Murilo
> Grande poeta
> Conciliador de contrários
> Incorporador do eterno ao contingente.
> (Manuel Bandeira)

4

Com Pedro Nava entramos num terreno mais próximo da autobiografia propriamente dita, porque a sua obra é em prosa franca, de composição corrida e compacta, baseada em longas sequências narrativas logicamente dispostas e engrenadas segundo uma necessidade, não linear, por certo, mas cronológica.

Antes de abordar o estudo de sua obra conviria lembrar que, se estamos habituados a tratar Drummond e Murilo na categoria dos maiores escritores, a presença entre eles de Pedro Nava pode espantar alguns, porque a sua revelação é recente e as pessoas ainda não se habituaram a aceitar a sua eminência ou admitir que um livro de memórias possa ter a altura das grandes obras literárias. Ora, justamente porque estou convencido desde o primeiro momento de que assim é, ou seja, de que Pedro Nava é um dos grandes escritores brasileiros contemporâneos, não hesitei em situá-lo na devida companhia. Por esta mesma razão tratarei dele mais longamente que dos outros dois, há muito consagrados e gloriosos.

Nos seus dois livros a autobiografia desliza para a biografia, que por sua vez tem aberturas para a história de grupo, da qual emerge em plano mais largo a visão da sociedade, traduzida finalmente numa certa visão do mundo. O motivo dessa transfiguração do dado básico é sem dúvida o tratamento nitidamente ficcional, que dá ares de invenção à realidade, transpondo para lá deles mesmos o detalhe e o contingente, o individual e o particular.

Confinado nos limites da sua memória, com a vontade tensa de apreender um passado que só lhe chega pelo documento e por pedaços da memória dos outros, o Narrador penetra *simpaticamente* na vida dos antepassados e dos parentes mortos, no seu ambiente, nos seus hábitos, e não tem outro meio de os configurar senão apelando para a imaginação. Desse modo, sobretudo em *Baú de ossos*, o relato adquire um cunho de efabulação e o leitor o recebe como matéria de romance.

Veja-se por exemplo, no livro citado, uma sequência como a sesta do avô paterno, que o Narrador conhece por tradição fragmentária e recompõe como tecido cheio, onde a luz do dia de Fortaleza, os cheiros da cozinha, o trabalho das mulheres se articulam num todo coerente e poético, no qual se destaca um dos elementos básicos do tratamento ficcional: a transferência para os personagens da capacidade de ver e sentir.[5]

Outro exemplo seria o percurso do mesmo avô, já morador no Rio de Janeiro, da sua residência em Laranjeiras ao seu negócio na rua General Câmara. Neste caso o conhecimento dos hábitos do antepassado se combina à documentação topográfica e à descrição imaginária da ação tornada presente (pp. 67-70).

Exemplo também admirável é a narrativa dos amores senis do bisavô materno na sua chacrinha de Juiz de Fora, onde inclusive são descritas as sensações indescritíveis e intransferíveis do ato amoroso (pp. 167-168).

---

5 Pedro Nava, *Baú de ossos: Memórias*. Rio de Janeiro: José Olympio, 1972, pp. 36-39. Salvo indicação contrária, as citações seguintes são do mesmo livro, com o número da página entre parênteses.

Ora, esse tratamento ficcional, em que a realidade é revista e francamente completada pela imaginação, avulta em momentos fundamentais do livro, sendo empregado inclusive para captar os elementos devidos à exposição documentada ou à experiência direta, isto é, que foram obtidos sem recurso à imaginação. Por isso o leitor se habitua a receber a verdade sob o aspecto da ficção, e quando chega às partes onde os acontecimentos já estão sob controle da memória do Narrador, não nota qualquer mudança essencial entre as duas esferas. É que o Narrador não muda de tom e adota um ângulo de tipo ficcional o tempo todo. Veja-se como exemplo a narrativa da vida no Colégio Anglo-Mineiro, em *Balão cativo*,[6] que, embora documentável e comprovável por ser de experiência direta, é escrita com uma fantasia, um senso de humor, uma coragem metafórica e um balanceio de caricatura que a elevam a alturas dickensianas.

Naturalmente essa maneira de contar nasce do fato de grande parte do primeiro volume se referir a tempos e pessoas anteriores ao Narrador, que teve assim de completar pela imaginação. E como quis começar pelo passado remoto, foi fazendo autobiografia como biografia de todos os que formaram o universo familiar dos seus quatro costados. Antes de ser a história particular de um homem, *Baú de ossos* é a história geral de grupos, situados no seu respectivo espaço social e tomados como ponto de referência para ver o mundo.

Com isso forma-se uma perspectiva dupla, que se comunica ao segundo volume: o indivíduo é visto em função e através do grupo, e o ritmo narrativo obedece a uma superação constante do pormenor pessoal pelo andamento familiar, tanto mais quando os indivíduos e as famílias são vistos frequentemente nos momentos exemplares: nascimento, festa, casamento, morte. Esses momentos exprimem a vida

---

6 Pedro Nava, *Balão cativo*. Rio de Janeiro: José Olympio, 1973, pp. 116-182.

institucional e, portanto, ganham um cunho de grande generalidade. Assim o Narrador imprime força ao relato, na medida em que assegura ao mesmo tempo o encanto particular do pitoresco e a exemplaridade das situações.

Sob este aspecto seria possível falar de uma superação do genealógico pelo paradigmático, do individual pelo grupal, do transitório pelo duradouro. Como em Proust, a fuga do tempo é compensada pela permanência das estruturas e a recorrência dos detalhes — como quando o olhar de uma bisavó ressurge em dois bisnetos ou a dureza de dona Lourença de Abreu e Mello é retomada pela da sua neta dona Maria Luísa, avó materna do Narrador.

Não se trata, portanto, de dizer que Pedro Nava possui uma tal força de escrita que as pessoas dos seus livros *parecem* personagens; mas que ele as concebe e elabora como se *fossem* personagens. Por isso têm tanta força.

E aí está um traço da literatura de ficção, isto é, a relação reversível Particular — Universal, sem o que não há eficiência do texto e onde os dois termos possuem igual importância, sendo ela que garante a validade da outra relação, que também está presente nestes livros e também é necessária para a sua eficácia: Realidade — Invenção. É nelas que se encontra a razão da alta expressividade de *Baú de ossos* e *Balão cativo*, e do cunho universal dessas narrativas mergulhadas nas particularidades de Minas, do Rio e do Ceará, vistas e experimentadas pelo Narrador, mas também inventadas através de indícios e, em ambos os casos, funcionando com a força da mais alta verdade da arte e da vida.

5

É possível ir adiante e averiguar de que maneira esse traço de ordem geral é produzido pelas técnicas particulares da escrita, que permitem falar numa verdadeira estilística da universalização em Pedro Nava. Para não encompridar muito, vamos ver os casos seguintes: enumeração; contaminação recíproca do real e do fantástico; uso sistemático do lugar-comum; galicismo funcional (do tipo dos italianismos já observados em Murilo Mendes). Para simplificar e abreviar, citarei exemplos apenas de *Baú de ossos*, restringindo-os a um mínimo que mal dá ideia da extraordinária invenção estilística deste grande livro.

1. Em Pedro Nava a enumeração tem um papel frequente e importante como traço de estilo. Não se trata da "enumeração caótica", famosa depois dos estudos de Spitzer, mas de uma enumeração dirigida e concatenada, que parece ir criando uma realidade complexa e mais significativa a partir dos termos iniciais. Enumeração que se caracteriza por ser progressiva e transcender os seus próprios termos, alcançando alto nível de generalidade mesmo em casos simples, como o das penas de escrever usadas na escola de Luís Andrés em Juiz de Fora. Aí, a série de objetos dá lugar a uma revoada que quase entra pelo insólito, graças à simples virtude da enumeração, que vai transformando a quantidade em qualidade (p. 269).

Exemplo mais rico é a caracterização do presidente Antônio Carlos:

O dr. Antônio Carlos Ribeiro de Andrada era filho de pai homônimo e de d. Adelaide de Lima Duarte, descendente de Aires Gomes. Não tinha nada dos rompantes paulistas dos Andradas, mas era cheio da ronha mineira dos Lima Duarte. Tinha dos primeiros o físico e o nome; dos segundos, a astúcia e aquilo que Mário de Andrade chamava o "cauteloso pouco a pouco". E mais a simpatia e aquele encantamento que ele dividia com outros Lima Duarte — os seus primos Penido. Por estes ele se ligava aos Burnier, Monteiros, Teixeira Leite, Assis, Álvares da Silva (primeira ponte para o Oeste e para a gente do Pompeu), Ribeiros, Ribeiros de Oliveira, Batistas de Oliveira, Nunes

Limas, Badarós, Mascarenhas, Vidais Barbosa Lage e Valadares (segunda ponte para o Oeste e para a gente do Pompeu). Pelo mano José Bonifácio, aos Lafayettes e aos Stocklers. Pela esposa, aos Olindas, Araújo Lima, Guimarães, Azevedos, Moreiras e Régis de Oliveira. Tudo isso representava uma família extremamente solidária e estendendo-se, em distância, da Borda do Campo a Petrópolis, passando por Juiz de Fora e zona mesopotâmica de Minas. / Acresce que, além de solidária, essa gente era a possuidora. Das fazendas, das companhias, das empresas, das indústrias, das fábricas, do prestígio das profissões liberais, das santas-casas, das confrarias, das obras pias, das gotas de leite, das sopas dos pobres, das irmandades e dos apostolados. Uma piedade exemplar fazia chover sobre todos as bênçãos da Igreja e os juros das apólices. / Deste modo, tocar num só era pôr *en branle* e a favor, o executivo, o legislativo, o judiciário, os correligionários, os compadres, os primos de primos dos primos, os contraparentes, Guy de Fongaland, Santa Teresinha do Menino Jesus, o próprio Menino Jesus, Nossa Senhora do Perpétuo Socorro, a dos Navegantes, a dos Aflitos, a de Lurdes, o Padre, o Filho e o Espírito Santo... Desses degraus — não precisava esforço para dominar politicamente. (pp. 282-283)

Como se vê, o trecho é composto por três ordens sucessivas de enumerações, que separei por barras e tendem a sugerir as razões da força política daquele estadista em fase inicial de carreira: primeiro, a enumeração das famílias consanguíneas e afins, articulando o indivíduo no clã; depois, a dos bens materiais e atividades estratégicas desta constelação humana, que asseguram a sua base real; finalmente, a dos comparsas, dos poderes e dos santos, por meio dos quais ela toca no próprio sobrenatural. Há portanto uma concatenação dupla: das unidades dentro de cada ordem; das três ordens entre si. A primeira ordem é homogênea: são nomes equivalentes.

A segunda é mais variada e cria um primeiro elemento de perturbação lógica, associando coisas muito diversas. A terceira é quase caótica na sua heterogeneidade, misturando elementos díspares e inesperados, o que gera grande efeito cômico. A realidade inicial já se transformou numa realidade nova e insólita, constituída pelo acúmulo de palavras das séries enumerativas e a mudança de qualidade dos níveis. O que começara no político hábil acaba num sistema complexo que chega burlescamente ao próprio céu, para refluir sobre ele como graça (irônica) da força e do poder.

2. Um modo de ampliar o campo dos significados e, depois dele, a visão do mundo, é a injeção de insólito e irreal no nexo corrente da realidade. Foi assim que o romance contemporâneo superou as fronteiras do realismo e, paradoxalmente, pôde ampliar as da realidade, dando-lhes o toque da transcendência que quebra as restrições do concreto particular.

Os livros de Pedro Nava estão cheios duma espécie de contaminação recíproca entre o normal e o insólito, o fantástico, o irreal e até o místico, que rompem a particularidade e a delimitação em favor de perspectiva mais larga. A própria enumeração que acabo de transcrever entra em parte por este caminho, que no entanto é mais puro em exemplos como os que veremos agora, a começar por este, relativo ao bisavô materno:

> Também ninguém entrava na chácara do Luís da Cunha sem ele ao pé, fiscalizando. Nem as filhas, nem os netos. Só ele baixava os galhos e só ele colhia/ o pomo de ouro, de granada ou de vidro que queria ofertar. (p. 166)

A barra que intercalei assinala a transição que nos interessa. As frutas podem estar sendo designadas metaforicamente pela analogia do aspecto, e então seriam banalmente algo como "laranja que parece de ouro", "romã que parece uma granada (pedra)", "carambola que parece de vidro". Mas é claro que, ao mesmo tempo e muito mais do que isto, os objetos para cá da barra são frutas mágicas, de um jardim mágico, igual ao da história de Aladino ou o das Hespérides. E o pomar de Luís da Cunha vira uma coisa mais alta e mais vasta por meio do deslocamento de sentido, que o arranca da sua particularidade graças à contaminação dos níveis (real e irreal).

Caso curioso é o da maneira pela qual uma estada dos avós maternos do Narrador (Jaguaribe e Maria Luísa) com as filhas ainda meninas, na Fazenda do Bom Jesus, deixa de ser apenas uma lembrança especialmente agradável, transmitida de uma geração a outra, para instaurar um mundo fantástico por meio de dois recursos: 1. transfiguração do real através de alusões literárias e lendárias, gerando uma espécie de contágio entre as duas esferas; 2. intensificação da metáfora, de maneira a transformar a analogia em realidade mágica. Eis os dois procedimentos:

> 1. Paraíso terrestre, ilha da Utopia, Pasárgada onde elas eram não amigas, mas filhas do Rei Jaguaribe, filhas da Rainha Maria Luísa. Princesas de estrela na testa. 2. [...] janelas de guilhotina, cujas bandeirolas de desenho caprichoso eram vidros azuis, vermelhos, verdes. Eram vidros encantados! Pegavam o sol do lado de fora e debulhavam-no sobre os ladrilhos em bagas de safira, de rubi, de esmeralda. (p. 203)

Parecido é o caso que se refere às esperanças dos herdeiros supostos da misteriosa herança do barão de Cocais, e que serve como exemplo de enumeração cujo elemento principal é todavia a contaminação real-irreal, valendo portanto para ilustrar os dois processos. Aqui o significado geral é de certo modo inverso ao que vimos anteriormente, porque o trânsito do nível real ao nível imaginário faz com que este reflua sobre o primeiro e o invalide, representando na própria composição do estilo a imaterialidade das aspirações, que se esvaem em sonho, em nada. É o que vemos no trecho seguinte, com a sua função de ponto de articulação entre as duas esferas, mostrando a passagem dos bens materiais, possíveis no limite, para os bens impossíveis, porque imaginários (situados além da barra):

> [...] essa complicada história da herança do barão de Cocais que revoluciona periodicamente a família Pinto Coelho e leva milhares de seus membros a revolverem os tombos de igrejas, bispados, cartórios, a papelada do Arquivo Público Mineiro — cada grupo familiar com a esperança de herdar mais do que o outro, cada um sonegando os seus achados dos primos e querendo abiscoitar sozinho os milhões do Banco de Londres, os terrenos da Praça Mauá, do Cais do Porto, de todo o Centro do Rio de Janeiro, de parte dos subúrbios, glebas fluminenses, sesmarias em Goiás, as minas das Minas, bairros de Lisboa, / castelos na Espanha, o tosão de ouro da Cólquida, os tesouros de Golconda, Eldorados, Pactolos... (pp. 180-181)

Para não espichar demais, um último exemplo de contaminação, devido à inserção do ficcional elaborado por outro escritor (Machado de Assis) na sequência dos fatos reais (descrição de uma reunião de família), dando consistência de coisa acontecida à ficção, e cunho irrealmente mágico à realidade (para o que contribuem também a hipérbole e a livre comunicação entre a esfera do real e a do irreal, graças à ausência de pontuação que delimite):

> Todos aplaudiam chorando e levantava-se na casa festiva um tal clamor de entusiasmo que acordava o Andaraí e despertava dentro do tílburi o Conselheiro Aires voltando de casa da Mana Rita. (p. 231)

3. O lugar-comum, a fórmula consagrada, a frase feita, o dito exemplar, a citação implícita são frequentemente postos

pelo Narrador no correr natural da frase, não como referência, nem em destaque; mas como se tivessem nascido do movimento normal da sua escrita. Muito mais gerais do que a frase particular onde se encaixam, esses torneios exemplares trazem a ela um toque de generalização, próprio das situações paradigmáticas que exprimem. Ao mesmo tempo criam uma espécie de inteligibilidade maior, na medida em que procedem a este alargamento de âmbito. Falando, por exemplo, dos pretendentes que surgiram de todo lado para a avó Maria Luísa, viúva moça, bonita e rica (seu avô Jaguaribe seria o preferido), alude a um que a tinha amado e ela amara antes de casar com o primeiro marido, o velho Halfeld, mas pusera de lado por despeito: "Até o Inácio Gama ressurgiu dos mortos ao terceiro dia" (p. 164).

No caso, o trecho do Credo aparece por associação de ideias. O primeiro termo, "ressurgiu", é que naturalmente desencadeia o processo, chamando a hipérbole e fazendo Inácio Gama sair do reino dos mortos, forma extrema do esquecimento e do alheamento; estes dois elementos trazem logicamente o terceiro, que na verdade contradiz os anteriores, pois aqui a imagem alude a uma duração breve, que no entanto já se tornou necessária pela concatenação do texto que a associação de ideias suscitou. O resultado é um humor inofensivamente profanatório, que eleva o fato concreto à aparência de uma situação-paradigma.

A mesma coisa pode se dar por meio de trocadilho, onde a mudança de uma palavra altera o sentido da frase sentenciosa sem alterar o seu perfil sonoro e o seu balanceio rítmico: "Quem com riso fere com riso será ferido" (p. 182).

Ainda aqui a transcendência do particular ocorre por causa da evocação evangélica. Caso quase análogo, com uma referência à sabedoria salomônica, é o seguinte: "Poeticamente, a genealogia é oportunidade de exploração no tempo. Nada de novo sobre a face do corpo" (p. 186).

Alguns casos são mais complexos, como esta evocação pitoresca e magistral das grandes mundanas francesas da belle époque: "Em compensação reinavam pela graça da beira da cama e aclamação unânime dos povos, Émilienne d'Alençon, Cleo de Merode, Liane de Pougy e a Bela Otero" (p. 207).

Aqui, a posposição dos sujeitos e a substituição burlesca de um complemento provocam a dupla leitura de alta ambiguidade e extraordinário efeito cômico. O verbo "reinar" comanda, e o curso normal da frase seria uma aplicação da fórmula oficial de designação dos nossos Imperadores: "reinavam pela graça de Deus e aclamação unânime dos povos". Mas eis que a frase quebra e entra a locução corrente da gíria erótica "beira da cama", fazendo com que "graça" deixe de ser o carisma dos reis e se torne o poder do encanto físico daquelas mulheres, da sua arte do corpo. Porém, de um modo especial, porque assume conotação diversa ao conservar algo do dom de Deus aos seus eleitos: é como se o poder das mundanas fosse devido a uma sedução baseada em predestinação sobre-humana (igual ao poder divino dos reis). A essa altura a plurivalência de sentido já está em plena atuação, e o final da fórmula, "aclamação unânime dos povos", confunde o prestígio das mulheres com a vontade entusiasmada do povo, e a sua preeminência, com a majestade dos soberanos; de modo que, quando surgem, os seus nomes encerram o período num clangor de solenidade ao mesmo tempo régia, bufa e triunfal. Neste caso, o emprego das fórmulas e das locuções padronizadas dá grande amplitude cômica à referência do início, que de outro modo seria restrita e localizada.

4. Pedro Nava utiliza os galicismos mais ou menos com a mesma técnica de Murilo Mendes em relação aos italianismos; e ainda aqui parece acrescentar ao texto uma dimensão mais ampla, para lá das fronteiras da nossa língua.

Esse mineiro-cearense, profundamente enraizado na terra, esposando como ninguém e nas camadas mais fundas o gênio do idioma, emprega no entanto com a maior naturalidade e grande força expressiva palavras francesas aportuguesadas, tornando-as necessárias à anatomia e ao sentido da frase.

Não se trata do hábito meio esnobe e colonial, predominante no primeiro quarto deste século, de intercalar a palavra ou a frase francesa, deixando-as intactas como pedras preciosas, ou como objeto não digerido; trata-se de devorá-las e assimilá-las, o que equivale (nesses livros tão imbuídos de Proust) a um sinal de entendimento, de *inteligência*, em relação a uma das nossas culturas-matrizes. E ao romper por este lado os quadros da língua, sem desfigurá-la nem quebrar o seu ritmo, acrescenta aos procedimentos que já revistamos um outro elemento de superação do particular.

Não é difícil dar exemplos, que para brevidade vão aqui desligados do período completo, em função do qual é possível avaliar melhor a funcionalidade e naturalidade do processo:

> seu enlisamento nas camadas do povo (p. 152); assomando, a bengaladas, damas em chamas (p. 207); faziam talmente corpo (p. 217); as roupagens de santo com que vos afublaram (p. 221); depois estompavam-se (p. 233); sua cerclagem metálica (p. 236); transpunha a porta da casa pantelante e contrito (p. 271); enjambando, pulando e passando (p. 306); subiu das costas um relento oceânico (p. 311); rebondissava em pulos. (p. 341)

A coisa fica particularmente interessante quando se trata de palavra que existe em português sob forma exatamente igual à forma aportuguesada pelo Narrador, mas com sentido diferente. "Assomar" em português é "surgir no alto"; mas aqui corresponde ao francês *assommer*, isto é, "abater", "derrubar". "Relento" para nós é normalmente a friagem noturna, mas aqui, como no francês *relent*, é "cheiro" ou "eflúvio".

No uso desses recursos de estilo Pedro Nava manifesta quase sempre uma intenção mais ou menos pitoresca e humorística ora amena, ora contundente, que é fundamental para a tonalidade dos seus livros, associada a uma emotividade forte, mas sem o menor laivo de sentimentalismo. Daí uma tensão fundamental, uma poética de choques e contrastes, dando relevo e profundidade ao texto que, por tudo isso, é extraordinariamente requintado, graças (digamos pela última vez) à tensão básica, que assegura a eficiência do discurso e consiste no senso particularizado do concreto, traduzido simultaneamente em termos universais de visão do homem e do mundo.

Segunda parte

O patriarca

Historicamente, o problema mais importante para o romance foi a aquisição de reconhecimento e status na literatura *séria*, o que só aconteceu no século XIX.

Consta (se não é verdade, exprime bem como eram as coisas) que, quando o rei da Inglaterra quis dar a Walter Scott o título de baronete, houve dificuldade em encontrar a justificativa oficial de praxe, pois o motivo era obviamente a glória trazida pelos seus romances, mas estes saíam anônimos e o autor não quis aparecer como tal na cédula honorífica, por se tratar de atividade incompatível com as de um gentleman bem-posto. A solução foi alegar a sua qualidade de poeta, aceita tradicionalmente pelo establishment; deste modo preservou-se o segredo de polichinelo, e o romancista mais estrepitosamente famoso do tempo foi agraciado a pretexto de poemas da mocidade, que havia assinado e cuja autoria não o vexava... Já Balzac, que desejou ser um Scott da matéria contemporânea, tinha orgulho da sua qualidade de autor de romances, vendo neles a manifestação mais alta da literatura.

O consumo de romances nos séculos XVII e XVIII era enorme, como o entusiasmo que eles despertavam; mas só um ou outro crítico os considerava algo mais que um divertimento fácil, pois não tinham a nobreza conferida pela tradição teórica nem a chancela das normas poéticas definidas. Não os havendo conhecido, Aristóteles não tinha previsto regras para eles... Em consequência, os tratadistas os deixavam de lado. Foi a crítica militante do século XIX que reconheceu a categoria do romance e o tratou devidamente; mas nos colégios ainda se ensinavam na minha geração uma retórica e uma poética defasadas, que não o incluíam no rol dos gêneros, nem sequer o mencionavam, embora os romancistas fossem comentados pelos professores e incluídos nas antologias.

Por isso interessa averiguar quando e como surgiu a reflexão a seu respeito; quando se começou, mesmo de maneira vaga e desajeitada, a encará-lo como realidade literária que podia ter normas e ser objeto de tratamento crítico sistemático. Um dos poucos que se ocuparam de história da teoria do romance, o erudito norte-americano Arthur Jerrold Tieje, diz que antes do nosso tempo esta teoria se encontrava sobretudo nos prefácios e em outras considerações dos próprios romancistas. Mas isto não é correto, porque, embora o referido material seja importante, há uma literatura crítica específica bastante apreciável, que não tem merecido atenção adequada. Ela nasce, curiosamente, junto com os comentários sobre a *Poética* de Aristóteles, o primeiro dos quais é devido a Robortello e foi publicado em Florença no ano de 1548.

A relação entre as duas coisas, isto é, os comentários da *Poética* e o começo da reflexão sobre o romance, vem do fato de ter sido Robortello quem levantou o problema de saber se era cabível poesia sem verso. Para ele era, pois interpretava neste sentido um trecho de Aristóteles (que se tornou matéria de debates infinitos e violentos), segundo o qual a "fábula" (ou enredo) seria elemento principal. Na hora em que isto fosse aceito, os críticos reconheceriam decerto que a poesia (significando, por extensão, literatura criadora) se dissociava de um determinado meio expressivo (o verso) para caber também noutro (a prosa). Isto justificava esteticamente a ficção em prosa, para escândalo de muitos, entre os quais o irascível Escalígero, que chamava o seu não menos irascível confrade *"asinum Robortellum"*...

À primeira vista o problema suscitado por este pode parecer simples perversão erudita, pois o texto de Aristóteles não é decisivo e os tratadistas se banharam de tinta no prazer de glosar e requintar alternativas. Mas o fato é que, errada ou certa, a sua interpretação foi tão importante que pode ser considerada o sinal precursor da teoria do romance — pois obriga a decidir qual é a ligação entre a matéria e o veículo, ou seja, a indagar se o discurso institui o gênero. No caso, leva a determinar se o verso faz a poesia, que por extensão é a literatura criadora. Problema conexo é o de saber qual seria a importância do assunto inventado para configurar o gênero, pois, se a *imitação* for a alma da poesia, os romances equivalem aos poemas e são literatura criadora, independentemente dum veículo determinado.

Cerca de um século depois, em fase mais madura dos debates e da própria evolução do romance, um erudito excepcionalmente bem armado, o holandês Vossius, rejeita a opinião de Robortello e fica numa posição de síntese: o verso é requisito, mas não condição suficiente do poema, pois deve estar associado a outros elementos — que hoje chamaríamos linguísticos, psicológicos, miméticos. Mas de qualquer modo (é o que nos interessa) a discussão o obriga a encarar o problema da ficção em prosa e a lhe consagrar algumas referências.[1]

Mais explicitamente, talvez o marco inicial da teoria do romance sejam os importantes *Discorsi*, de Giraldi Cintio, publicados em Veneza no ano de 1554.[2]

---

1 Gerardi Joannis Vossii, *De Artis Poeticae Natura* etc. (Amstelodami, apud Ludovicum Elzevirium, 1647, pp. 5-12), onde expõe e refuta as ideias de Robortello referidas acima. Vossius menciona não apenas os romances antigos, de Luciano, Heliodoro, Aquiles Tácio, Apuleio, mas a *A utopia*, de Thomas More.
2 *Discorsi di M. Giovambattista Giraldi Cinthio [...] intorno al comporre de i Romanzi, delle Comedie, e delle Tragedie, e di altre maniere di Poesie* etc. Veneza: Gabriel Giolito de Ferrari et Fratelli, 1554. Só houve uma reedição, em 1864, com acréscimo de correções encontradas num exemplar que pertencera ao autor. (Ver nota seguinte.)

O seu nome era na realidade Cinzio, e é chamado variadamente Giraldi, Cintio, Cinthio ou Giraldi Cintio, aparecendo nas histórias da literatura italiana como autor dramático. A sua tragédia *Orbecche* criou uma espécie de sangrento dramalhão renascentista, com enredo e cenas da mais desabalada truculência. Mas talvez o motivo principal por que ainda é lembrado seja o fato de um dos seus contos haver inspirado o *Otelo* a Shakespeare.

No referido tratado crítico adotou algumas posições modernas para o tempo, no tocante à matéria ficcional e suas exigências de estilo e estrutura. O seu livro serviu de estímulo para a reflexão sobre o romance durante cerca de dois séculos; ainda em 1734, quando elaborou o primeiro e ainda válido catálogo crítico da ficção, Lenglet Dufresnoy abriu com ele o rol dos tratadistas. E a primeira tentativa moderna (ao que eu saiba) de traçar uma história da teoria do romance, devida a Max Ludwig Wolf, o indica como ponto de partida.

Dos *Discorsi*, o primeiro e mais longo, escrito em 1549, trata, não do que hoje entendemos por romance, mas do poema cavaleiresco, sendo de fato um estudo de cunho preceptivo a partir do maior de seus cultores, Ludovico Ariosto. Como se sabe, é um gênero que ocorreu na Itália a partir do século XV, sendo uma forma então moderna de compor assuntos que na Idade Média tinham sido objeto do romance de cavalaria em prosa e verso.

Interessa observar que os poemas cavaleirescos italianos — sobretudo o *Orlando Innamorato* (1506), de Boiardo, e o *Orlando Furioso* (1516-1532), de Ariosto — levantaram um problema crítico pelo fato de serem matéria medieval muito bem estruturada e expressa, mas discrepando das normas de Aristóteles (ou atribuídas a ele) no que concerne à epopeia. Segundo a opinião erudita mais corrente naquele tempo, apesar de brilhantes e inspirados eram lamentavelmente falhos, porque lhes faltava unidade de ação. Foi por isso que Trissino resolveu consagrar vinte anos a compor o que deveria ser a perfeita epopeia aristotélica em língua italiana, rigorosamente marcada por esta unidade: a *Italia Liberata* (1548).

Mas o nosso Giraldi Cintio compreendeu que Ariosto procurava reelaborar na chave de um discurso contemporâneo a tradição *vulgar* (não greco-latina) do romance medieval; e que o poema-romance era um gênero novo, requerendo do crítico esforço adequado de compreensão, inclusive para extrair dele (já no âmbito da preceptiva) regras que servissem para outras obras. Compreendeu que seria ocioso rejeitá-lo como base no apego obsoleto a normas estabelecidas noutro tempo, para outros gêneros.

Esta posição avançada era também a do seu discípulo, xará e depois agressivo rival, Giovan Battista Pigna, que o acusou de haver-se apropriado das suas ideias. Sem entrar na questão do plágio, registro que a leitura dos livros de Giraldi e de Pigna leva a crer que se este sugeriu ao mestre a importância da defesa de Ariosto como posição ajustada ao tempo, aquele extraiu daí, e do comentário do *Orlando Furioso*, uma riqueza de conclusões com as quais Pigna não sonhava.[3]

A seguir foram ambos combatidos de um ponto de vista conservador por teóricos como Speroni e Minturno, que censuravam a irregularidade de Ariosto e a heterodoxia dos seus dois apologistas.[4]

---

3 O livro de Pigna é: *I Romanzi, di M. Giouan Battista Pigna* […] *Divisi in tre libri. Ne quali della Poesia, & della vita dell'Ariosto con nuouo modo si tratta*. In Venegia, nella bottega d'Erasmo, apresso Vincenzo Valgrisi, 1554. Ver sobre a disputa de primazia: Giulio Antimaco, "Avvertenza dell'Editore", *De'Romanzi, delle Comedie et delle Tragedie. Ragionamenti di Giovambattista Giraldi Cintio ricorretti sopra un esemplare esistente nella Biblioteca di Ferrara* etc. 2 v. Milão: G. Daelli e Comp. Editori, 1864, pp. V-XXII. E também: B. Weinberg, *A History of Literary Criticism in the Italian Renaissance*. 2 v. Chicago: The University of Chicago Press, 1963, v. II, pp. 957-971.   4 Ver J. E. Spingarn, *A History of Literary Criticism in the Renaissance*. Nova York: Harcourt Brace, 1968, pp. 72-74 (1. ed., 1899); e B. Weinberg, op. cit., v. II, pp. 971-977.

Minturno, por exemplo, está com certeza pensando num e noutro quando, no primeiro diálogo do seu tratado, escreve sobre o gosto pelos poemas cavaleirescos e os romances de cavalaria:

> Do vulgo não me espanto, pois muitas vezes ele aceita coisas que não conhece; e tendo-as aceitado com prazer, delas se prende e agrada, nem acolhe de boa sombra as melhores que forem apresentadas depois, tal é a força da opinião firmemente impressa na mente humana. Mas não posso deixar de me espantar muitíssimo, que se encontrem alguns sábios ornados de boas letras, e cheios de alto engenho, os quais, ao que se saiba, confessam não haver de fato nos Romances a forma e a regra, que usaram Homero e Virgílio, e que Aristóteles e Horácio ordenaram se usassem; e não obstante se engenham em defender este erro; ainda mais, afirmam obstinadamente não apenas que não convém aos Romances a maneira homérica e virgiliana de poetar, mas que se requer para eles que também ela seja errante e passe de um a outro assunto, abrangendo várias coisas num só feixe.[5]

Esta polêmica, e outras no mesmo sentido, interessam à história da teoria do romance por terem configurado o primeiro momento em que se levantou o problema da inadequação da poética tradicional aos gêneros que ela não poderia ter previsto, levantando simultaneamente o problema da dignidade de tais gêneros.

Tratava-se de esclarecer as questões relativas à validez da matéria romanesca e ao seu tratamento na narrativa ficcional de dimensões longas; e também a questão relativa à própria criação ficcional, que naquele momento surgia ante o espírito

---

[5] *L'Arte Poetica del signor Antonio Minturno* etc. In Napoli, Nella Stamperia di Gennaro Muzio, 1725, pp. 26-27 (1. ed., 1563, com o título: *Poetica Toscana*). A referência à "composição errante" é um jogo irônico de palavras, aludindo ao movimento dos cavaleiros andantes se espelhando desordenadamente na narrativa. (A tradução deste trecho é minha, assim como as seguintes.)

crítico em modalidades inovadoras de *imitação*. Na tradição aristotélica a imitação não era uma forma de cópia, mas de representação criativa, que se manifestava, por exemplo, na invenção do enredo, isto é, na urdidura da ação, concebida como organização ficcional dos sentimentos e dos pontos de vista narrativos, para formar o que se chamaria depois uma estrutura. A tarefa do poeta (lembra Richard McKeon) não consiste, como poderia parecer à primeira vista, em transpor os elementos observados na realidade, mas, especificamente, em elaborar a referida estrutura, onde eles adquirem sentido. Isto quer dizer que o poeta não encontra enredos prontos, mas precisa inventá-los a partir de fontes diversas, que podem ser a tradição, a mitologia, a história ou a pura imaginação. Transpor as sequências de acontecimentos, como são registrados pela observação, é tarefa do historiador, não do poeta.[6]

A partir daí podemos entender algumas atitudes básicas de Cintio, tanto as que manifestam obediência, quanto as que manifestam divergência em relação a Aristóteles. Assim é que em vários lugares do livro defende as seguintes posições, apresentadas da página 4 à página 6: legitimidade, nos poemas, dos assuntos *modernos*, ou seja, os que não se ligam à Antiguidade; superação do princípio de estrita unidade da ação, em favor de uma unidade complexa; conveniência de reelaborar certas normas, em vista das necessidades de expressão.

Este reajuste teórico se deu porque foi preciso entender e justificar o poema de Ariosto, ponto de referência de Cintio e Pigna. Ora, Ariosto impôs ao espírito renascentista, em nível culto, os assuntos não clássicos para poemas longos, e mesmo os mais empedernidos adversários dos seus processos,

---

[6] Richard McKeon, "Literary Criticism and the Concept of Imitation in Antiquity", em R. S. Crane (Org.), *Critics and Criticism: Ancient and Modern*. Chicago: The University of Chicago Press, 1954, pp. 147-175.

como Trissino, Speroni e Minturno, aceitavam de bom ou de mau grado a legitimidade da sua invenção prodigiosa. Ele é um marco, porque depois dele o poeta ficou livre para deixar de lado os temas antigos e fazer epopeias modernas, como Camões, que, levando a tendência ao máximo, cantou em português a empresa então recente de Vasco da Gama. Em sentido contrário, dois séculos antes, Petrarca havia celebrado em latim Cipião Africano.

Um aspecto positivo da voga do poema cavaleiresco foi ter ele funcionado como alternativa da epopeia, mas de forma pouco contundente para as convenções, porque mantinha o verso como veículo e o maravilhoso como ingrediente narrativo. Neste sentido a sua influência na Europa foi modernizadora sem choque profundo, e os teóricos de outros países não cansavam de louvá-lo.

Na famosa *Defesa e ilustração da língua francesa*, publicada antes do livro de Cintio, em 1549, Du Bellay recomendava que o poeta francês interessado em fazer uma epopeia (ambição maior dos escritores do século) o fizesse, não em latim, mas na sua própria língua, escolhendo assuntos medievais nas velhas crônicas, que lhes dariam exemplo de estilo heroico. E invocava expressamente Ariosto, que, escrevendo em italiano, atingiu a altura dos gregos e latinos, e que,

> não fora a santidade dos velhos poemas, eu ousaria comparar a um Homero e um Virgílio. Como ele, pois, que houve por bem tomar emprestados à nossa língua os nomes e a história do seu poema, escolhe tu alguns desses belos romances franceses velhos, como *Lancelote*, *Tristão* ou outros; e faze renascer deles no mundo uma admirável *Ilíada* e uma laboriosa *Eneida*.[7]

---

[7] Joachim du Bellay, *La Deffence, et ilustration de la langue francoyse*. Édition critique publiée par Henri Chamard. Paris: Didier, 1948, pp. 128-129.

Pouco mais tarde, Jacques Peletier du Mans, tratando do mesmo assunto, fala das alternativas, surpresas, suspensões que a narrativa deve ter para captar o leitor, e observa:

> Nisto acho bastante inventivos os nossos Romances. E direi aqui de passagem que nalguns deles, bem escolhidos, o Poeta Heroico poderá encontrar matéria aproveitável, como são as aventuras dos Cavaleiros, os amores, as viagens, os sortilégios, os combates e coisas parecidas, as quais Ariosto nos tomou emprestados, para transpor ao seu livro.[8]

Por outro lado, essa voga do poema cavaleiresco foi um atraso, na medida em que não deixou, dali por diante e por muito tempo, os críticos perceberem a importância da picaresca espanhola, modalidade nascente da ficção verdadeiramente moderna, realista, em prosa, cuja influência seria decisiva na formação das modalidades mais características do romance contemporâneo. Naturalmente porque afastava os padrões de elevação temática e nobreza de estilo requeridos pelas concepções críticas. Mas a Cintio não se pode imputar essa miopia, pois o *Lazarillo de Tormes* apareceu no mesmo ano que o seu livro e ele com certeza nunca o leu. O que fez já foi muito, no rumo que seguiu.

O seu traço mais original talvez consista no que hoje chamaríamos de consciência da modernidade, porque o levou a questionar a validez dos cânones em face de experiências novas, como se depreende das distinções que estabelece entre: 1. o poema épico propriamente dito, que deve se conformar aos preceitos clássicos; 2. o poema romanesco, baseado sobretudo na invenção do enredo, como foi praticado por Boiardo

---

[8] André Boulanger, *L'Art Poétique de Jacques Peletier du Mans* (*1555*). Publiée d'après l'édition unique avec introduction et commentaire. Paris: Les Belles Lettres, 1930, p. 201.

(a quem chama sempre de "il Conte") e Ariosto, sendo o tipo mais puro de romance; 3. o poema biográfico, baseado na tradição histórica (como o primeiro), mas tratada à moderna (como o segundo) (pp. 22-25). O último caso é o do poema *Ercole*, de sua autoria, de que seria publicada parte em 1557, com o qualificativo de *romanzo*.

Esta diversificação genérica produz necessariamente, segundo Cintio, uma diversificação da linguagem e um tratamento mais livre do enredo. As suas considerações a este respeito denotam certo ânimo de afastamento dos cânones, abrindo virtualmente caminho para modalidades mais atuais de ficção. Se, como vimos, acata a ortodoxia quanto aos poemas épicos, em face das exigências do poema romanesco chega a dizer que a composição dos "romances italianos" não deve ficar escravizada às regras de Aristóteles e Horácio, que não conheceram a língua italiana nem esta "maneira de compor". As normas se extraem do exemplo criador dos escritores, como fizeram no seu tempo os antigos (pp. 44-45).

Há quem ache que Giraldi foi afinal de contas menos avançado do que parece, e que se no escrito sobre os romances, composto em 1549, propôs alguns argumentos renovadores, mais tarde se recolheu inteiramente à sombra das normas aristotélicas; e que o seu propósito era conservador, aristocrático, temeroso de invasões da matéria popular no campo fechado da literatura de elite. Isto ficaria bem claro mais tarde na sua correspondência teórica com Bernardo Tasso (o pai de Torquato), que, ele sim, era um verdadeiro defensor das novas modalidades romanescas.[9]

---

9 Camillo Guerrieri Crocetti, *G. B. Giraldi e il Pensiero Critico del Sec. XVI*. Milão, etc.: Società Anonima Editrice Dante Alighieri (Albrighi, Segatti & C.), 1932, passim, mas sobretudo os dois primeiros capítulos, pp. 1-52.

A meu ver este fato mostra como é poderosa a influência das posições consagradas, que fazem os inovadores eventualmente vacilar e recuar; mas não diminui a importância da percepção *moderna* de Cintio no texto de 1549, no qual inclusive preconizava para os romances o uso de uma linguagem mais simples, acessível a todos, não apenas aos doutos (p. 19). O fato é que abriu os olhos da crítica para a necessidade de pensar segundo as exigências do tempo a respeito da ficção romanesca não clássica, embora isto não signifique rejeição da poética clássica nem ruptura com os pontos de vista aristocráticos. Mas basta ler a citação de Minturno páginas atrás para sentir como a sua posição foi escandalosa para a ortodoxia do tempo. E não foi apenas ele, nas primeiras páginas do seu livro, que se considerou fundador do que hoje chamaríamos teoria do romance; esta foi a opinião dos tratadistas nos séculos XVII e XVIII, formando uma tradição que lhe assegura o lugar de inovador.

Esse esboço de libertação dos preceitos, justamente quando estavam a pique de ser erigidos em paradigma inflexível nas mãos de gente como Castelvetro, é importante na medida em que facilita o advento de gêneros novos, não previstos pelos tratadistas clássicos e, portanto, não levados em conta pelos seus comentadores renascentistas e pós-renascentistas, como foi o caso do romance moderno, enjeitado da literatura *nobre*. Em Cintio, aquela atitude vem da sua concepção dos assuntos, que, como vimos, podem ser inteiramente inventados, facultando ao poeta uma acentuada liberdade, inclusive porque dão elasticidade à regra da unidade de ação (pp. 46-54 e 55-57).

Ariosto e Boiardo tinham sido acusados de romper este princípio sacrossanto, perdendo-se em digressões que se esgalhavam até criar enredos ao lado do enredo. Cintio procura mostrar que, ao contrário, a sua técnica representa um modo mais rico de unidade, a partir de acentuada diversidade. O talento consiste, sob este aspecto, em multiplicar os desvios sem perder o rumo nem o prumo. Ele sentiu a conquista enorme representada pela invenção ramalhuda de Ariosto, que coordenava a difusão frequentemente caótica do romance medieval por meio de uma unificação da sua variedade. E de fato o romance moderno em prosa não faria de outro modo, seja no rumo picaresco, seja no cortês, seja no pastoral — até chegar, no século XVII, aos delírios de prolixidade de Mademoiselle de Scudéry e ao enovelamento do folhetim no século XIX. Se tivesse conhecido a *Etiópica*, de Heliodoro de Homs (que logo a seguir seria descoberto e lançado na circulação, erigindo-se em modelo supremo das modalidades alambicadas), Cintio poderia ver confirmada a justeza do seu ponto de vista, pois uma boa parte da ficção moderna em prosa se elaborou graças aos arabescos da digressão, da intercalação, do retrospecto, do enredo secundário — que foram uma espécie de prova dos nove da capacidade narrativa. (Não estou esquecendo a linha estruturalmente descarnada da *nouvelle historique* na segunda metade do século XVII.)

Além da importância que dá à linguagem e à expressividade das figuras e dos metros, Cintio focalizou de maneira intensa a matéria da narrativa, aproximando-se, ao fazê-lo, de uma teoria do romance propriamente dita, que até os nossos dias foi na maior parte uma teoria da matéria romanesca, tomada como ponto de apoio. Pendendo para a "fábula", deixa perceber que ela de certo modo condiciona o tratamento, como se pode ver na tipologia mencionada mais alto. É neste sentido que procura dar consistência à sua defesa da diversidade do enredo, estatuindo que a inter-relação de sequências narrativas constitui a peculiaridade da "Poesia di Romanzi" diferente da epopeia antiga.

Haveria mais para dizer, sobretudo quanto à sua concepção do personagem. Mas por agora lembro apenas que a sua teorização, soldada à poesia de Ariosto, influiu bastante nas concepções teóricas que acompanham o desenvolvimento do romance até o século XVIII. O seu tratado foi uma espécie de modelo e ponto de referência, desde o medíocre Fauchet e seu *Recueil de l'origine de la langue et de la poésie françoyse* (1581) até a obra capital de Daniel Huet, *Traité de l'origine des romans* (1670), que o contesta a cada passo, na medida exata em que se inspira nele, e que o tornou uma espécie de patriarca da teoria do romance.

Nunca é demais lembrar que a sua teoria não foi elaborada no vazio, mas em correspondência estreita a um certo tipo de narrativa (a de Ariosto), o que ocorreria dali por diante como norma. Assim fizeram no século XVII Charles Sorel, teorizando a partir da sua própria experiência de romancista; Huet, com base na *Astreia*, de Honoré d'Urfé e na tradição de Heliodoro; o misterioso Du Plaisir em relação à *Princesa de Clèves* e *à nouvelle historique*. No século XVIII, assim fizeram Lenglet Dufresnoy, em relação aos romancistas franceses seus contemporâneos, e Von Blankenburg, em relação a Richardson e Wieland. No século XX não agiu de outro modo Percy Lubbock, em *The Craft of Fiction*, construindo a sua reflexão em torno de Henry James e da *well made novel*. Portanto, ainda sob este aspecto, o velho professor de Ferrara aparece como singular precursor, no fundo do esquecimento de onde só o tiram de vez em quando alguns eruditos.

Timidez do romance

I

A literatura é uma atividade sem sossego. Não só os "homens práticos", mas os pensadores e moralistas questionam sem parar a sua validade, concluindo com frequência e pelos motivos mais variados que não se justifica: porque afasta de tarefas "sérias", porque perturba a paz da alma, porque corrompe os costumes, porque cria maus hábitos de devaneio. Outro modo de questioná-la, às vezes inconscientemente, é justificá-la por motivos externos, mostrando que a gratuidade e a fantasia podem ser convenientes como disfarce de coisa mais ponderável. Este ponto de vista do tipo Manequinho da Praia de Botafogo ("sou útil mesmo brincando") está, por exemplo, na base do realismo socialista, como foi ensinado nos anos do stalinismo. Mas, no fundo, Platão e Bossuet, Tolstói e Jdanov, por motivos diversos e com diversas formulações, manifestam a desconfiança permanente em face de uma atividade que lhes parece fazer concorrência perigosa aos messianismos e dogmas que defendem.

Isto faz com que a literatura quase nunca tenha consciência tranquila e manifeste instabilidades e dilaceramentos, como tudo que é reprimido ou contestado: tem dramas morais, renuncia, agride, exagera a própria dignidade, bate no peito e se justifica sem parar. Não é raro ver os escritores envergonhados do que fazem, como se estivessem praticando um ato reprovável ou desertando de função mais digna. Então, enxertam na sua obra um máximo de não literatura, sobrecarregam-na de moral ou política, de religião ou sociologia, pensando justificá-la deste modo, não apenas ante os tribunais da opinião pública, mas ante os tribunais interiores da própria consciência.

2

Segundo Spingarn, o tema central da crítica no Renascimento foi a justificativa da literatura de imaginação. Isto seria mais ou menos o eixo em torno do qual giraram os teóricos e analistas, combinando o ponto de vista estético de Aristóteles (verdade ideal, purgação das paixões) com o ponto de vista pragmático de Horácio (disfarce estratégico da verdade).[1]

Se passarmos da literatura de imaginação, em geral, para o caso restrito da literatura de ficção em prosa, veremos que o problema se agrava, por tratar-se de um gênero que não possuía dignidade teórica aos olhos da opinião erudita. Uma coisa, com efeito, era encontrar razões justificativas para a epopeia ou a tragédia, a ode ou a sátira, ungidas por uma tradição venerável e beneficiando-se dos grandes exemplos da Antiguidade, restaurados então em toda a sua força; outra coisa era abonar a pacotilha duvidosa das narrativas romanescas, que deviam parecer aos intelectuais o que hoje parecerá a fotonovela. Tratava-se, portanto, de uma dupla justificativa: com relação aos escritos religiosos e filosóficos, enquanto literatura; e com relação à literatura, enquanto subliteratura.

Um estudioso norte-americano, Arthur Jerrold Tieje, pesquisou exaustivamente o que se poderia chamar a formação de uma teoria do romance através do intuito ou propósito (*purpose*) manifestado expressamente pelos próprios romancistas, em prefácios e trechos vários das suas obras. Segundo ele, o

---

[1] Joel E. Spingarn, *A History of Literary Criticism in the Renaissance*. Nova York: Harcourt, Brace & World, 1963, pp. 3-15 (1. ed., 1899).

conhecimento do intuito importa na medida em que este influi na composição do romance; mormente na caracterização dos personagens, objeto principal da sua investigação. Esta abrange a ficção pós-renascentista em prosa até 1740, data de publicação da *Pamela*, de Richardson, que os críticos de língua inglesa consideram uma espécie de ponto inicial do romance psicológico e de costumes (*novel*) e, portanto, do romance contemporâneo.[2]

Tendo feito um levantamento minucioso, Tieje concluiu que nos pronunciamentos dos romancistas há cinco intuitos expressos: 1. divertir; 2. edificar; 3. instruir o leitor; 4. representar a vida cotidiana; e 5. despertar emoções de simpatia ("The Critical Heritage", pp. 418-425). Digamos de passagem que Tieje extrai algumas conclusões interessantes deste levantamento, mostrando, por exemplo, como o tipo de intuito, a combinação dos intuitos e a hierarquia entre eles estão estreitamente ligados ao tipo de romance, podendo ao mesmo tempo decorrer dele e influir nele. Assim, o intuito de edificação moral tende a conferir unidade à narrativa, enquanto o de simples divertimento tende a lhe dar certa difusão ("The Expressed Aim", p. 12).

Mas não cabe expor agora em pormenor as ideias e conclusões deste valioso pesquisador, pois o que interessa é apenas indicar a sua conclusão principal neste tópico: o levantamento analítico e a tabulação mostram que os três primeiros propósitos são de longe os mais frequentes, em graus diversos de combinação; que o quarto é bastante raro e o quinto meramente ocasional.

---

[2] Arthur Jerrold Tieje, "The Critical Heritage of Fiction in 1579", *Englische Studien*, n. 47, pp. 415-448, [s.d.]; Id., "The Expressed Aim of the Long Prose Fiction from 1579 to 1740", *Journal of the English and Germanic Philology*, v. 11, n. 3, pp. 402-432, jul. 1912; Id., "A Peculiar Phase of the Theory of Realism in the Pre-Richardsonian Fiction", *Modern Language Publications*, v. 28, n. 2, pp. 213-252, 1913; Id., *The Theory of Characterization in Prose Fiction Prior to 1740*. Minneapolis: The University of Minnesota, Studies in Language and Literature, 1916, n. 5.

Refletindo nisto, podemos do nosso lado concluir duas coisas. Primeiro, que os *intuitos* arrolados por Tieje, e na proporção que ele estabeleceu, podem ser também *justificativas*, usadas pelos romancistas e pelos teóricos. Segundo, que o grosso da teoria do romance, nos séculos clássicos, se organiza à volta de três objetivos-justificativas, cujo cunho ideológico é visível.

Com efeito, "edificar" significa elevar a alma segundo as normas da religião e da moral dominantes; "instruir" significa inculcar os princípios e conhecimentos aceitos; "divertir" significa quase sempre facilitar as operações anteriores por meio de um chamariz agradável, ou proporcionar "honesto passatempo". É claro que muitos romances eram neste sentido antirromances, entrando pela irreverência e obscenidade, ou oferecendo um divertimento de cunho reprovado; mas isto não impedia os seus autores de apresentá-los como obras de propósito moral, destinadas a despertarem o horror ao vício e reforçarem as ideologias dominantes.

A distorção ideológica provavelmente é responsável, em parte, pela baixa ocorrência do quarto tipo de intuito (ou justificativa) e pela quase inexistência do quinto, pois eles não se ligam diretamente ao sistema de valores religiosos, políticos e morais, mas à representação da vida e ao conhecimento da natureza da ficção. Isto embotava o enfoque dos romancistas quando pensavam como teóricos, contribuindo para aumentar a insegurança em face do romance como gênero válido e digno. Com efeito, se as justificativas mais nobres eram a edificação moral e a instrução, inculcadas por meio do divertimento, por que não apelar de uma vez para as obras "sérias" — de teologia, moral, filosofia ou política?

As tentativas de solução deste impasse ficam bem claras na imagem da "pílula dourada", ou do "remédio adoçado", a saber: assim como os médicos e farmacêuticos misturam açúcar num remédio amargo mas necessário, ou pintam da cor do ouro uma pílula de gosto repelente, para levarem as crianças a ingeri-los em seu próprio benefício, a verdade crua e por vezes dura pode ser disfarçada com os encantos da fantasia, para chegar melhor aos espíritos. Tal raciocínio se tornou lugar-comum na teoria do romance, e talvez tenha como origem o famoso preceito de Horácio — que é preciso instruir e divertir ao mesmo tempo. Se leio bem um trecho de Spingarn, a imagem da pílula de imensa fortuna seria devida a Bernardino Daniello, teórico de estrita obediência horaciana (Spingarn, op. cit., p. 13). Mas venha de quem vier, exprime o estado de timidez envergonhada em que se achava o romance até o século XIX, e mostra a possante cortina ideológica de fumaça que impedia os teóricos e romancistas de desenvolverem os instrumentos mais adequados de conceituação e análise; justamente os que estavam implícitos nos desprezados argumentos quatro e cinco arrolados por Tieje.

3

Este estado de coisas leva a pensar que a justificativa triádica mais corrente ("divertir-edificar-instruir") favorece de maneira especial a ficção alegórica, cuja voga foi grande no século XVII e entrou pelo XVIII. Naquele tempo o enfoque alegórico estava no fim de um dos seus momentos de maior aceitação, e entrava aliás como componente de qualquer leitura, mesmo tratando-se de obra não declaradamente baseada em alegoria.[3] Muito mais do que em nossos dias, os personagens, as ações,

---

3 Considero *alegórico* o modo que pressupõe a *tradução* da linguagem figurada por meio de chaves uniformes, conscientemente definidas pelo autor e referidas a um sistema ideológico. Uma vez *traduzido*, o texto se lê como um segundo texto, sob o primeiro, e se torna tão claro quanto ele. Está visto, portanto, que o deciframento do código é altamente convencional, em relação a outros modos de ocultação de sentido, como o simbólico.

os enredos eram submetidos a uma espécie de segunda leitura, que tendia a identificar, atrás e acima deles, outros sentidos de natureza mais elevada — justamente os que puxavam a ideia de instrução e edificação, amenizados pelo atrativo do divertimento. Na medida em que esta fórmula era considerada específica do romance, a alegoria se impunha como solução ideal. O "manto diáfano da fantasia" se tornava um sistema de chaves para abrir os esconderijos da sólida verdade, e deste modo se justificava, tranquilizando as consciências e as potências.

Daí ter sido o século XVII um tempo rico em ficção alegorizante, para muitos a forma suprema a que o gênero poderia aspirar. Mas os seus produtos são pífios vistos de hoje, pois quando a camada alegórica deixava de ser uma espécie de leitura possível de qualquer texto, para se tornar objetivo principal e consciente dos autores, o resultado foi quase sempre péssimo e mesmo nulo. De fato, a alegoria é um modo não ficcional de ver o mundo; é mesmo antificcional apesar das aparências, na medida em que nela a ficção é um pretexto e um veículo, a ser dissolvido quanto antes pelos fluidos da noção e da informação (moralmente condicionados), que devem suplantar a aparência romanesca. Importantes seriam a ideia abstrata ou o princípio ético, integrantes do sistema ideológico de um dado tempo; e isto faz com que a alegoria se torne fetichizadora e fique presa demais ao seu momento histórico, sendo um código contingente que perde o interesse para a posteridade, mesmo quando esta possui a chave do segredo.

Tanto assim que nenhum romance alegórico alcançou a grandeza e quase nenhum ficou, salvo as *Viagens de Gulliver*, de Swift, e em parte alguns outros, como *Pilgrim's Progress*, de Bunyan, que veio até os nossos dias por motivos de instrução religiosa, ou as *Aventuras de Telêmaco*, de Fénelon, para consumo escolar cada vez mais reduzido. Um dos atrasos da moderna ficção portuguesa, ou luso-brasileira, foi ter começado, no século XVIII, com essas traquitanas de mau trânsito, como *O peregrino da América*, *As aventuras de Diófanes* e *O feliz independente*.

Mas no princípio do século XVII o romance alegórico cresceu viçoso, ao lado dos romances de complicação sentimental, satíricos e picarescos. Alguns fascinaram o público e tiveram a mais larga influência, como o *Argenis*, de John (ou Jean) Barclay, publicado em latim em 1621, em francês em 1623 e em inglês em 1625 — alcançando só o texto latino mais de quarenta edições até o fim do século.

Este escritor franco-escocês que acabou a vida em Roma era, como seu pai, o jurista William Barclay (professor de direito na França), partidário do poder monárquico fortemente centralizado, contra a autoridade dos grandes senhores. Em vez de escrever um tratado para defender as suas ideias, escreveu um romance, onde Argenis, princesa da Sicília, filha do rei Meleagro, é pretendida ao mesmo tempo por Poliarco e Licógenes, seguindo-se uma série de intrigas e lutas que envolvem muitos outros figurantes. Lido alegoricamente, este esquema quer dizer que a coroa de França (Argenis) era disputada, à sombra do fraco Henrique III (Meleagro), por Henrique de Navarra (Poliarco) e o duque de Guise (Licógenes) — ou seja, oscilava entre a autoridade monárquica, que dava segurança ao país, e a anarquia da Santa Liga, que a comprometia. Os personagens eram portanto figuras históricas e ao mesmo tempo princípios políticos.

Por que fazer de tudo isto um romance? É o que o autor explica no capítulo XIV, quando, sob o pseudônimo de Nicopompo, participa ao sacerdote Antenor (Grande Druida) a intenção de, por meio da ficção, denunciar a politicagem e narrar a história dos acontecimentos referidos. E se justifica assim:

Não sabe que artifício usam os médicos para fazerem as crianças achar agradáveis os remédios? Porque assim que elas veem o boticário com a mezinha, não cuidam mais da saúde que se deve pagar a tal preço. Mas os que têm o governo das pessoas dessa idade corrigem o azedo da mezinha com alguns doces, ou as estimulam a pensar na saúde com belas promessas; e cativando os seus olhos com a beleza do corpo, não as deixam ver nem saber o que precisam tomar. Eu também quero fazer o mesmo; não desejo com queixas súbitas e rigorosas denunciar à Justiça como criminosos os que perturbam o Estado; pois não subsistiria contra tantos inimigos. Mas enquanto não estiverem atentos, quero passeá-los por certos atalhos, de tal modo que acabarão gostando de ser censurados sob nomes supostos. [...] Construirei uma grande fábula em forma de História e nela cruzarei aventuras maravilhosas, misturando combates, casamentos, crueldades, e alegria pelos encontros inopinados. A vaidade natural dos homens os fará gostar dessa leitura, e aceitar melhor o que eu vou escrever, porque não o acolherão como ensinamento, nem como instrução severa. Contentarei os seus espíritos pelo espetáculo das diversidades, como se fosse uma paisagem. Pela representação dos perigos, excitá-los-ei à piedade, à crueldade, ao horror; e quando estiverem assim em suspenso, aliviá-los-ei, e dissiparei a perturbação do seu espírito. Soltarei os destinos e farei sucumbir os que desejar. Eu conheço o humor do nosso país; pensando que conto frivolidades, quererão ler-me, e se divertirão como num espetáculo de comédia ou nalgum combate. Depois de os ter feito tomar gosto por esta poção, juntarei nela ervas medicinais; usarei os vícios e as virtudes, com recompensas graduadas a uns e outros. Enquanto lerem isto, em louvor ou vitupério de outras pessoas, irão encontrando a si próprios, e, como num espelho em face de outro, verão a aparência e o mérito da sua reputação. Talvez se envergonhem de continuar desempenhando por mais tempo no teatro da vida o papel que reconheceram lhes calhar tão bem nesta fábula. E para que ninguém se queixe de ser a pessoa de quem falo, a representação de ninguém estará inteira aqui. Pois, para os disfarçar, inventarei muitas coisas que não podem convir aos que são referidos, pois não me obrigando a escrever segundo a fidelidade da História, esta liberdade ser-me-á permitida. Assim, atacarei somente os vícios, e não os homens; e nenhum terá motivo para ficar ofendido, salvo os que, por uma confissão envergonhada, confessarem os crimes aqui verberados. Além disso, servir-me-ei com abundância de nomes imaginários, para salientar, como personagens, apenas as virtudes e os vícios: de maneira que se enganará, tanto quem referir tudo à verdade, quanto quem nada referir a ela.[4]

Este longo trecho é exemplar e contém toda a justificativa mais corrente da atividade ficcional, como vem sendo comentada aqui. Não conheço outro onde a imagem do remédio disfarçado seja elaborada com tanta minúcia, inclusive pelo relacionamento a uma concepção ampla de romance. A sua análise confirma a hipótese sugerida que o tipo de teoria do romance, que destacava a tríade "divertir-edificar-instruir", parecia levá-lo a explorar a alegoria, que nela se encaixava como numa matriz ideológica.

Daí a pertinência da argumentação de Barclay, interessado em usar estrategicamente a ficção como simples veículo para divulgar a sua teoria do poder e a sua visão da História. E não podemos deixar de ver que a preeminência daquela tríade, como justificativa e definição dos objetivos do romance, deve ter prejudicado a orientação deste por melhores caminhos, pois relegava a plano secundário o que havia nele de melhor: a validade em si mesma da mimese e do livre jogo da fantasia criadora.

Ora, favorecer o cunho alegórico (explícita ou implicitamente) era não apenas descarnar a realidade por meio de fetiches, mas propiciar na ficção o desenvolvimento do kitsch — por usar um

---

4 *L'Argenis de Iean Barclay*. Traduction nouuelle enrichie de figures. A Paris, Chez Nicolas Buon, ruë St. Iacques, à l'enseigne St. Claude, et de l'Hŏme Sauuage, 1624, pp. 298-301.

objeto para função alheia à sua, ou hipertrofiar desmedidamente os sinais desta função. Fazer sob a forma de romance um tratado moral, como Bunyan, político, como Barclay, ou educacional, como Fénelon, é mais ou menos o mesmo que usar um elefantinho de barro para cofre, um porquinho de louça para jarra d'água ou, para vaso de flores, as asas abertas dum cisne de porcelana.

4

Um passo a mais seria, não inventar histórias e remetê-las à verdade por meio da chave alegórica, mas narrar a própria verdade com ar de quem está contando histórias. Deste modo, a perigosa ficção estaria realmente sufocada, por meio de um engodo que o leitor sequioso de imaginação engoliria sem perceber, por estar devidamente disfarçado. E como a finalidade seria o bom exemplo, o inculcamento de princípios morais, as situações narradas ganhariam o caráter remissivo da alegoria.

É o que encontramos num romancista que manifesta ao extremo a consciência culposa em busca de justificação, Jean-Pierre Camus, bispo de Belley, autor de livros quilométricos, de uma prolixidade sufocante. Nele, a autonegação do romance é máxima. Ele os achava tão perniciosos, tão contrários à moral, à religião e ao exercício da inteligência, que resolveu... escrever romances para os combater! É o nível quase mórbido do sentimento de inferioridade, que leva ao absurdo — como certos amantes só conseguem amar vilipendiando e maltratando a sua amada, de quem são todavia incapazes de se desprenderem.

A ideia de Camus corresponde a uma prática da qual encontramos outros exemplos na história do romance: contar casos verdadeiros, de um modo que parece ficcional, chegando, no limite, à reportagem, como fez Truman Capote em *A sangue frio*. Só que Camus queria narrar com a unção da piedade, a fim de atrair para o lado do bem os leitores habituais de romance. Mas o fato é que, apesar das precauções e da autoilusão, ele próprio acabou acusado de publicar frivolidades indignas de um sacerdote, vendo-se obrigado a defender, em causa própria, o gênero que dizia desprezar, e praticar apenas por virtuosa estratégia. E assim foi que escreveu um pequeno tratado, ou estudo crítico, anexado a um dos seus livros, *Le Cleoreste*.[5]

Nele, Camus só reconhece categoria à verdade, apegando-se à ideia de que a ficção é um disfarce acessório para servi-la e conduzir até ela. Daí duas consequências: 1. o elemento central de um romance devem ser fatos reais, acontecidos; 2. o elemento inventado se justifica para torná-los mais atraentes e ressaltar neles a verdade. Pois, diz ele, o disfarce não a altera; preserva-a, funcionando como as máscaras usadas nas festas pelas senhoras que conhecemos; e lembra que tanto são Paulo quanto o próprio Cristo baralhavam a identidade das pessoas que desejavam censurar (p. 678). Há disfarces, continua, cujo fim é ornar, e outros cujo fim é expor o assunto, consistindo sempre, todavia, em pormenores e recursos acidentais (ao inventá-los, Camus não percebe, ou finge não perceber, que já está especificamente num primeiro patamar da ficção pura e simples):

> Sei que há mil pequenos incidentes e circunstâncias miúdas que são de minha lavra, e não do acontecimento básico, mas a verdade fica turbada com isto? Não sai, pelo contrário, ilustrada e esclarecida? (pp. 680-681)

---

[5] "Deffense de Cléoreste", em *Le Cléoreste de Monseigneur de Belley. Histoire françoise-espagnolle. Representant le tableau d'une parfaite amitié*. Divisée en deux tomes. A Lyon. Chez Ant. Chard à l'enseigne du S. Esprit, 1626, v. 2, pp. 663-819.

O seu desejo é escrever romances que inculquem o amor da moral e da religião, pondo de lado a sensualidade, a irreverência e a impiedade, ingredientes normais dos romances de amor e aventuras, que segundo ele são obras indiretamente viciosas, por meio das quais os seus autores corrompem o leitor, sem que este perceba; e isto as torna piores do que as declaradamente viciosas, que podem ser logo desmascaradas e devidamente punidas. Daí a necessidade de propor narrativas novas, para atrair os leitores e enfrentar no próprio terreno os corruptores, que também inventam novidades ou atualizam velhas histórias. Com isto, fica justificado o uso das ficções, desde que não se afastem da verossimilhança e da possibilidade. E nós, um pouco divertidos, vemos entrar pela porta o que o ríspido censor tinha posto fora pela janela:

> [...] semeai as vossas Narrativas de Poesias, Cartas, Alocuções, negociações, suspiros, queixumes, reptos, enigmas, apóstrofes, descrições, Quadros, Epitáfios, e todas as flores de embelezamento de que são prenhes as artes Poéticas e Oratórias, e com todos estes temperos fazei uma vianda tão apetitosa, pela solidez da verdade que lhe servirá de corpo, que deleitará os que a provarem, de tal sorte que este maná fará esquecer e desprezar as cebolas do Egito. (p. 711)

A singular ilusão de Camus fica bem clara para nós, seus pósteros. Não só porque pouco nos interessa, nem temos meios de averiguar qual seja o "fundamento real" de suas narrativas, mas sobretudo porque ele as transformou em legítimas ficções, no instante em que abordou os tais fatos verídicos com as técnicas de disfarce e embelezamento que o vimos expor. As suas alegorias *verdadeiras* são (descontado o valor) tão ficcionais quanto *Vermelho e preto* ou *Guerra e paz* — que nunca deixaram de ser ficção pelo fato de conterem uma parte apreciável de fatos ocorridos.

5

A perplexidade em face do romance e os esforços para justificá-lo atingiram uma espécie de projeção estrutural num livro que, encarnando a divisão das opiniões, foi composto em duas partes antitéticas, a primeira exprimindo os argumentos contrários e a segunda, os favoráveis. É a tensão levada ao beco sem saída das antinomias que este livro enfrenta com habilidade, não só para tentar um esclarecimento mais satisfatório por meio da oposição polar dos argumentos, mas para insinuar estrategicamente uma apologia do gênero duvidoso.

Quero me referir a *Le Tombeau des romans*, editado anonimamente em 1626, mas atribuído quase sem discrepância a François Langlois, vulgo Fancan, cônego da igreja parisiense de Saint-Germain l'Auxerrois e autor de várias obras de assuntos moral e político.[6] É provavelmente o primeiro tratado sobre o romance em prosa, mas apesar de conhecido e mencionado pelos especialistas do assunto, sei de apenas um que lhe deu certa atenção, reconhecendo o seu papel na história da teoria do romance: Max Ludwig Wolff.[7] E antes de ir mais longe registremos que um século depois apareceu outra obra de estrutura antinômica, mas distribuída em dois volumes, e bem mais importante que a de Fancan: *De l'Usage des romans* (1734)

---

6 *Le Tombeau des romans ou il est discouru I. Contre les romans. II. Pour les romans*. A Paris, Chez Claude Morlot, au mont sainct Hilaire, a la Diligence, 1626. Avec Privilege du Roy. O exemplar consultado na Biblioteca Nacional de Paris traz na folha de guarda, em caligrafia seiscentista, a nota: *"par Fancan"*. A mesma autoria é dada por Lenglet Dufresnoy na sua preciosa bibliografia dos romances (na obra citada abaixo). Registra-a igualmente o Catálogo Geral da Biblioteca Nacional de Paris. É curioso notar que Gustave Lanson, no *Manuel bibliographique de la littérature française*, onde o livro vem sob o número 4297, depois de mencionar a autoria de Fancan, pergunta entre parênteses: "(Charles Sorel?)".   7 Max Ludwig Wolff, *Geschichte der Romantheorie mit besonderer Berücksichtigung der deutschen Verhältnisse*. Nuremberg, Verlag der Carl Koch'schen Buchhandlung, 1915, pp. 30-35.

e sua contrapartida: *De l'Histoire justifiée contre les romans* (1735), de Lenglet Dufresnoy, que usou prudentemente no primeiro o pseudônimo de Chevalier Gordon de Percel, deixando o próprio nome para o segundo.[8]

O plano do livrinho de Fancan (98 páginas, formato pequeno) é simples e corresponde a uma atitude dialética tradicional: apresentar o pró e o contra de um argumento. O motivo histórico (válido também para a "Deffense", de Camus) deve ter sido a onda de repressão contra a literatura e os costumes que teve lugar no tempo do Luís XIII, e talvez possa ser vista como sinal para a liquidação daquela liberdade de maneiras, palavras, escritos, que tinha marcado o Renascimento. Agora ia começar um movimento de disfarce, que alcançaria o máximo no fim do reinado de Luís XIV e que, sem alterar essencialmente os costumes, alterou a fundo a sua manifestação. O *Tartufo*, de Molière, exprime alguns resultados desse processo.

Os historiadores da literatura sabem que o momento culminante da repressão foram a prisão, processo e exílio de Théophile de Viau, acusado de sodomita, sacrílego e libertino (ou seja, irreligioso). Isto começou em 1623 e teve desfecho legal em 1625, semeando pânico entre os intelectuais. Exemplo: em 1623 Charles Sorel publicou um dos grandes romances do século, a *Histoire comique de Francion*, com uma extrema liberdade de linguagem. Mas na segunda edição, de 1626, *limpou-a* prudentemente para se acomodar à onda de moralismo.[9]

---

8 *De l'Usage des romans, où l'on fait voir leur utilité & leurs differens caracteres: Avec une Bibliotheque des romans, accompagnée de remarques critiques sur leur choix & leurs editions.* 2 v. Par M. le C. Gordon de Percel, tome I. A Amsterdam, Chez la Veuve de Poilras, à la Vérité sans fard, 1734, *De l'Histoire justifiée contre les romans.* Par M. L'Abbé Lenglet Dufresnoy, Amsterdam: Aux depens de la Compagnie, 1735. **9** Antoine Adam, "Le Roman français au XVIIe siècle", em *Romanciers du XVIIe siècle*. Textes présentés et annotés par Antoine Adam. Paris: Bibliothèque de La Pléiade, 1958, pp. 33-34.

Observando as datas, vemos que o livro de Fancan, editado também em 1625, como a "Deffense", de Camus, foi pensado e escrito em plena crise repressiva. Daí, talvez, a composição antitética, que lhe permitia condenar um gênero suspeito, e assim tranquilizar as autoridades, mas em seguida reabilitá-lo, sob pretexto de oferecer a contrapartida lógica da argumentação. E isto mostra que, agindo com astúcia, não agiu sem coragem, num momento difícil para o exercício do pensamento crítico.

As primeiras páginas (um "Aviso ao leitor", sem numeração) contam que o Guarda dos Selos (equivalente a ministro da Justiça) resolvera não dar mais licença para publicar romances; decisão grave, diz Fancan, que precisaríamos aceitar, mesmo ignorando as razões; mas que leva a um esforço de análise, para ver se não as haveria em sentido contrário, de maneira a justificar os romancistas e garantir o seu direito:

> Acabo de chegar duma reunião, onde soube que o Senhor Guarda dos Selos está negando o privilégio para os *Romances*. Aventaram-se diversas razões, que poderiam tê-lo movido a esta recusa, a qual deveríamos reputar justa, mesmo sem conhecer as razões. Tenciono expor algumas aqui, e depois relatar outras que poderiam talvez dar esperanças aos Autores dos *Romances* de serem menos maltratados.

E qualifica pitorescamente o seu método do seguinte modo:

> Este discurso tem duas alças e duas caras, como uma infinidade de outras coisas, e é apenas uma parte dos que redigi outrora, por recreação e jogo de espírito, sobre alguns mistérios da *Eloquência francesa*.

Isto dito, entra na matéria, expondo inicialmente as razões que se poderiam alegar contra os romances. E nós vemos que o seu ensaio é não apenas um arrazoado hábil, adequado às circunstâncias, mas também manifestação em forma antitética do problema da validade moral e epistemológica do gênero, como se verá pela análise seguinte, que vai da página 1 a 23.

É justo, diz ele, condenar os romances — livros mentirosos e inimigos das virtudes, que acovardam os homens e excitam as suas paixões. Começa, portanto, com um argumento de ordem epistemológica (os romances são contra a verdade) e outro de ordem moral (os romances pioram os homens). Mas imediatamente entra uma atenuação meio irônica no plano epistemológico, pois observa que pior ainda do que isto é a história romanceada, errada e falsa; é o que ocorre nos velhos livros sobre a história da França, onde o que se dá ao leitor são fábulas. Tomados como verdade, tais livros disfarçadamente fictícios são perigosos e resultam em descrédito para a França, não obstante aconteça o mesmo noutros países. Isto leva a pensar que os povos em geral gostam desses desvarios do espírito, e de atribuir a si próprios origens fabulosas, embora alguns deles proscrevam a mentira. O problema da ficcionalização da História leva a uma pergunta importante, que será a chave da conclusão, na segunda parte:

> Mas donde vem este apetite de escrever coisas falsas e fabulosas? Donde vem este prazer que têm os homens de se deleitarem com a narrativa e a leitura do que sabem ser desprovido de verdade? O destino não nos oferece um número suficiente de assuntos agradáveis, admiráveis e prodigiosos, para serem lembrados, escritos e transmitidos à posteridade, sem ser preciso disfarçar, mudar, arrebicar e alterar esta verdade, cuja luz nos deve ser tão clara quanto a do Sol? (pp. 23-24)

Sob a censura, reponta o problema da necessidade universal de ficção, que será devidamente considerado adiante; mas aqui já se pode dizer que Fancan toca no ponto central, embora esteja na etapa consagrada a demonstrar a inferioridade essencial da ficção, que só se justificaria nas fases primitivas. Nesta altura do livro, apresenta com efeito a verdade como equivalente da religião, da qual a mitologia seria uma espécie de esboço incorreto; nela, a invenção fabulosa corresponde a uma deficiência que precede a plenitude do conhecimento certo, e que não se justifica mais quando a mitologia é sucedida pela verdadeira religião (pp. 24-28).

Aliás (prossegue), mesmo dentro do paganismo alguns gregos repudiaram a mitologia por ser mentirosa, como foi o caso de Teógnis. E lembra que, apesar da importância dos autores clássicos, a instrução não depende das ficções pagãs, que podem mesmo ser perniciosas para os jovens. Se assim é, o que dizer então dos romances, cuja leitura nos desvia daqueles autores (que são bons apesar das ficções que veiculam)? Nessa altura evoca Montaigne, para quem os fatos verdadeiros são mais romanescos do que as invenções fictícias (pp. 28-32).

Naquele tempo de mentalidade estritamente mimética nas concepções da literatura, considerava-se elemento principal do romance a matéria narrada, isto é, a representação direta ou alegórica da vida, através de um certo poder de verossimilhança. Daí dois problemas teóricos que regem o pequeno tratado de Fancan e custaram tanto a ser superados ou postos no devido lugar na história da crítica: o da legitimidade da ficção e o da sua validade moral.

Com efeito, se o conteúdo narrativo é o elemento central a ser considerado criticamente, cabe saber se ele se justifica ante o relato dos acontecimentos reais, pois logicamente o real é mais importante que o fictício; além disso, seria moralmente melhor. Daí o beco sem saída que levou Fancan a compor o seu livro como oposição de duas partes com igual validade lógica.

As transformações do pensamento crítico mostrariam cada vez mais que o romance é sobretudo um certo teor e um certo modo do discurso, e que a sua validade deve ser discutida nestes termos, em função da coerência interna. A partir daí é possível, inclusive, refluir sobre o aspecto mimético e estudá-lo como componente de um tipo especial de mensagem. No século XVII, a consciência crítica das articulações internas do discurso ficcional (coerência) apenas se esboçava; por exemplo, nos momentos em que os autores estudavam a ligação do romance com outros gêneros e, consequentemente, perguntavam qual seria o tipo de linguagem a ser usada. Esboçava-se, ainda, no juízo sobre a pertinência das ações e dos sentimentos, isto é, na decisão sobre quais seriam os tipos de ação e de sentimento mais adequados à organização de um dado romance, no quadro da espécie a que pertencia (pastoral, heroico, histórico, cômico etc.).

Estas preocupações estilísticas e estruturais, que não encontramos em Fancan, tinham aflorado nalguns tratadistas do século XVI, sobretudo Giraldi Cintio e Pigna, e só avultarão a partir dos meados do século XVII, com Sorel, Chapelain, Huet e sobretudo Du Plaisir.

Em compensação, *Le Tombeau des romans* se alarga nos aspectos que chamaríamos hoje de psicológicos ou psicossociais, inclusive o efeito sobre a conduta e a interferência nos sentimentos, sem falar no já mencionado problema da necessidade de ficção como componente normal do espírito, que encontraremos daqui a pouco.

Naquele sentido, Fancan resume o problema evocando o mito de Narciso, como exemplo da poderosa indução exercida sobre nós pela imagem da nossa vida. O romance sugere paixões perigosas, que se tornam nossas, que puxam as nossas para fora e nos fazem naufragar no atrativo da beleza artística:

> Por certo esses romances são como belas fontes, mas cuja água é corrompida, e como belas flores cujo cheiro tem veneno; fontes cujas nascentes seria preferível secar, para impedir tantos Narcisos de se mirarem nelas e nelas buscarem o seu naufrágio; flores que se deveriam cortar, antes que produzissem frutos tão funestos. (pp. 34-35)

Daí a hipótese, exposta a seguir, que talvez os escritores excitem maliciosamente as nossas paixões para ganharem fama, já que as paixões são muito mais excitáveis do que a razão e os bons sentimentos. De tal modo, que o nosso juízo crítico fica embotado e nós não percebemos os defeitos de estilo e de composição, que seriam logo notados noutros tipos de escritos, onde não fosse amortecida a vigilância da razão.

Depreendemos que a matéria narrada desperta em nós um mecanismo de identificação, porque vemos soltas, e sentimos como nossas, as paixões que trazemos presas e não ousamos manifestar; em consequência, a vigilância intelectual cede e nos torna criticamente pouco rigorosos. A propósito surge um problema estético, pois Fancan menciona a excessiva complicação dos romances do seu tempo como traço de composição ruim, que seria intolerável em gêneros mais sérios:

> Os erros que se cometem nos discursos e na tessitura desses Romances parecem ficar acobertados pelas asas do Amor, de que celebram os erros e as aventuras; mas além disto, digo que a narrativa dos acidentes estranhos com que engodam os que os leem, faz perder o cuidado de examinar o que existe de lacunoso e contrário à solidez do bem dizer. De tal modo, que só aqueles cuja prudência despreza tais frioleiras percebem, como se deve, taras que apareceriam notavelmente noutros assuntos. Por exemplo, quando o Autor, pelo desejo excessivo de passar por competente, amontoa confusamente acidentes, contos e encontros um

sobre o outro, com tão pouco propósito quanto o de quem, para fazer brilhar mais a chama de uma lâmpada, enche-a excessivamente de óleo; ou como quem, para tornar mais cortante uma faca, afia-a tanto que embota o fio. (pp. 37-38)

Note-se a marcha curiosa do pensamento crítico: o aspecto moral ou psicológico do conteúdo age sobre a forma, que é contaminada por ele. De tal maneira, que a pedra de toque e o ponto de partida da análise são sempre o conteúdo, que representa no romance a ideologia da sociedade e é apresentado como devendo reger a composição. Haveria muito que dizer sobre este problema, tocado por Fancan em termos insuficientes, que aliás só o nosso tempo proporia de novo com êxito; fique apenas a ideia da correlação funcional entre forma e matéria, considerada esta, no texto citado, como fator determinante.

Logo depois Fancan tira a conclusão inevitável do seu pensamento nesta primeira etapa: o romance, com todos esses atrativos perigosos, proporciona uma leitura que agrada os nossos impulsos e adormece a razão, além de nos desviar de leituras mais sérias, como a das "histórias verdadeiras", que dão mais proveito e no fundo mais prazer. Basta lembrar as grandes figuras que se nutriram delas para ver que, de fato, o gosto pelo romance é uma corrupção do gosto, como ocorre nas mulheres grávidas, que rejeitam os alimentos bons para comerem terra e carvão (pp. 42-50).

6

A defesa do romance, na segunda parte, é bem expressiva das concepções críticas do tempo. Quando estavam em jogo os gêneros por assim dizer *oficiais*, havia uma espécie de acordo tácito, mediante o qual a ficção, embora inferior à verdade, era aceita como fonte de elevação e prazer do espírito. Mas quando se tratava daquele gênero duvidoso, tudo recomeçava e era preciso fazê-lo passar como mercadoria suspeita. Em parte, talvez, porque enquanto a tragédia, a pastoral ou a epopeia possuíam em alto grau traços distintivos específicos, o romance podia parecer demais com a narrativa verídica; podia parecer uma modalidade espúria de História e, deste modo, não deixava suficientemente clara a sua natureza de produto da imaginação. Posta em face dessa confusão, que é força de verossimilhança, a crítica vacilava e retomava o problema do status e da justificativa da ficção.

À maneira de toda gente no seu tempo, Fancan a admite como recurso ameno, cuja desculpa é propagar mais facilmente a verdade. Esta é frequentemente desagradável, daí ser preciso enfeitá-la ou disfarçá-la, porque tal é a nossa imperfeição, que repelimos o que não vier ajustado à nossa superficialidade. E aí surge o tópico inevitável do remédio camuflado: assim como o médico doura a pílula ou esconde a lanceta na esponja, o romancista enrola a verdade na fantasia; e nos dois casos o engano é para o nosso bem. Por outras palavras, a mentira pode ser às vezes um auxiliar da verdade, e isto a justifica (pp. 51-61).

Não argumentava de outro modo um romancista que depois se revelaria crítico muito superior a Fancan, Charles Sorel no prefácio da licenciosa *Histoire comique de Francion*, onde este ponto de vista tem um ar de piada:

> [...] confesso que não me custava atacar os vícios seriamente, a fim de mover os malvados mais ao arrependimento que ao riso. Mas há uma coisa que me impede de seguir este caminho: a necessidade de usar um certo chamariz para atrair a gente. É preciso imitar os Boticários, que adoçam por cima as beberagens amargas a fim de as fazer melhor engolir. (Apud Antoine Adam, op. cit., pp. 61-62)

Voltando a Fancan, conclui-se que, seja como for, tomada em si mesma a fantasia não tem status (que lhe seria reconhecido a partir do fim do século XVIII); e que o romance só pode ser justificado quando, por meio da ficção, puder funcionar como instrumento moral de educação do homem:

> Os Romances dignos de estima são os que nos enganam para nosso proveito; não os que degradam o nosso espírito a um amor vil pelas coisas caducas, mortais e indecentes, mas os que nos elevam até às coisas dignas de um homem, que nos tornam melhores e tocam em nossas taras e defeitos para curar. (pp. 60-61)

Tais romances se redimem porque, como o *Argenis*, de Barclay, encontram "o meio de serem verdadeiros sem dizer a verdade" (p. 62). Já vimos que a verdade é sobretudo a religião, e mais a moral baseada nela; mas, diz Fancan, como somos corruptos e defeituosos, não podemos exigir que haja apenas obras religiosas, e devemos aceitar as outras, desde que não sejam contrárias à religião. A verdade dos fatos narrados pela História também é de categoria superior, e bom seria se se escrevessem tais verdades; mas ainda aí, infelizmente, o fraco espírito do homem vacila, e é preciso nutri-lo de fantasias, pois é de

> tal humor que se estimula com os seus sonhos, se orgulha dos seus fantasmas, se apega às suas fábulas e se empenha nos próprios erros. (p. 72)

Há na fábula um certo peso positivo, e algumas delas têm inspirado e feito bem aos homens, como a da Guerra de Troia ou a da fundação de Tiro, não se devendo esquecer que um homem como Du Bellay gaba o *Amadis* de Herberay des Essarts e que Montaigne, apesar do que diz em contrário (e fora usado negativamente na primeira parte do livrinho), pôs muita fábula em sua obra; mais que tudo, porém, é preciso não esquecer as parábolas de Cristo, uma forma de chegar à verdade por meio da ficção (pp. 72-86).

Neste ponto, e com argumento de tal gravidade para o tempo e o meio, não custa a Fancan dar mais um passo e lembrar que frequentemente não há oposição marcada entre verdade e ficção, pois muitas fábulas são História e muitas narrativas históricas são fábulas. E observa:

> Concordo que louvem à vontade, entre outros, a *Ciropédia* de Xenofonte, por causa do proveito oriundo de sua leitura, contanto que confessem também que este autor lançou por escrito, não quem foi Ciro, mas o que Ciro deveria ser. (p. 91)

Aos poucos, vamos percebendo qual foi o progresso efetuado por Fancan: a seu modo, embora insatisfatoriamente, justificou como coisa digna e natural a utilização da fantasia, e portanto da ficção romanesca, ao lado das justificativas de cunho ético e pragmático. A essa altura surge em contexto positivo a pergunta que no contexto negativo da primeira parte servira para abalar o romance, mas agora vai permitir a sua redenção, satisfazendo a diversas dúvidas semeadas pelo texto: qual é, de uma vez por todas, a causa desse amor do homem pelas coisas inventadas; por que motivo elas lhe dão tanto prazer, apesar dos acontecimentos insólitos que poderiam satisfazer a sua curiosidade na vida cotidiana? (p. 92)

Fancan cede então a palavra ao "divino Escalígero" e, graças a ele, termina numa certa escala de grandeza o seu modesto tratado, onde, ultrapassando o convencionalismo da argumentação precedente, reconhece com plenitude os direitos da fantasia:

É preciso saberes, acrescenta ele [Escalígero], que nosso entendimento é de sua natureza infinito. Eis por que apetece as coisas mais distantes e estranhas, e se deleita nas coisas falsas e na pintura dos monstros, tanto mais quanto isto tudo supera e transpõe os limites vulgares da verdade. A inteligência humana despreza a prescrição de limites certos, de tal modo é ampla a sua capacidade. Assim, o próprio sábio louva a perfeição de uma pintura, embora saiba que é falsa, gostando às vezes mais de uma bela imagem pintada que de uma real e viva. Pois as coisas parecem ser mais bem contrafeitas pela arte do que feitas pela natureza. É assim que as ficções nos agradam e são admiradas por nós. E a admiração não deve ser chamada filha da ignorância, mas mãe da ciência. A Filosofia cuida mais de procurar e discutir o que pode ser e o que não pode ser, do que o que verdadeiramente é. Os fantasmas, os espaços imaginários, as extravagâncias, impressionam mais do que tudo que é real e cai sob os nossos sentidos. Somos idólatras e admiradores dos nossos devaneios. Os Poetas que simulam um Pigmalião amoroso de sua obra figuram os nossos humores e as nossas paixões. O próprio Aristóteles bem sabe disto, como Platão, seu mestre, de quem falamos no começo deste discurso, pois segundo ele o Filósofo é um amador e Autor de fábulas, um Filomito, numa palavra. (pp. 93-96)

Aqui estamos fora da surrada tríade "divertir-edificar-instruir". Como todos os que abordaram o assunto, Fancan procura também mostrar a eventual utilidade do romance na formação do homem segundo essa perspectiva convencional. Mas em seguida abre uma janela para outros tipos de função e motivação, que acarretam outras justificativas, reconhecendo na ficção, como elemento básico, certa necessidade de superar as vias normais de conhecimento, por meio da fantasia. Se a História representa o desejo da verdade, o romance representa o desejo da efabulação, com a sua própria verdade. Esta é a sua grande, real justificativa; e, ao propô-la, Fancan realizou a melhor apologia possível do gênero ameaçado pelo ministro da Justiça de então, mostrando que não se trata de um recurso estratégico para reforçar os valores sociais, ideologicamente conceituados; mas de resposta a uma necessidade do espírito, que se legitima a si mesma.

Fora do texto, dentro da vida

On périt par défaut bien plus que par excès.
Saint-John Perse

I

A obra de Sílvio Romero dá uma certa ideia de turbilhão, no sentido próprio e no figurado. Um movimento agitado e forte que arrasta ideias e paixões, destruindo pelo caminho; um movimento circular que gira incessantemente sobre si mesmo e progride, parecendo permanecer. Não espanta, portanto, que bem cedo ele tenha parecido aos contemporâneos contraditório, impaciente, injusto, mais apto para a generalização do que para a análise. Alguns juízos a este respeito se fixaram com rapidez no tempo dele e vieram sendo repetidos quase como um ritual crítico pelos que se ocuparam da sua obra, e foram muitos, desde Antônio Herculano de Sousa Bandeira em 1879, passando por Araripe Júnior, José Veríssimo, Oliveira Lima, Capistrano de Abreu, Magalhães de Azeredo, até chegar à arraia bastante miúda dos Laudelino Freire e Fran Paxeco.

Todos tinham e não tinham razão. Ele foi incoerente em muita coisa, a começar pelo contraste que parece ter havido entre o seu ameno modo de ser como homem e a sua truculência como escritor. O testemunho dos contemporâneos mostra uma pessoa bonacheirona, de excelente humor, desinteressado, generoso, comunicativo; mas que de pena em punho preferia atacar, desfazer em tudo que o contrariasse, manifestando um ciúme que roçava pela inveja, uma vaidade que tocava na soberba, uma suscetibilidade vizinha da paranoia. No campo das ideias e convicções, não é difícil mostrar que primeiro foi positivista e depois atacou desabridamente o positivismo; que na política de Sergipe desancou um lado e depois se ligou a ele; que considerou Luís Delfino um poetastro e, em seguida, dos maiores poetas brasileiros; que proclamou Capistrano de Abreu o maior sabedor de História do Brasil, e mais tarde um medíocre catador de minúcias; que era evolucionista agnóstico e afinal aderiu à Escola da Ciência Social, de raízes católicas — e assim por diante. Não é difícil, ainda, mostrar como fazia e refazia as suas divisões de períodos, os seus catálogos de bons e maus escritores, com a mania classificatória e enumerativa que era um dos seus modos de ver a literatura. Mas a respeito ele próprio diz o seguinte:

> [...] aí andam os meus livros, publicados no decurso de mais de trinta anos e que devem ser lidos na sua ordem cronológica para se compreender a evolução natural do meu pensamento, que, em filosofia, mudou do positivismo para o evolucionismo spencerista, chamado também por alguns agnosticismo evolucionista, pelo caminho natural do criticismo de Nägeli, Du Bois-Reymond e Helmholtz, como tenho cem vezes exposto com a maior lhaneza; que no tocante ao rigorismo da análise, como tenho dito, passou do pessimismo da fase polemística dos primeiros tempos ao período de maturidade crítica iniciado na *História da literatura brasileira*, o que só para quem anda de má-fé, ou nada entende destas coisas, importa em contradição, porque a contradição supõe o choque de dois pensamentos contraditórios *num mesmo tempo*, ao passo que tudo aquilo vem a ser apenas a normal evolução de um espírito que caminhou, que progrediu.[1]

---

[1] Sílvio Romero, *Passe recibo*. Belo Horizonte: Imprensa Oficial do Estado de Minas Gerais, 1904, pp. 69-70.

Por outro lado, seria igualmente fácil mostrar que, no fundo, teve poucas ideias centrais e lhes foi fiel pela vida afora; que fixou desde moço, com bastante acuidade, algumas obsessões intelectuais que nunca o deixaram; e que até no terreno passional das preferências foi inalteravelmente fiel às duas principais: a tocante mas despropositada exaltação de Tobias Barreto, e a birra obtusa em relação a Machado de Assis. Vendo essas coisas pelo lado negativo, disse José Veríssimo que "há trinta anos o sr. Sílvio Romero refaz a mesma obra", ao que ele parece responder na sua última manifestação em público: "Felizes, seja dito entre parênteses, os que se podem repetir".[2]

Virando contra ele o que costumava fazer com os outros, pode-se, portanto, simplesmente aceitá-lo ou rejeitá-lo em bloco, porque ele simultaneamente irrita e desperta admiração; chama a atenção tanto para o que tem de bom quanto para o que tem de mau. Mas a atitude correta é não ir na provocação do seu temperamento polêmico; não querer, por exemplo, reduzi-lo às suas contradições nem proclamar a sua perfeita unidade; e sim procurar entender o seu ritmo de turbilhão.

Na verdade a contradição era o seu modo próprio de viver o pensamento, tanto assim que em vez de paralisá-lo ou fazê-lo voltar atrás ela o fazia ir para diante. As suas ideias não se propunham como desenvolvimento linear e consequente, mas como vaivém, retomada incessante, tensão de opostos, visão simultânea do verso e do reverso — o que pode ferir exigências lógicas mas enriquece o senso da realidade. Sob este aspecto havia algo de dialético no jogo das suas ideias e opiniões, que, se não chegavam a uma síntese satisfatória,

---

[2] José Veríssimo, "Sobre alguns conceitos do sr. Sílvio Romero", em *Que é literatura? e outros escritos*. Rio de Janeiro; Paris: Garnier, 1907, p. 23; Sílvio Romero, "Discurso de paraninfo", 1913, apud Ari Machado Guimarães, *Sílvio Romero e Querido Moheno*. Rio de Janeiro: Tipografia do Jornal do Commercio, 1932, p. 283.

permitiam sempre alguma conclusão interessante, graças ao entrechoque por vezes antinômico mas vivo das proposições, jogadas como pedras.

Se disso vem a sua fraqueza, vem também muito da sua força. Mas é compreensível que os contemporâneos se assustassem com o espetáculo dessa agitação turbilhonar e lhe pedissem contas das idas e vindas — sobretudo quando eram objeto do impacto. Hoje é possível sentir quanto podia ser vivo e produtivo esse modo intelectual, porque a seu respeito pode-se falar realmente em *movimento* de ideias. Movimento de algumas ideias centrais de teor altamente crítico e contundente, reforçadas pela disposição agressiva do seu temperamento. A palavra "crítica" tinha para ele não apenas um sentido amplo de análise e revisão geral dos valores de toda a cultura, mas também, quase inconscientemente, de força negativa; é o que se percebe em alguns textos, onde vemos o conceito de "positivo" oposto ao de "crítico", que deste modo fica assimilado a "negativo".

Assim, nos seus escritos, o movimento de analisar, compreender e construir não se separa de um movimento simultâneo de destruir; e essa dualidade indissolúvel dá certo cunho revolucionário ao seu pensamento, mesmo quando surgem pela frente as antinomias conservadoras, que também compunham o ir e vir do seu turbilhão.

A este propósito, seria possível dizer que os contemporâneos se preocuparam demasiado com as suas contradições de superfície, frequentemente decorrências de um humor instável, quando não eram mudanças legítimas ao longo do tempo, normais e mesmo desejáveis em qualquer pensamento vivo, como ele assinalou em defesa própria. Mas, além dessas, de forma e argumento, seria interessante prestar atenção nas curiosas contradições em profundidade, que não devem constituir motivo de vitupério ou para "pegar no pulo", e sim para explicar a dialética peculiar da sua obra, que consiste no movimento que estou procurando sugerir.

Neste caso, veríamos pelo menos duas coisas. Primeiro: que elas exprimem uma certa coragem de ir ao cabo, que nós frequentemente não temos; por isso contornamos as dificuldades do pensamento, que levariam aos impasses da discordância e da antinomia, a fim de podermos manter uma harmonia satisfatória de superfície, que tranquiliza o espírito. Segundo: que *as suas contradições* (título de um livro polêmico de Laudelino Freire), se forem tomadas em nível profundo, constituem a projeção, no seu pensamento, da complexidade perturbadora de uma sociedade marcada por certas desarmonias e discordâncias. Justamente por isso a sua obra é mais do que uma construção bem-feita, que satisfaz em si mesma; ela é uma imagem nervosa do país.

Pensemos, por exemplo, na intensidade do seu patriotismo — e no derrotismo pessimista com que sempre encarou a pátria. Pensemos na exaltação da cultura alemã, brandida quase como redenção intelectual contra as influências habituais que recebíamos — e na sua familiaridade predominante com a mais notória entre elas, a francesa. Pensemos em sua insistência na necessidade de estabelecer uma crítica científica e objetiva, baseada no espírito que promoveu a expansão das ciências da natureza no século XIX — e em sua atitude constantemente avaliadora e judicativa, verdadeira mania de ver a literatura como um concurso permanente, onde o crítico distribui prêmios e reprovações. Pensemos na sua visão penetrante da natureza e função da mestiçagem — e no seu racismo, baseado em Gobineau e reforçado por Vacher de Lapouge. Lembremos o seu liberalismo progressista, a sua luta contra as oligarquias — e a sua profunda desconfiança do povo em nível político. Lembremos, ainda, a sua simpatia pelo socialismo, cujo advento reputava um fato histórico inelutável — e não apenas a sua convicção de que era inviável no Brasil, mas as afirmações subsequentes de que resultava da degenerescência de grupos raciais inferiores.

Não espanta, com isso tudo, que tenha influído simultaneamente posições radicais em face da cultura brasileira, como a de Otávio Brandão, e posições conservadoras, como a de Oliveira Viana. Que tenha ajudado um homem como Mário de Andrade a definir a sua densa visão da cultura popular, e que tenha influído diretamente no modo de Gilberto Freyre conceber a gênese das classes dominantes.

2

Por ter um fundo de candura e espontaneidade, além do toque de megalomania, Sílvio Romero não policiava a sua vaidade nem renunciava ao prazer de falar de si a qualquer propósito. Escreveu muito sobre a própria carreira, contando como surgiram as suas ideias, quais as que introduziu em nosso meio, em quem teriam influído, além de avaliar a cada instante o significado e a importância da sua contribuição e da de seu grupo de amigos. Isso, desde moço. Ainda na casa dos trinta, e com o persistente mau gosto brasileiro nesse campo, já fazia com e sem propósito balanços da própria obra, proclamando as suas inovações, reivindicando o seu lugar na cultura nacional e até procurando comprovar que sabia alemão. Essas declarações e resumos, quase sempre pitorescos e invariavelmente provincianos, ajudam e ao mesmo tempo atrapalham a tarefa de traçar o seu roteiro.

Ele começou a escrever em 1869, quando era estudante de direito em Recife, tendo dezoito anos e uma grande precocidade. Desde o começo manifestou-se polemista violento, e foi pelo ataque que se impôs e sobressaiu. No melhor estudo até hoje escrito sobre ele, Araripe Júnior aludiu ao pânico e ao mesmo tempo admiração que despertou no meio pernambucano, destacando este traço como a sua característica dominante.[3]

Os seus artigos dessa fase na imprensa estudantil são inatingíveis nas formas originais, e o leitor de hoje deve contentar-se com as versões mais ou menos modificadas que apareceram nos diversos livros a partir de 1878, data dos dois primeiros: *A filosofia no Brasil* e *Cantos do fim do século* (este, feito de versos péssimos e ingênuos, traz um prefácio interessante onde expõe a sua concepção da poesia).

Em 1880 apareceu *A literatura brasileira e a crítica moderna*, composto de artigos publicados entre 1872 e 1874, com prólogo e epílogo posteriores, formando um corpo coerente de reflexão, que pode ser considerado a sua plataforma e o seu ponto mais completo de partida.

Nesses primeiros trabalhos ocorrem algumas ideias e posições importantes a tal respeito, a começar pela visão da sociedade brasileira como produto da mestiçagem, no sentido amplo de fusão racial e assimilação de cultura. A nossa sociedade seria produto de forças diferenciadoras que a tornaram cada vez mais distinta da portuguesa, inclusive graças ao elemento africano, cuja importância foi o primeiro a destacar de maneira correta, num meio onde ele era escamoteado ou desfigurado ideologicamente.

> O que quer que notardes de diverso entre o brasileiro e o seu ascendente europeu, atribuí-o em sua máxima parte ao preto.[4]

---

3 Araripe Júnior, "Sílvio Romero polemista", em *Obra crítica*. 5 v. Rio de Janeiro: Fundação Casa de Rui Barbosa, 1963, v. III. Publicado inicialmente (após um começo interrompido em 1889) na *Revista Brasileira* (3ª fase), de 1898 a 1899. **4** Sílvio Romero, *A literatura brasileira e a crítica moderna: Ensaio de generalização*. Rio de Janeiro: Imprensa Industrial, 1880, p. 27.

Daí o ataque violento ao indianismo romântico, segundo ele uma mentira idealista, que atribuía ao índio um papel e uma importância que nunca teve, mascarando deste modo a realidade. Esta necessidade de praticar o que hoje se chama desmistificação enforma a sua concepção de crítica, concebida como vasta e complexa atividade de análise realista e rejeição de preconceitos mentais, com vistas a uma reavaliação objetiva de toda a cultura. Isso explica, enquanto método, o ataque à Retórica, e, enquanto atitude, o ataque à visão otimista reinante depois da Independência. Elas lhe pareciam desviar o espírito para os aspectos secundários e perturbar a visão adequada, consistente em encarar a obra à luz dos fatores externos e determinar a sua função no processo de diferenciação progressiva da cultura e da nacionalidade brasileira.

Nesses escritos a literatura é vista, de maneira revolucionária para a época, como produto desses fatores naturais e sociais, como algo cuja natureza dependia sobretudo da influência da raça e das instituições, e cujo desenvolvimento se processava conforme o princípio da seleção natural. Para vê-la deste modo, seria preciso uma renovação teórica, fundamentada na ciência e na filosofia moderna. Foi o que pretendeu fazer, considerando-se um reformador no campo da cultura, ao lado de alguns contemporâneos e companheiros que tinham dado alarma contra a rotina mental do país, inclusive procurando atenuar a influência francesa dominante por meio da cultura alemã. O principal desses companheiros foi Tobias Barreto, para quem o livro *A filosofia no Brasil* parece concebido como pedestal e a quem dedicou uma admiração sem desfalecimentos, vendo nele a maior figura intelectual do país.

No decênio seguinte efetuou um alargamento das ideias. Em *O Naturalismo em literatura* (1882) formulou sistematicamente a sua teoria crítica; n'*A interpretação filosófica dos fatos históricos* (1881), tese para o concurso de filosofia do Colégio Pedro II, expusera uma orientação determinista, marcada pela influência de

Thomas Buckle. Os dois opúsculos foram incorporados depois ao seu primeiro volume de ensaios, *Estudos de literatura contemporânea* (1885), onde outros escritos superam a excessiva importância que tinha dado inicialmente à influência do meio sobre a civilização.

Querendo abranger toda a vida cultural, aborda com incrível severidade a política, numa série de artigos sobre as suas figuras mais em vista, reunindo-os depois nos *Ensaios de crítica parlamentar* (1883). Quanto às criações populares, que a princípio tinha menoscabado como preconceito populista do Romantismo, mas depois passou a considerar uma das fontes básicas do pensamento e da literatura nacional, publica "A poesia popular no Brasil", primeiro na *Revista Brasileira* (2ª fase), de 1879 a 1880, depois em livro, com o título *Estudos sobre a poesia popular brasileira* (1888). Neste, está contido o que fez de melhor como análise de material, que tinha colhido nos últimos anos do decênio de 1870 e publicaria logo depois em *Cantos populares do Brasil* (1883) e *Contos populares do Brasil* (1885).

Todos esses trabalhos giram de certo modo em torno da sua grande empresa nesse decênio, a *História da literatura brasileira* (1888), cujo primeiro esboço fora a *Introdução à história da literatura brasileira*, publicada em 1881 nos três volumes finais da *Revista Brasileira* (2ª fase) e logo a seguir em separado.

É a sua obra principal, onde pôs a essência do que desejava dizer sobre a cultura e mesmo a sociedade do seu país. Do ponto de vista teórico ela representa um amadurecimento, porque nela Sílvio aparece como naturalista mitigado, atenuando ao máximo o papel do meio físico na configuração da sociedade, compreendendo o caráter mediato do fator biológico e trazendo para primeiro plano os fatores sociais e psíquicos.

> Não resta a menor dúvida que a história deve ser encarada como um problema de biologia; mas a biologia aí se transforma em

psicologia e esta em sociologia; há um jogo de ações e reações do mundo objetivo sobre o subjetivo e vice-versa; há uma multidão de causas móveis e variáveis capazes de desorientar o espírito mais observador.[5]

Em consequência, o seu ponto de apoio e principal recurso interpretativo passa a ser a personalidade, na qual reconhece um aspecto irredutível, apesar da importância que os fatores naturais têm para o seu conhecimento. Neste livro ela é o critério adotado para estudar cada autor, enquanto os fatores sociais são usados de preferência para caracterizar os períodos, e a raça continua como última instância.

O Livro I é uma espécie de vasta introdução ao estudo da sociedade e da cultura brasileiras, das quais a literatura emerge como produto que, por sua vez, se torna fator. As partes seguintes abordam de maneira desigual a produção intelectual até mais ou menos 1880, com a falha grave de omitir os ficcionistas do século XIX. Mais grave ainda é o fato de culminar numa desconcertante apoteose de Tobias Barreto, que ocupa 120 páginas, ou seja, mais espaço do que o século XVIII com Escola Mineira e tudo, e se vê guindado praticamente à posição de maior escritor brasileiro, superior a Castro Alves como poeta, a Machado de Assis como prosador e a toda a gente como pensador. Este traço de irresponsabilidade crítica desequilibra a economia do livro, mas não desfaz o seu interesse como obra apaixonada e penetrante em várias partes. É preciso lê-la com o desconto desta e de outras irregularidades, como as demasias, altos e baixos, digressões soltas, juízos sentimentais, pirraças, para sentirmos o quanto possui no fim das contas de monumental.

5 Sílvio Romero, *História da literatura brasileira*. 2 v. 2. ed. melhorada pelo autor. Rio de Janeiro: Garnier, 1902-1903, v. I, pp. 179-180.

A partir de 1890 Sílvio entra numa fase de grande preocupação política, participando de lutas em Sergipe, sua terra, onde chegou a dirigir uma tomada de poder, mostrando grande capacidade de agitação, além do constante destemor. Mais tarde desempenhou um mandato de deputado federal (e tentou em vão eleger-se outras vezes), cujos resultados estão refletidos no livro *Discursos* (1904).

Em matéria de política, apesar de partidário do federalismo, opôs-se logo depois da República ao regime presidencial e optou pelo parlamentar (*Parlamentarismo e presidencialismo na República do Brasil*, 1893). Afinal chegou a uma fórmula mais coerente com o seu pensamento, a república unitária parlamentar, para cujo estabelecimento preconizou a intervenção dos militares. Mas temia a atuação permanente destes na política e não aceitava as tendências ditatoriais do positivismo (a "ditadura republicana"), corrente de pensamento que atacou com veemência e coragem, num momento em que ela contava com o apoio de grupos no poder. São temas que desenvolve em *Doutrina contra doutrina* (1894), onde faz uma análise arbitrária mas vivaz da sociedade brasileira do tempo, manifestando o senso dos problemas sociais e uma curiosa ambivalência ante o socialismo. O interesse crescente pela sociologia é manifesto nos *Estudos de filosofia do direito* (1895) e nos *Ensaios de sociologia e literatura* (1901). E também no fato de passar a definir a sua crítica como sociológica, o que é correto se pensarmos numa sociologia inspirada em analogias biológicas, como a do seu mestre predileto, Herbert Spencer.

Logo depois adota as diretrizes metodológicas e a maioria das ideias teóricas da Escola da Ciência Social, que tinha para lhe agradar o destaque dado às explicações de fundo mesológico e racial, a valorização da iniciativa privada e a fascinação pelos povos nórdicos. Essa influência aparece nos estudos políticos e sociológicos da sua última fase, como *O Brasil social*

(1907), *O Brasil na primeira década do século xx* (1911) e outros, incluídos sobretudo no livro *Provocações e debates* (1910). Em todos é notável a sua combatividade lúcida, a bravura com que exprimia as ideias e atacava os detentores do poder, a começar pelos presidentes da República. A influência da Escola da Ciência Social acentuou o seu apreço pelo liberalismo econômico e os países anglo-saxões, e desenvolveu a sua sede de informação concreta sobre o Brasil. Mas também acentuou o seu racismo e a sua desconfiança em relação ao socialismo.

Nessa altura ele requintou a suscetibilidade e consequente agressividade, alastrando os escritos de reivindicações, aumentando a mania de perseguição e a má vontade em relação aos confrades, chegando, ele que escreveu poucos livros organicamente concebidos e muitas coleções de artigos, a publicar dois, bem volumosos, *A América Latina* e *A pátria portuguesa* (ambos de 1906), para atacar outros de títulos iguais, respectivamente de Manuel Bonfim e Teófilo Braga. Não faltaram ataques e revides contra ele, inclusive um muito digno e firme de José Veríssimo em 1907: "Sobre alguns conceitos de sr. Sílvio Romero" e "Post-scriptum", incluídos no livro *O que é literatura?*. Superando a si mesmo em violência e desabrimento, Sílvio replica nas *Zeverissimações ineptas da crítica* (1909), replicando a Laudelino Freire, em *Minhas contradições* (1914), o seu último livro, onde não trepida em entrar pela obscenidade. Chama a atenção na sua longa faina polêmica a quase completa esterilidade, o gasto inútil de energia digna de melhor uso. Enquanto a violência genérica no terreno das ideias e no da denúncia político-social foi construtiva, os pegas individuais não foram além da exibição quase sempre constrangedora de vaidade e grosseria.

Em crítica e história literária, a produção posterior a 1890 é importante: duas monografias, *Machado de Assis* (1897), verdadeira catástrofe do ponto de vista crítico, e *Martins Pena* (1901), onde levou ao máximo a concepção mecânica da obra literária como cópia da sociedade; algumas coletâneas de artigos, notadamente *Novos estudos de literatura contemporânea* (1898) e *Outros estudos de literatura contemporânea* (1905); o *Compêndio de história da literatura brasileira* (1906), em colaboração com João Ribeiro; algumas das suas amadas sínteses, como "Literatura 1500-1900", no *Livro do centenário* (1900), e *Quadro sintético da evolução dos gêneros na literatura brasileira* (1911); e a última palavra (confusa, inconclusiva) sobre o seu conceito de crítica: "Da crítica e sua exata definição", na *Revista Americana* (1909).

3

Resumida a carreira intelectual, tentemos discriminar de maneira mais sistemática os níveis da sua realização como crítico e historiador da literatura, começando pelas ideias que fundamentam a sua compreensão da literatura em geral e da brasileira em particular.

Como pretendia analisar a situação cultural brasileira, com vistas a uma reforma intelectual, ligada à reforma social, ele se viu obrigado a estender demasiadamente o conceito de literatura, até fazê-la englobar todos os produtos de criação espiritual, da ciência à música. Embora na prática tivesse diferenciado devidamente os setores aos quais se dedicou (filosofia, sociologia, etnografia, folclore), sempre os incluía nos seus panoramas literários.

Este conceito amplo se ligava à concepção, extraída de Taine, segundo a qual a literatura era um "produto" da vida social e, portanto, podia ser lida como "documento" que a revela. Ora, para esta viagem ao outro lado do texto, quanto mais abrangente o material mais completa e penetrante a visão. Sobretudo quando se concebe, como ele concebia (ainda a partir de Taine), que o texto interessa enquanto decorrência da personalidade do autor, e que esta, apesar de tudo quanto possa ter de singular, se explica pela sua "representatividade", isto é, pelo que exprime da sociedade. Por outras palavras, a personalidade, chave do texto, tem ela própria a sua chave nas influências que a moldaram de fora para dentro, provindas sobretudo da raça e da conjuntura histórica. Estas influências são as mesmas para todos — cientista, filósofo, artista, escritor. Assim, as produções destes se organizam como vasta unidade, que forma a cultura e espelha a sociedade, atuando por sua vez sobre ambas como fator.

Sílvio tinha consciência do perigo reducionista, consistente no seu tempo em assimilar os fatos da cultura espiritual aos fatos da natureza; mas nunca abriu mão da ideia segundo a qual as leis que regem uns regem também os outros. Escreveu mais de uma vez que a evolução biológica é diferente da literária e não pode ser assimilada a ela; e que o movimento essencial do século tinha sido a transposição para as ciências da natureza do método comparativo surgido nas ciências humanas. Mas achava que umas e outras são dirigidas pelo princípio do determinismo e podem ser explicadas pela concorrência, a seleção, a diferenciação crescente etc.

A essa luz, a literatura brasileira lhe parecia um produto cada vez mais diferenciado da portuguesa, devido à atuação dos fatores peculiares ao país, conforme a seleção natural. Tais fatores desaguavam na raça, que pôs em primeiro plano, de acordo com as tendências dominantes do século. Mas a sua originalidade vem do fato de haver compreendido e avaliado devidamente a importância da mestiçagem — traço fundamental que ele teve o mérito de focalizar com nitidez e usar como instrumento de interpretação, a despeito de aceitar como princípio científico indiscutível a teoria da desigualdade das raças. De qualquer modo, abriu sobre a cultura brasileira uma perspectiva heterodoxa, que só em nossos dias começou a ser devidamente explorada.

Onde teria ido buscar estímulo intelectual para o seu ponto de vista? Ele se prezava de haver estabelecido no estudo da literatura brasileira o "critério etnográfico", ou seja, a interpretação baseada no estudo da contribuição das raças que compõem a nossa população. Mais de um contemporâneo, sobretudo José Veríssimo, disse que o aprendera em Martius, e isso o magoava profundamente, levando-o a réplicas azedas e finalmente à elaboração de um estudo a respeito: "Carlos Frederico F. de Martius e suas ideias acerca da História do Brasil", publicado na *Revista da Academia Brasileira de Letras* em 1912.

Com efeito, Martius indicou a necessidade de ver a nossa história à luz das três raças formadoras e da sua mistura, denotando, aliás, uma notável ausência de discriminação racial que Sílvio bem poderia ter aproveitado. Mas a sua posição é diversa, o que nos faz pensar em outra fonte, paradoxal à primeira vista: Gobineau, que ele considerava um dos seus mestres e cuja "admirável visão genial" vem mencionada no referido estudo.

Não digo que lhe tomasse a teoria da desigualdade das raças, porque isto era corrente entre os evolucionistas, aos quais bem cedo aderiu. Mas adotou a respeito alguns pontos de vista próprios de Gobineau e com certeza se inspirou na sua teoria da função histórica da mestiçagem, para cuja presença na América Latina Buckle (que a reputava negativa) teria despertado inicialmente a sua atenção. E antes de mais nada é preciso ressaltar esse caso de contradição em profundidade, pois trata-se de um pensador sem dúvida liberal e mesmo radical, que adota ideias de um reacionário extremado, fonte das piores posições racistas do nosso tempo.

No seu livro cheio de encanto e veneno, Gobineau estabelece que a mestiçagem foi inevitável, porque a raça branca superior inicial (hipotética), sendo pouco numerosa, viu-se obrigada ao cruzamento, que deste modo se tornou condição de civilização. Esta é vigorosa enquanto predomina o sangue das raças superiores (segundo ele), que no entanto vai empobrecendo, ao enobrecer o das inferiores. Por isso a civilização caminha para a degradação irreversível da raça ariana, a mais nobre. Para ele, as que chamamos raça branca, amarela e negra são produtos de cruzamentos remotos inverificáveis, mas estabilizados e uniformizados pelo trabalho dos séculos. Quando uma dessas raças estáveis cruza com outra, surge uma mestiçagem nova e instável, como a do mulato, que conduz a etapa mais avançada de degradação do sangue. Visão pessimista, como se vê, prevendo o fim dos tipos "superiores". Ela seria contestada pelos racistas mais fanáticos e militantes, como Chamberlain (citado com apreço por Sílvio), segundo quem as raças não surgem "nobres", mas *tornam-se* "nobres", devido ao esforço de preservação da "pureza" através de seleções adequadas.[6]

Sílvio Romero, sentindo naturalmente quanto poderia ser operativa no Brasil uma teoria da civilização como mestiçagem, procurou ajustá-la à nossa realidade, e começou por definir a função histórica das populações cruzadas como condição favorável à adaptação do branco ao trópico. Embora mantivesse a ideia de desigualdade, colocou-se de certo modo no ângulo de um povo colonizado e deu implicitamente realce à elevação das raças "inferiores" (índio e negro) por meio da mistura com o branco, que julgava nobilitante. Além disso, profetizou o predomínio deste no aspecto das pessoas, num futuro remoto mas garantido de estabilização, o que não deixa de ser um modo relativamente

---

6 A concepção de Arthur de Gobineau é exposta em "Considérations préliminaires; définitions, recherche et exposition des lois naturelles qui régissent le monde social", em *Essai sur l'inégalité des races humaines*. 2 v. 3. ed. Paris: Didot, [s.d.], v. I, pp. 1-223. (1. ed., 1853.)

A posição parcialmente antagônica de Houston Stewart Chamberlain, que inspirou diretamente o nazismo, pode ser vista em: "Le Chaos éthnique", em *La Genèse du XIXe siècle*. Edição francesa de Robert Godet. 2 v. 3. ed. Paris: Payot, 1913, v. I, cap. IV, sobretudo p. 358, e no "Annexe", op. cit., v. II, pp. 1383-1389 e 1394-1413.

otimista de ver, dentro dessa ordem de ideias. Aceitando, na linha de Gobineau, que a maior ou menor qualidade dos povos e grupos sociais depende da maior ou menor parcela de sangue ariano que contêm, ele deu feição sistemática a um dos preconceitos defensivos mais correntes do brasileiro, expresso na ideia de "melhorar a raça", isto é, ficar cada vez mais claro. Para ele, o Brasil só encontraria maturidade quando a fusão produzisse um tipo homogêneo de aspecto branco, e este foi o seu modo de harmonizar a lucidez da visão com o jugo do preconceito pseudocientífico dominante no tempo.

Enriquecendo a ideia de Gobineau, que a mistura racial é condição lamentável mas necessária de civilização, Sílvio englobou também o aspecto cultural no termo "mestiçagem", de maneira a abranger a assimilação de bens culturais, a vasta mistura de usos, costumes, instituições, que ocorreu incessantemente na formação do Brasil. Para ele, mestiçagem é racial e é também o que se chamaria mais tarde contato cultural, difusão cultural, aculturação.

Do ponto de vista ideológico, e apesar das origens comprometidas, a sua posição acabava sendo progressista. Em primeiro lugar, porque feria de morte a ilusão de brancura, estabelecendo abertamente a generalidade e a importância da mestiçagem. Em segundo lugar, porque definia a sua função como grande força igualizadora, que correspondia na esfera natural ao que era o nivelamento das classes pela democracia na esfera social, e assim definia um povo, que acabaria por impor a sua vontade.

Esta posição poderia ter levado a consequências mais avançadas, se o meio estivesse em condições de recebê-la e se o próprio Sílvio não tomasse tão a sério a ideia de inferioridade racial. É lamentável como atacou e ridicularizou Manuel Bonfim, o único pensador brasileiro do tempo que criticou de modo sistemático a teoria da desigualdade das raças, procurando atribuir a causas de ordem social o atraso e a desordem dos povos latino-americanos.[7] Pior ainda: na prática ele sempre cometeu a vulgaridade (para dizer o menos) de assacar aos desafetos a sua eventual condição de mestiços, como se fosse um xingo e apesar de ser mestiço o seu venerado Tobias Barreto.

No entanto, repito, a sua posição era essencialmente progressista, como se pode verificar se não fizermos retroagir os nossos conceitos atuais. Naquele tempo, acreditar na desigualdade das raças era aceitar um dado que se considerava científico. Para Sílvio, preconceito seria ocultar a verdade a respeito da nossa situação racial, como se depreende duma resposta a Teófilo Braga, segundo quem a teoria da mestiçagem era deprimente para o povo brasileiro.

> Nós aqui aceitamos as condições e não fugimos às responsabilidades que a História nos criou. Podemos, no estudo imparcial, objetivo, que fazemos de nossas origens e procedências, em respeito à verdade científica, mostrar, confessar, aqui ou ali, alguma fraqueza, alguma falta de profundeza ou originalidade; mas nem renegamos nossos pais, índios, africanos ou europeus, nem caímos mais na tolice, no preconceito, de pretender ocultar o enorme mestiçamento aqui operado em quatro séculos. Só um fanático arianizante é que pode ainda ter a leviandade ou a cegueira de reduzir, no século XIX, os mestiços apenas a *camadas sem ação direta na cultura e na sociedade do Brasil!...*[8]

---

7 Manuel Bonfim, *A América Latina: Males de origem*. Rio de Janeiro: Garnier, 1905. Sobretudo cap. I da 5ª parte, pp. 264-314. Para uma análise da posição de Bonfim em face do problema racial, ver Thomas E. Skidmore, *Black into White: Race and Nationality in Brazilian Thought*. Nova York: Oxford University Press, 1974, pp. 113-118.   **8** Sílvio Romero, *Passe recibo*, op. cit., p. 54. As palavras grifadas por Sílvio reproduzem literal ou aproximadamente o pensamento de Teófilo Braga que ele refuta.

Isso mostra como se libertava da obnubilação geralmente motivada pela crença na desigualdade das raças, e como o seu racismo era de um tipo que se poderia chamar antropológico, geral na sua época, partilhado pela maioria dos pensadores progressistas. Mas não manifestou racismo político (esboçado por Gobineau e agressivo em Chamberlain), segundo o qual as "raças superiores" deviam dominar as "inferiores" como um dever de civilização. Sílvio, ao contrário, lutou tenazmente contra o "perigo alemão" no Sul do Brasil em artigos, discursos, estudos. Constatando a mestiçagem e reconhecendo-a como fator decisivo na nossa história passada, presente e futura, queria encaminhá-la para as combinações que julgava favoráveis, isto é, as que se efetuavam com a raça que considerava superior, dentre as três que nos formaram. Por isso tinha horror da imigração japonesa, embora admirasse o Japão. Mas não concluía por uma visão aristocrática (como posteriormente Oliveira Viana); desejava a fraternização das raças pela "boa" mistura, a fim de que o Brasil chegasse a ter um povo etnicamente estável, homogêneo, que pudesse manifestar-se democraticamente e exprimir a sua vontade, única base da verdadeira soberania e da política construtiva, como afirmou mais de uma vez. O seu racismo antropológico desaguava numa visão de igualdade e universalização dos direitos, não numa glorificação das elites, que seriam privilegiadas por serem racialmente superiores (o que não poderia ocorrer no Brasil).[9]

9 Para as suas ideias sobre a imigração e o perigo da concentração maciça de imigrantes, ver *América Latina* (Análise do livro de igual título do dr. Manuel Bonfim). Porto: Lello & Irmão, 1907, onde vem praticamente reproduzido, com inclusões, o opúsculo "O alemanismo no Sul do Brasil", pp. 263-347. Quanto ao seu ponto de vista sobre a política como expressão da vontade popular, democratizada pela mestiçagem, ver, por exemplo, o capítulo V de *O Brasil na primeira década do século XX*. Lisboa: A Editora, 1911; e a "Introdução" de *Doutrina contra doutrina: O evolucionismo e o positivismo no Brasil*. 2. ed. melhorada. Rio de Janeiro; São Paulo: Livraria Clássica de Alves e Companhia, 1895.

Também do ponto de vista metodológico a sua concepção foi positiva. Para ele a cultura em geral, a literatura em particular, podiam ser entendidas no Brasil aferindo os seus produtos ao vasto processo de mestiçamento em sentido amplo, o que permitia não apenas descrever com objetividade, mas julgar com segurança, pois o critério de valor, muito coerente no contexto das suas ideias, era a verificação de como e em que grau o autor e a obra tinham contribuído para a diferenciação, aproximando-se cada vez mais de um teor brasileiro, manifestado sobretudo na fidelidade com que eram reproduzidos a sociedade e os sentimentos.

Interessava-lhe, portanto, um "processo", uma sucessão dinâmica de etapas concatenadas de maneira necessária, o que o levava, dentro das normas da teoria naturalista, a buscar as origens, descrever os conjuntos, definir a função histórica e deixar de lado considerações de ordem formal. Daí o realce dado à literatura oral, onde procurou (sem resultado) as características primordiais da literatura brasileira, que, por outro lado, sabia o quanto era prolongamento e transformação da literatura culta portuguesa. Daí também a desconfiança bastante pueril em relação às preocupações estéticas, que vivia denunciando como manifestação de frivolidade. Elas lhe pareciam uma espécie de traição ao grave empenho na realidade, que julgava indispensável, em benefício de uma gratuidade que o horrorizava como pensador e cidadão.

Mas, além das ideias teóricas gerais, convém sempre indagar quais são os conceitos particulares que um crítico usa. Entre os seus contemporâneos, estrangeiros e brasileiros, os mais correntes podiam ser ordenados em três grupos principais: os *não estéticos*, que refletiam mecanicamente o arsenal da divulgação científica do momento, ou manifestavam a visão desarmada do senso comum; os *estéticos*, que denotavam interesse pelo mundo específico da obra; os propriamente *técnicos*, relativos à fatura.

No Brasil daquele tempo, quase só Araripe Júnior manifestou sensibilidade para os últimos. Veja-se entre outros exemplos possíveis o seu interesse pelos modos de narrar, no estudo sobre o conto em *Movimento de 1893*.[10] Em José Veríssimo encontramos frequentemente os segundos, visíveis na sua preocupação com a coerência da narrativa, a organização da obra, a lógica do personagem, a pertinência da linguagem — o que se pode verificar, por exemplo, na análise do que chama a "estrutura do caráter" num romance de Afonso Celso, nas reflexões sobre o estilo de Coelho Neto, ou a propósito de estudos sobre a língua portuguesa.[11] Em Sílvio Romero ocorrem quase só os conceitos não estéticos, como: fidelidade ao real, sentimento da vida, sinceridade, "valentia" (isto é, validade) da emoção, função nacional do texto e outros, numa preferência nítida pelo conteúdo expresso e o seu efeito sobre o leitor.

Tais conceitos correspondem a um certo modo de ver a literatura como se, no fundo, e apesar de ressalvas em contrário, ela fosse a própria realidade. Daí uma permanente conversa de aferição com o leitor, chamado implicitamente a testemunhar sobre a eficiência, verossimilhança e fidelidade ao real que o texto apresenta. É como se o crítico dissesse: "Vejam como o autor é sincero, como corresponde ao que sentimos nessas circunstâncias; verifiquem como retrata exatamente os costumes, como a sua obra parece a própria realidade que experimentamos; notem como é corajoso, patriota, amigo do saber". Estas e outras maneiras de apresentar o texto abundam em Sílvio, mostrando de que maneira ele deslizava para fora da literatura, interessado no seu cunho de visão do país, em particular, e da realidade em geral. Daí um vocabulário crítico pouco

---

10 T. A. Araripe Júnior, *Literatura brasileira — Movimento de 1893: O crepúsculo dos povos*. Rio de Janeiro: Empresa Democrática Editora, 1896, pp. 113 ss.
11 José Veríssimo, *Estudos de literatura brasileira*. 6 v. Rio de Janeiro: Garnier, 1901-1907, v. I, pp. 237-240 e 247-250; v. 6, pp. 47-133.

imaginoso e pouco preciso, oscilando entre o uso da terminologia científica em moda e o palpite coloquial, traduzido frequentemente por uma desconversa, uma verdadeira fuga ao texto, que no fundo revela certa incapacidade de focalizá-lo. Abundam na sua obra os artigos onde um autor ou livro servem de pretexto para considerações gerais ou reflexões à margem. Mesmo quando conseguia fixar-se num assunto não deixava de usá-lo como estímulo para a sua loquacidade, como se pode ver no longo estudo *Luís Murat* (1890), que mais tarde incorporou aos *Novos estudos de literatura contemporânea*. Nele, a análise do poeta se dissolve num ensaio sobre a poesia em geral e a brasileira em particular.

De maneira quase sempre decepcionante, Sílvio Romero crítico literário é alguém que só consegue ver, para lá da literatura, o seu cunho de documento da sensibilidade ou da sociedade, com a consequente e já referida birra pelas considerações de ordem estética, no fundo inacessíveis à sua insensibilidade neste setor e que ele costumava enquadrar na chave da masturbação mental.

Esta questão é básica para compreendê-lo e tem sido levantada desde sempre, com maior ou menor pertinência. Sílvio Rabelo a propõe em termos adequados:

> É possível que Sílvio Romero, de todos os críticos do Brasil, tivesse sido o de mais extensa erudição — o que tivesse assimilado a mais vasta experiência de leitura. À crítica literária não repugna uma preparação como a que ele chegou a possuir — certamente maior que a de Araripe Júnior e a de José Veríssimo. Entretanto, toda essa soma de conhecimentos teria de ser mal utilizada, à falta de qualidades propriamente artísticas. Sempre que se apresentava a oportunidade para a discussão de doutrina, de sistemas e escolas, ele se afirmaria com desembaraço e quase sempre com lucidez. A estrutura do seu espírito foi coerentemente a mesma em

todos os momentos — um espírito geométrico que, por ausência de imaginação, se deixou comprimir dentro do já experimentado, do já discutido — da experiência feita em ideias e soluções que não se cansava de manipular com sensual volúpia. O que dependesse, porém, de uma apreensão pela sensibilidade ou pela intuição escaparia sempre à sua capacidade crítica. Por isso, Sílvio Romero cometeu em literatura os mais graves erros de julgamento.[12]

Mas quem sabe isso foi até certo ponto condição para ele compreender tão bem a literatura como fato social e, no caso brasileiro, o seu papel na formação da consciência do país? Ele tinha a desconfiança permanente dos que só aceitam a palavra literária quando justificada por um empenho ético, religioso, político ou disfarçado de outra coisa: ciência, filosofia, sociologia. Em sentido jocoso e totalmente diverso de acepções agora em moda, pode-se dizer que esta seria uma visão carnavalesca propriamente dita, segundo a qual as obras só valem quando mascaradas, disfarçadas com o severo dominó ideológico ou os arlequins de variado pragmatismo.

Se ainda aqui o compararmos aos colegas que formam com ele a tríade clássica da crítica brasileira, veremos que o vocabulário deles era mais satisfatório que o seu. José Veríssimo, por exemplo, refere-se constantemente ao mundo moral e social — mas também à linguagem, e isto com uma abertura que o põe acima dos puristas então dominantes, numa preocupação que é, ao mesmo tempo, estética e gramatical no melhor sentido.

No entanto, é preciso creditar a Sílvio a intensa atividade profilática contra a hipérbole, contra a atitude embasbacada e o louvor indiscriminado, que predominavam na crítica romântica. Ele acidulou o vocabulário, adotou uma estratégia

---

[12] Sílvio Rabelo, *Itinerário de Sílvio Romero*. Rio de Janeiro: José Olympio, 1944, pp. 94-95.

de agressão que o levava a comparar incessantemente a literatura à realidade do cotidiano, e assim estimulava o leitor a encarar criticamente o seu país, despertando-o da modorra do otimismo convencional em que o mergulhara a ideologia patrioteira dominante. Isso, a despeito de ser ele próprio um patriota exaltado.

Essa questão de estilo crítico leva às técnicas de Sílvio no tratamento da matéria literária. Em primeiro lugar, nota-se nele a convicção do primado da síntese sobre a análise e, consequentemente, das visões históricas sobre o esmiuçamento dos fatos e dos textos. No resumo da literatura brasileira que escreveu para o *Livro do centenário*, diz que para estudar a sua evolução geral é preciso pôr de lado as questões de erudição e de crítica propriamente dita,[13] o que permite distinguir quais eram para ele os aspectos da sua disciplina: *erudição*, que fornece os dados; *análise*, que os interpreta e avalia; *síntese*, que mostra as leis da sua evolução. Pode-se dizer que nunca praticou a primeira, que praticou de modo insatisfatório a segunda, e bem a terceira. Esta seria para ele a verdadeiramente científica, isto é, a que pode mostrar, por cima da singularidade dos fatos, as diretrizes gerais do seu encadeamento a partir de uma origem, ligada à dinâmica da raça e do meio social.

Quando dizemos que não praticou a análise (de certo modo a pedra de toque do crítico), é preciso encará-la, não como é concebida hoje em suas diversas modalidades, mas como ocorria no tempo dele.

Naquela altura ela consistia no seguinte conjunto de procedimentos: 1. citação de trecho, que pelo próprio critério da escolha deveria tornar patente o que era o escritor estudado, conforme o ponto de vista do crítico; 2. resumo do enredo ou apresentação

---

[13] Sílvio Romero, "A literatura", em *Livro do centenário (1500-1900)*. 4 v. Rio de Janeiro: Imprensa Nacional, 1900, v. I, p. 3.

do assunto em suas diversas partes, o que pela tradição era a análise propriamente dita; 3. juízo de valor em função de algum princípio geral, que podia ser a impressão de realidade, a beleza, a força etc. Assim fazia Villemain, modelo de críticos portugueses e brasileiros, como Sotero dos Reis. Assim fez ainda Sílvio Romero no seu rasto, apesar de todas as novidades teóricas que adotou. Estas podiam entrar apenas na terceira etapa, a da avaliação, pois ela já era uma primeira síntese, constituindo, como diria ele, um "juízo sintético", geralmente orientado pela definição da "faculdade mestra", conceito básico de Taine para compreender o escritor e a sua obra como produto extremo de seleções do meio e da raça. Pode-se dizer que a primeira etapa era de comprovação; a segunda, de demonstração; a terceira, de avaliação. Todas eram dominadas pelo senso do *conteúdo* e seu significado, descartando a *forma*, em graus variáveis segundo cada crítico. Em Sílvio, quase completamente; em Veríssimo não, porque se preocupava, segundo vimos, com os aspectos de cunho estético, embora tendo sempre o assunto como pedra de toque, o que era natural para o tempo.

Nisso eles se conformavam com a tradição francesa, não apenas do romântico Villemain, mas do positivista Taine, que era um habilíssimo recontador de entrechos. Recontar visava apreender o essencial da composição do ponto de vista psicológico, para ir chegando aos limitados elementos finais, os decisivos, que desvendam a "faculdade mestra".[14]

Esse modo crítico deve ser encarado em função do momento. No século XIX ocorreu o que se pode chamar de crise dos instrumentos analíticos propriamente ditos, devido ao

---

14 A apresentação sistemática da teoria de Taine pode ser vista nos prefácios à primeira e segunda edições dos *Essais de critique et d'histoire* (a 1. ed. é de 1858), que cito conforme a 16. Paris: Hachette, 1920, pp. III-XII e XIII-XXVIII; e na "Introdução" à *Histoire de la littérature anglaise* (1864), que cito conforme a 17. ed. 5 v. Paris: Hachette, [s.d.], v. I, pp. VI-XLIV.

declínio da Retórica (tornada bastante mecânica) e ao advento da visão histórica, que deslocou o procedimento analítico para outros rumos. Na tradição do gênero histórico, ela favoreceu o "retrato" psicológico individual e o "panorama" social geral, fazendo que a melhor crítica tendesse às análises de conteúdo, já que as de forma tinham se degradado em automatismo escolástico. Surgiu uma certa crítica generalizadora bastante fecunda, que compensava a mutilação do tratamento formal pela expressividade das visões concentradas, de alto teor comparativo, realçando as características relevantes. Quando hoje repassamos os escritos dos nossos velhos críticos, verificamos que frequentemente o que fizeram de melhor foram certos balanços, como o de Sílvio sobre "O movimento espiritual do Brasil no ano de 1888", recolhido nos *Novos estudos de literatura contemporânea*; o citado de Araripe Júnior sobre o ano de 1893; os que finalizam as seis séries de *Estudos de literatura brasileira*, de José Veríssimo. Emergindo de uma visão conjunta, cada obra e autor ficam mais expressivos, são mais bem compreendidos e apresentados no esforço de síntese que destaca o essencial, causando em nosso espírito um impacto maior que o dos artigos onde são abordados isoladamente.

Por isso, a incapacidade de Sílvio Romero de focalizar convenientemente um autor pode também ser vista, do lado favorável, como algo ligado à sua concepção de que a parte só tem sentido no todo, visto a partir das origens, caracterizado pelo jogo dos fatores condicionantes e encarado, não nos momentos de permanência, mas na trajetória completa da sua evolução:

> Como primeira consequência, a necessidade de tomar a vida intelectual e afetiva do povo no conjunto, numa história geral, e não em tipos isolados e admirados por qualquer motivo. Como

segunda consequência, ver no critério etnográfico a base de todo o desenvolvimento. Como terceira, partir do folclore para a literatura.[15]

4

Atrás de todo o barulho da obra de Sílvio Romero, há uma espécie de pergunta constante e ansiosa, em relação à literatura e em relação ao país onde ela funcionava. Convém um esforço para vê-la também com este carimbo do tempo.

Os homens do século XIX propuseram nos termos da época as questões que, apesar de toda a posterior concentração dos esforços na realidade própria dos textos, continuam a intrigar o crítico: como funciona a mente de um escritor? Quais são os fatores imponderáveis que o levam a escrever isto e não aquilo, deste ou daquele modo? No século XIX essas questões foram subordinadas à ideia de causa e do seu mecanismo; mas a causa foi tomada ao mundo natural e social, num esforço enorme para atenuar a presença do imponderável. Aqueles homens pensaram que se fosse possível descobrir os motivos naturais o mecanismo se desvendaria, e o estudioso surpreenderia no vivo a própria natureza do ato criador, através da natureza do agente (autor) e do produto (obra).

Propor a raça e o meio como condições era introduzir a dimensão natural, era um esforço para reduzir ao explicável, avançando sobre a linha de sombra dos imponderáveis da tradição crítica: "furor", "gênio", "inspiração", "dom", "gosto" etc. A raça, por exemplo, parecia fornecer o instrumento necessário para saber de que modo uma concepção e um fazer decorrem da filtragem através da índole de certo povo, adquirindo os seus traços próprios, que se podem determinar com segurança. Perguntar,

---

15 Sílvio Romero, *Quadro sintético da evolução dos gêneros na literatura brasileira*. Porto: Chardron, 1911, p. 65.

como Sílvio, quais eram os tipos de raça, quais as suas combinações, que condicionavam a literatura, era suscitar a propósito desta toda a sorte de questões do mais alto relevo.

Hoje nós sabemos que, do ponto de vista literário, a pergunta é inócua; não tem resposta porque a resposta é também uma *invenção*, convencional como a própria obra, não uma solução objetiva que se desejava obter. Mas foi historicamente importante, e naquele tempo todo crítico deveria fazê-la para ser digno do nome, porque era a maneira vigente de afrontar o enigma. Mais ou menos como, hoje, todo crítico precisa propor o problema da estrutura, mesmo que ela não o leve a descobrir o que deseja: a revelação da natureza do texto e o mecanismo da sua produção. Dizer que tais perguntas devem ser descartadas facilita e alivia, mas não resolve.

A indagação de Sílvio Romero era infrutífera pela própria natureza. A raça não explica nada, e para começar não se sabe o que seja como categoria explicativa. Mas o interesse por ela permitiu uma reflexão ampla e valiosa sobre a literatura do Brasil e sobre o Brasil enquanto produtor de literatura. Este esforço correspondia a uma posição existencial dramática do intelectual brasileiro, que, num contexto dominado pela obsessão biológica do século, perguntava ansiosamente a quantas ficaria, ele, fruto de um povo misturado, marcado pelo medo da alegada inferioridade racial, que no entanto aceitava como postulado científico. Seria capaz de produzir como os seus modelos, pertencentes às "raças superiores"? Poderia disfarçar a realidade e fingir de "raça superior"? Poderia, individualmente, rejeitar a maldição sobre o seu vizinho?

Essas angústias eram viscerais no brasileiro profundamente consciente do seu país que foi Sílvio Romero; ele as enfrentou corajosamente e elas o levaram a esboçar algumas das melhores vias de resposta, no meio da ganga de incoerências e recuos. Por isso a sua obra ainda interessa; e também porque foi das poucas no Brasil que procuraram desfazer a cortina de fumaça retórica e ideológica para mostrar o país mais de perto. Sob este aspecto ele se aparenta a Euclides da Cunha, a Manuel Bonfim, a Miguel Pereira, a Lima Barreto, contrastando com certo grã-finismo reinante no seu tempo; contrastando com o esnobismo que, a pretexto de estética, escorregava para um pobre esteticismo e chegava, em crítica, a ponto de ressaltar a postura elegante do escritor, o seu êxito mundano e até as suas gravatas. Uma crônica interessante de Mateus de Albuquerque narra uma das últimas atividades de Sílvio, o seu discurso de paraninfo aos bacharéis de 1913 (publicado com o título de *O remédio*, que vinha a ser a adoção das doutrinas da Escola da Ciência Social); e mostra o contraste entre o bom-tom dos rapazes céticos, bem-postos, preparados para as boas carreiras, e a energia violenta do grande dizedor de verdades:

> Estava ali um monstro a perturbar as louçanias de uma pequena sociedade requintada com doutrinamentos incômodos e extemporâneos, de mais a mais expendidos com tonitruâncias ásperas e incisivas.[16]

De modo que o que se tira de Sílvio Romero com uma das mãos, é preciso dar de volta com a outra.

---

[16] Mateus de Albuquerque, "Sílvio Romero", em *As belas atitudes*. Lisboa: Portugal-Brasil Limitada; Rio de Janeiro: Editora Americana, 1919, p. 96.

O ato crítico

I

Para mim é bem-vinda a oportunidade de dizer alguma coisa sobre esse homem discretamente notável que foi Sérgio Milliet. O meu compromisso é falar sobre o crítico literário, mas a vontade é falar também sobre o intelectual em ação, porque a crítica de Sérgio foi das mais empenhadas na vida cotidiana da literatura e das artes. Os diversos lugares que ocupou e as funções que exerceu o estimularam a isto. Dirigindo revistas, redigindo jornais, dando aulas, presidindo associações de cultura, como a Associação Brasileira de Escritores (ABDE), e instituições, como a Biblioteca Municipal, esteve sempre envolvido com a prática da vida intelectual e artística, em posição de ajudar, influir, divulgar escritores e artistas, contemporâneos e mais moços. Além disso, a sua serena coragem de viver, a sua disposição para participar das lutas mais diversas emprestaram uma rara eficácia ao seu modo de exercer a cultura. Os seus livros de crítica são reuniões de artigos, notas, ensaios ou anotações pessoais, geralmente divulgados em jornal, cujo dia a dia foi um estímulo constante para a participação. Relida hoje a sua obra impressiona pela capacidade de dizer o essencial de forma simples; de exprimir um eu extremamente inquieto, que todavia pensa a cada instante no outro; de unir a reflexão íntima ao interesse pelos problemas do tempo. Por isso, a tantos anos de distância, ainda ressaltam claros os motivos que fizeram dele um exemplo e uma justificativa para os mais moços.

De 1943 a 1944 Mário Neme organizou a série de depoimentos "Plataforma da Nova Geração", que aparecia semanalmente n'*O Estado de S. Paulo* e em 1945 foi publicada em livro pela Editora Globo, de Porto Alegre. Ela se inspirava na série anterior organizada por Edgard Cavalheiro, *Testamento de uma geração* (1944), também posta em volume pela mesma casa.

A coisa causou um certo rebuliço, e em seu *Diário crítico* Sérgio fala frequentemente nela. O que desejo registrar é que na minha resposta tive de refletir a respeito de uma pergunta que puxava a questão das influências sobre a nossa geração. Pensei e lembro ter concluído que influência propriamente não conseguia registrar; mas encontrava um escritor mais velho que parecia abrir caminho para o tipo de trabalho intelectual que desejávamos fazer, que já estávamos fazendo, sendo portanto, de certa forma, um modelo que nos justificava. Era Sérgio Milliet, conforme escrevi na resposta, caracterizando-o como "homem-ponte" — conceito que o perturbou, ora inquietando-o, ora fazendo-o pensar sobre a sua função na vida intelectual do tempo. Nós estávamos na casa dos vinte e ele na dos quarenta.

Sem nunca ter sido um *mestre* (o que seria contra o seu temperamento), foi com certeza um modelo que antecipava a atuação de grupos como aquele ao qual eu pertencia, o primeiro formado pela Faculdade de Filosofia da Universidade de São Paulo. É que, ao contrário de quase todos os outros intelectuais daqui, ele tinha o tipo de formação que os criadores da Universidade desejavam instalar. Não era bacharel em direito nem médico, não era diletante nem foca de redação. Tinha estudado ciências econômicas e sociais numa universidade suíça e adquirira aquela técnica de aprender que nós estávamos procurando dominar. Como nós, partira da sociologia, da psicologia, da economia, da filosofia; como nós, sofrera o impacto do marxismo mas também da sociologia universitária; como nós, tinha uma preocupação política acentuada, sem sectarismo;

como nós, aspirava a um socialismo democrático diferente das fórmulas reinantes.

Não espanta, pois, que nos tenhamos ligado a ele, como tantos outros rapazes de formação diversa, também atraídos pela sua personalidade reta e cordial. Sérgio Milliet se ligou a várias constelações intelectuais de São Paulo; eu pertenci à dos que participaram com ele da ABDE. Do seu lado, ele participou conosco, discretamente, da Esquerda Democrática e do Partido Socialista Brasileiro, no qual a certa altura fomos candidatos ao Legislativo (pois a lei requeria chapa completa e era preciso fazer número) ele, Sérgio Buarque de Holanda, Luís Martins, eu... Embora não militasse propriamente e não aparecesse nas reuniões da nossa unidade partidária, o GP-1, Grupo Profissional n. 1, estava sempre conosco e uma vez me disse com certa melancolia: "No dia em que o nosso grupo acabar, acaba em São Paulo o socialismo democrático".

Além desse Sérgio compenetrado dos deveres e cheio de companheirismo, lembro o Sérgio humorista, com o seu espírito de 1922, grande amigo de burlas, paródias, traduções macarrônicas. No II Congresso Paulista de Escritores, realizado em Jaú, em 1948, eu era presidente da ABDE e em consequência do Congresso. Mas, conhecendo o meu lugar, empurrei a função real para Sérgio, líder da associação, que pronunciou um discurso notável de encerramento, onde, em combinação conosco, exprimiu com força e dignidade o direito à liberdade de pesquisa estética, em oposição a certas posições demasiado pragmáticas que estavam em voga.

Durante esse Congresso nós nos reuníamos todas as noites até altas horas em bares e restaurantes encantadores que havia naquela cidade. Lembro (além de Sérgio), de Lourival Gomes Machado, Sérgio Buarque de Holanda, Mário da Silva Brito, Mário Neme, José Eduardo Fernandes, Almeida Salles. Cantávamos de tudo, e eu ensinei a eles uma canção francesa meio livre e politicamente antilegitimista do século passado, que Décio de Almeida Prado tinha me ensinado. Sérgio se entusiasmou e resolveu fazer um dos seus queridos exercícios de tradução macarrônica, gosto de que eu partilhava. No caso, baseado em analogias sonoras, deformadas de maneira bastante maluca. Havia um momento, por exemplo, em que a letra dizia: "*d'où je conclus*"; ele verteu por "do Gil Goncourt". E assim criou sem pensar um personagem que se tornou protagonista das mais fantásticas histórias, que passamos a inventar. Sérgio levou Gil Goncourt para as suas crônicas, citava-o, mencionava as maluqueiras criadas a respeito dele, e houve gente que acabou acreditando que era uma pessoa viva...

Isso é contado para dar ideia de um dos seus traços — a imaginação engenhosa. Em certa festa eu vi nascer uma das suas traduções mais queridas; esta, não macarrônica, e do português para o francês, era do famoso samba "Fita amarela", de Noel Rosa. Eu gostei muito, e a partir daí, em todas as reuniões onde nos encontrávamos, ele olhava para mim a certa altura com ar de cumplicidade e começava, para eu secundar, a letra francesa, que cantamos muitas vezes juntos:

> *Quand je mourrai,*
> *Je ne veux pleurs ni chandelle,*
> *Mais un tout petit ruban,*
> *Avec le nom de la belle,*

com uma solução pitoresca e feliz para o trecho da mulata sapateando no caixão:

> *S'il y a une âme,*
> *S'il y a une autre incarnation,*
> *Je voudrais que sur ma tombe*
> *Vînt danser la Conception...*

Por meio dessas variações meio fora do assunto, quero apenas sugerir a diversidade espiritual de um raro escritor e fazer sentir por que a releitura de seus livros me comunicou a cada instante o timbre da sua voz literária, sempre tão natural. Era como se experimentasse de novo a atuação da sua viva sensibilidade, da sua retidão, da sua irreverência sob controle, da sua ternura mascarada de frieza, da sua incrível versatilidade. Essas evocações valem para mim como introdução sem formalismo para dizer alguma coisa sobre a crítica de Sérgio Milliet.

2

A sua crítica nunca foi exclusivamente de literatura ou de arte, mas guardou sempre uma larga variedade temática, englobando as meditações sobre o cotidiano, os problemas sociais, a sua própria personalidade e os seus sentimentos. Daqui a pouco veremos a importância deste modo de escrever. Agora desejo apenas anotar que Sérgio Milliet partiu da poesia e foi chegando aos poucos para a crítica, até ficar inteiramente absorvido por ela. E que essa caminhada foi-se processando de um modo que eu chamaria, estou certo de que com a aprovação dele, ao gosto de Alain. Alain foi um dos seus mestres de sabedoria, e Sérgio afirma em certo trecho do *Diário crítico* que aprendeu com ele a importância da reflexão nascida da experiência cotidiana como ponto de partida para reflexão maior.

Sérgio Milliet crítico de literatura foi-se especificando devagar, para amadurecer nos anos de 1940, ao longo de uma experiência ampla. O seu primeiro volume de prosa engloba escritos do decênio de 1920, quando era sobretudo poeta: *Terminus seco e outros cocktails* (1932). Mas é a produção dos anos de 1930 que marca a mudança, em livros como *Marcha a ré* (1936) e *Ensaios* (1938). Ao mesmo tempo, surgia o sociólogo, autor de alguns estudos sólidos e prestigiosos daquele tempo de sociologia nascente por aqui, como *Roteiro do café* (1938) e *Desenvolvimento da pequena propriedade no estado de São Paulo* (1939).

A partir de 1940 abre-se a fase que só terminaria com a sua morte e é marcada pelo predomínio da atividade crítica, sobretudo em literatura, mas sem prejuízo de outras, como a poesia, o estudo histórico e a pintura. Esta, ele praticou em um nível sem dúvida acima do amadorismo no qual modestamente se escondeu.

Hesito em chamá-lo de "crítico *literário*" e prefiro a expressão "crítico de literatura", para sugerir a posição singular que ocupa entre os seus colegas brasileiros. Com efeito, sendo o seu espírito mais amplo e bem aparelhado em diversos setores, o que atrai a atenção nele é uma espécie de posição crítica anterior e superior às especializações, que se aplica à literatura, à arte, à sociedade, à personalidade. Eu diria que a chave para compreender a sua singularidade está nessa espécie de posição central, dominante, a partir da qual foi possível descer pelo caminho de vários territórios.

Tal posição-chave se caracteriza sobretudo por uma certa disposição do espírito, ou seja: o crítico não se organiza inicialmente em função das obras que tem pela frente; mas o seu espírito é crítico antes do contato com as obras, e por isso ele se dirige a elas de uma certa maneira. Ou por outra: o modo crítico é o seu modo inicial de ver a vida e as obras. Por causa disso, ele evita cristalizar-se numa doutrina e num método, ao contrário da maioria dos críticos. Na verdade ele foi o crítico mais sem sistema que houve em nossa literatura e se orgulhava disso. Daí ter encontrado no *Diário* o instrumento perfeito para exprimir e realçar a sua maneira própria, que incorporava (corajosamente, como veremos) os imprevistos da imaginação, do gosto e da sensibilidade. (Ver a respeito, por exemplo, II, p. 63.)[1]

---

[1] Os números romanos e os arábicos correspondem respectivamente aos volumes e páginas do *Diário crítico*, nas primeiras edições, a princípio pela Editora Brasiliense, em seguida pela Martins.

O corpo central da sua obra crítica são os dez volumes do *Diário crítico* (1940-1956). Lidos hoje, não importa mais neles a distinção entre o que foi publicado como artigo, crônica, peça de circunstância, ou o que não tinha sido publicado antes. As datas são as únicas divisões, a dimensão dos escritos varia de algumas linhas a muitas páginas, e por todos os volumes corre uma reflexão densa, que passa de um assunto a outro, vai da pintura à política, da poesia ao preconceito racial, da sociologia à confissão, da notação fugaz ao romance. Notamos então que a necessidade jornalística de escrever uma *matéria*, estímulo da publicação original, não determinou no fundo o que há de essencial nesses escritos. Eles emanavam de uma necessidade mais alta e mais ampla; eram manifestação daquele espírito crítico geral e anterior que precisava se exercer cada dia e constituía a posição-chave a que fiz referência.

Isso vem com certeza de uma disposição pessoal profunda. Mas talvez tenha sido estimulado pela sua longa permanência em Genebra, se não me engano de 1912 a 1922, além de uma estada menor depois. Caso não tenha valor explicativo, pelo menos agrada ao nosso gosto de encontrar explicação para tudo o fato de Sérgio Milliet ter formado a sua personalidade, nos anos que ele próprio considerou decisivos, na cidade marcada pelo culto da análise interior. Cidade dos grandes fazedores de memórias e diários íntimos; de Rousseau, Benjamin Constant e Amiel. Quem sabe?

Por este lado Sérgio compensou as veleidades eventuais de ortodoxia ou dogmatismo, de que tinha uma desconfiança que roçava às vezes pelo horror. Mas não se pense que fosse essencialmente cético ou intelectualmente frio, como também não foram os analistas *genebrinos* citados. Na Suíça ele militou e conviveu com homens de têmpera apaixonada, inclusive Romain Rolland, e guardou desde então um grande amor pelos intelectuais decididos e capazes de morrer por causa dos princípios, como Péguy, uma das suas admirações mais fiéis. Por isso analisou com tanta simpatia os escritos polêmicos de Georges Bernanos nos anos de 1940, e manifestou atenção compreensiva pelos católicos que começavam a desenvolver uma consciência exigente com relação aos problemas sociais. Do seu equipamento intelectual e afetivo de moço trouxe, além da serenidade analítica, o respeito pelos que se empenham integralmente segundo as convicções.

Para ficar mais um pouco no terreno falível e perigoso das influências, convém lembrar que nos anos de 1930 a sua formação franco-suíça foi contrabalançada por um fator novo, que teria a maior significação na sua carreira e, por estranho que pareça, reforçaria algumas das suas inclinações espirituais. Refiro-me ao contato íntimo com a sociologia norte-americana, que assimilou com entusiasmo e veio reorientar a sua formação inicial neste setor, marcada livremente pela Escola Sociológica Francesa e algo de Marx.

A sociologia norte-americana que ele incorporou e foi trazida pela Escola de Sociologia e Política, fundada em 1933, era sobretudo a de Park, caracterizada por um empirismo acentuado de orientação pragmatista. Sociologia que utilizava conceitos mais ou menos antigos, de Sumner e Cooley, por exemplo, e outros recentes que tiveram muita voga, devidos ao próprio Park, a Ogburn, a Stonequist, a Thomas. Sérgio absorveu muitos deles, que formaram um dos esteios do seu vocabulário crítico, dando ao seu pensamento algo caprichoso uma espécie de constante sociológica de referência. É interessante ver a maneira pela qual utilizou como elementos de interpretação dos autores, movimentos e obras, noções e conceitos como: *folkways* e *mores*, "grupos" e "contatos primários e secundários", "universo de discurso", "viés" (tradução que ele fez de *bias*), "processo", "marginalidade", "quatro desejos fundamentais" etc.

Ele extraiu daí uma espécie de filosofia relativista e uma visão muito humana, ao mesmo tempo fervorosa e dubitativa, cheia de crença na explicação sociológica mas reticente em relação a qualquer conclusão rígida. Chega a ser tocante a confiança que adquiriu e manteve durante muito tempo nos conceitos que mencionei acima, e em seus pressupostos teóricos básicos, como se tivesse chegado a uma fé desprovida de certeza. E é curiosa a maneira por que os ajustou virtualmente às concepções que trazia da mocidade — o "viés" correspondendo ao ângulo pessoal dos intimistas; a "marginalidade", à posição fugidia das ideias e das crenças no mundo moderno; o "processo", ao sentimento da vida dinâmica e à aversão pelo definitivo.

O seu entusiasmo esperançoso demais pela ciência que parecia trazer soluções meio mirabolantes percorre, com uma nota de entusiasmo, toda a primeira metade da sua produção no *Diário crítico*, e outras obras; mas a certa altura vem o tempero do desencanto e a posição definitiva, bem mais ponderada, cuja abertura podemos avaliar por este trecho:

> Aos poucos fui descobrir nessa "ciência" um vazio relativista perigoso, uma satisfação um pouco infantil ante a desmontagem minuciosa e por assim dizer gratuita do "fato social", uma incrível incapacidade psicológica e a ausência total de uma ética, afastada a pretexto de não ter a ciência nada a ver com a moral. Como se se devesse colocar em pé de igualdade a equação homem-sociedade e a equação física-matemática ou química-astronomia. Felizmente, para me salvar do naufrágio na suficiência científica, tive sempre a compensação da arte e da literatura. (V, p. 238, 14-XI-1945)

Olhando no conjunto a obra crítica do *Diário*, duas conclusões vêm ao espírito. A primeira é que a sua posição intelectual demasiado flexível e compreensiva (por medo de ser dogmático no plano filosófico, e intolerante no plano moral) podia redundar, e de fato redundou algumas vezes, em certa fraqueza de pensamento teórico. Mas que esta fraqueza, digamos filosófica, se tornava força no plano da crítica, porque livrava a análise e a apreciação de qualquer dogmatismo e mesmo qualquer obrigação de julgar, possibilitando uma grande plasticidade de visão, uma compreensão sem preconceitos, que lhe permitiu ver com profundidade e simpatia a literatura do seu momento, mesmo quando ela não era do tipo que preferia.

A segunda constatação é que a crítica do *Diário* tem a coragem de *flutuar*. Flutuar no sentido de mudar livremente de posição e no de circular caprichosamente entre as ideias, esposando as mais diversas formas de interpretação e reivindicando o direito da diferença constante, num momento como o da Guerra e, depois, da Guerra Fria, quando toda a gente procurava se encastelar num dogmatismo que apoiasse a ação a qualquer preço.

Estas posições poderiam tê-lo levado a certa inconsequência, isto é, a uma abertura de tal modo ampla que o ato crítico se torna incaracterístico, perdendo-se na mera constatação. Não levaram, porque ele assumiu a abertura da mente e do gosto, o relativismo, o ceticismo programado como uma espécie de ato de fé.

> O ceticismo [...] traz em seu bojo o construtivismo, porquanto somente poderá se edificar solidamente aquilo que, antes de servir de alicerce, tenha passado pelo crivo miúdo da dúvida. (I, p. 28)

O seu timbre paradoxal está no fervor dentro do relativismo — mostrando que a sua posição não era indiferença, compromisso, meio a meio, capitulação ou fuga à responsabilidade intelectual. Nada mais edificante nas milhares de páginas do *Diário* do que a constância do seu entusiasmo, da sua ternura, da firmeza dos seus pontos de vista e da coragem com que os defendia. Lembremos apenas que nalguns daqueles anos, entre 1940 e 1960, as posições políticas de direita e de esquerda entre os intelectuais eram muito mais ortodoxas e intransigentes do que agora; e que na era do fascismo e do stalinismo um intelectual como Sérgio estava, não na posição mais cômoda, mas numa posição que atraía constantemente sobre ele a ira de muitos lados. Mas ele se manteve firme, tanto na sua serenidade crítica quanto na sua ação intelectual. Portanto, não se confunda a sua abertura com morneira confortável; ela foi na verdade um ato de convicção, uma opção firme a despeito da tolerância.

Por tudo isso, acho que nos nossos dias a leitura da sua obra pode ajudar muito a restaurar o que se poderia chamar o ato crítico, meio sufocado pelo aparato teórico contemporâneo. O ato crítico é a disposição de empenhar a personalidade, por meio da inteligência e da sensibilidade, através da interpretação das obras, vistas sobretudo como mensagem de homem a homem. O ato crítico se beneficia com a sistematização teórica, mas não se confunde com ela, nem um substitui o outro. A obra de Sérgio Milliet foi um grande ato crítico, uma penetração da personalidade nos problemas literários e nos textos do seu momento, para torná-los inteligíveis aos leitores e avaliar o seu significado no quadro dos esforços do homem.

3

Tenho fé em alguns fatos, acredito em muitas teorias, não aceito nenhuma doutrina inteira, porque tudo, e principalmente a razão, me leva à certeza da relatividade das coisas, à convicção de sua complexidade e à ideia de que somente em campos muito restritos nos é dado pretender a uma conclusão definitiva.[2]

---

[2] "Prefácio em tom polêmico", em *Fora de forma: Arte e literatura*. São Paulo: Anchieta, 1942, pp. 8-9.

Neste trecho, que é uma definição de posições, note-se a gradação das palavras, numa espécie de hierarquia inversa à que o intelectual geralmente adota. Ele reserva a "fé" aos fatos, isto é, àquilo que realmente ocorre e pode ser comprovado; quanto às teorias, que são a sistematização interpretativa dos fatos, ele "acredita", palavra que parece um grau abaixo da fé, porque é o movimento de adesão que leva a ela; quanto às doutrinas, que são as teorias permeadas de valorizações de vário tipo e conduzem em princípio às opções da conduta, ele não aceita nenhuma, a não ser em parte. Os motivos dessa atitude vêm a seguir, sob a forma de uma declaração de relativismo, devida, não a um capricho do espírito ou à preguiça da mente, mas à verificação de que os fatos são de tal maneira complexos, que apenas parcialmente se deixam explicar de maneira rigorosa e impositiva. Isso não é devido ao empirismo elementar, mas a uma concepção de base racional.

Apesar das variações normais num espírito inquieto, dificilmente enquadrável em categorias, penso que o trecho citado exprime algo profundo em toda a atividade crítica de Sérgio Milliet, que procurarei descrever agora de maneira mais específica.

A impressão que se tem é que ele desejava sobretudo fazer uma crítica "ondulante e variada", para usar a expressão de Montaigne, um dos seus mestres, cujos *Ensaios* traduziu. Por ser assim, quando nos dispomos a estudá-lo é preciso não querer fazer o que despertava nele uma reserva invencível, e que ele chamava "classificar". Não adianta querer reduzi-lo a pressupostos lógicos constantes, porque o seu programa foi ondular e variar, ao longo dos quase vinte anos que manteve o *Diário*.

Tanto assim que escreveu como necessidade vital e reuniu em dez volumes praticamente *todos* os aspectos da sua escrita, tateando com liberdade os fatos e as ideias por meio do pensamento "que se ensaia". Geralmente o crítico prudente faz uma escolha na hora de publicar: põe de lado os produtos divergentes, reúne os que se articulam e procura compor com eles volumes mais ou menos coesos. Nisso há um certo temor de parecer contraditório, e como em geral tendemos à contradição, resulta uma imagem artificial. A intrepidez de Sérgio Milliet consistiu sob este aspecto em apresentar-se integralmente, sem medo das incoerências que se desdobram no tempo. Assim produziu uma obra crítica viva, oscilando como a agulha de um aparelho sensível que traçasse com todas as curvas a linha da sua personalidade e da realidade literária dos seus dias.

Por isso nós o encontramos, num volume, fazendo a apologia do ceticismo e verberando os fanatismos; noutro, mostrando os perigos da dúvida e manifestando quase inveja pelos que têm uma crença imperiosa. Aqui, trata a sociologia como a chave mais humana para os problemas do entendimento e da sociedade; ali, procura mostrar como ela conduz a um relativismo estéril que desarma o espírito. Numa entrada nós o vemos lamentar que a literatura não exprima melhor o homem do povo e as massas, que o escritor não assuma o ônus da participação nos problemas; mais além já desconfia disso e tende a posições de um certo isolacionismo aristocrático. Mais concretamente, no volume I ataca Anatole France com veemência, e no volume II faz uma análise extremamente simpática e mesmo apologética desse grande cético de superfície que lutou pela justiça social.

É claro que as ideias mudam ao longo dos anos, quase vinte no caso. Mas aqui há mais do que isso: há a deliberação corajosa, sem preconceitos, de um homem que não trepida em ir e vir, voltar atrás e ir para a frente, circular à volta de um problema e registrar as suas faces, *como método de trabalho*. Pois na verdade o ritmo de Sérgio Milliet foi essa flutuação deliberada que, parecendo capitular diante do objeto de conhecimento, importa na verdade em respeitar todas as suas possibilidades, mesmo as contraditórias. A sua disponibilidade é um modo penetrante de multiplicar a inteligibilidade do objeto e ampliar a inteligência do sujeito.

Num exemplar do seu livro de poemas *Le Départ sous la pluie* (1919), que pertenceu a Mário de Andrade, este anotou a lápis na primeira folha em branco, não sei por quê, o significado de uma palavra rara e sonora: "Hexecontálito: pedra preciosa antiga hoje desconhecida, da qual se dizia que tinha sessenta cores". Esta anotação misteriosa é sugestiva, porque o volteio crítico de Sérgio Milliet, o pensamento se ensaiando sempre, dá às vezes a impressão de ser determinado pela convicção de que a obra é um hexecontálito cujas sessenta cores é preciso captar, rodeando-a, aceitando as suas contradições, não tendo medo de se corrigir, de se reformar e sobretudo se superpor, isto é, aceitar a si mesmo como a rotação possível de vários ângulos de visão, ao mesmo tempo e sucessivamente.

Numa entrada do *Diário* ele anota que não optar, manter-se disponível, parecia a muitos fuga e covardia, quando não oportunismo. Mas, diz ele, no nosso tempo de ortodoxias triunfantes e fanatismos políticos bem encastelados, o mais fácil é optar e ser fanático, enquanto pode ser heroico opor-se a esta corrente esmagadora e preservar a disponibilidade como garantia do direito de ser lúcido e justo (III, pp. 155-156). Muito do que ele fez como crítico e como intelectual no sentido amplo deve ser interpretado à luz deste ponto de vista.

No entanto, é claro que tinha princípios diretivos e normas de trabalho, além das balizas da sua concepção liberta. Uma análise delas mostra como temperava os extremos e conseguia traçar as linhas gerais da sua equilibrada maneira própria.

Segundo ele, a crítica deve se adequar ao objeto, isto é, à obra analisada. Será errado criticar um impressionista do ângulo naturalista, porque o autor não quis realizar a sua obra conforme as normas deste. Se o crítico as impõe à obra estudada, estará obedecendo, não à natureza do produto que o artista ou escritor teve em mira, mas ao que uma corrente de gosto reputa necessário para configurar adequadamente a obra.

O crítico deve, portanto, se situar conforme o ângulo do autor, que determinou a obra, não do público, que espera que ela seja conforme à sua expectativa ditada pela moda. Se (para continuar no mesmo exemplo) o crítico adotar como norma os preceitos do Naturalismo, estará deixando de ser crítico para fazer estética, isto é, ver a obra segundo uma concepção teórica que serve de medida universal e que ele, crítico, acha adequada; e não segundo o que o autor acha adequado (I, p. 11).

Dessa posição de extremo respeito pela integridade da criação, que solda numa unidade o artista e a obra, Sérgio extrai princípios da sua crítica, que comportaria três momentos: 1. isolar os traços característicos da obra e compará-los entre si e com outros, visando a uma generalização; 2. mostrar os resultados obtidos pela obra, que são as suas qualidades e também os seus defeitos; 3. orientar em consequência o artista ou escritor para obras futuras (I, pp. 11-12).

Outro texto esclarece que para ele a comparação entre as obras nunca deve levar a estabelecer uma hierarquia comparativa, para determinar quais são as "melhores" e as "piores". E diz numa síntese cheia de significado: "Em oposição à mania classificatória eu coloco o critério da obra ponderável". A obra ponderável é a que merece comentários e os provoca, na razão direta da sua riqueza e das sugestões que levanta (I, p. 76).

Mais tarde, esclareceu de maneira diversificada esta sua concepção do trabalho crítico, estimulado por uma observação de Lourival Gomes Machado. Lourival escreveu que ele acentuava demais o aspecto racional da crítica, deixando na sombra o essencial, isto é, o exercício da sensibilidade. Sérgio, que tinha uma rara aptidão para o diálogo, e para quem o exercício da inteligência era um longo debate, consigo e com os outros, tomou a deixa para especificar as suas ideias — resultando um dos seus textos mais completos e satisfatórios sobre o assunto (II, pp. 257-259). Nele, distingue dois momentos necessários, vinculados intimamente numa espécie de relação reversível, de cuja intensidade e riqueza dependia a qualidade do ato crítico: o momento racional e o sensível.

Embora desse importância decisiva a este, entendia que o outro é o básico e logicamente anterior (podendo haver na prática mistura de ambos). É o que considera o verdadeiro "trabalho" do crítico, difícil e pesado como todo trabalho. Ele se baseia no esforço da razão, varia segundo a cultura de cada um e se reveste de objetividade, tendendo a um julgamento e a uma escolha. Aí intervém o outro "nível", como ele prefere dizer, que consiste na participação afetiva do crítico no texto.

Este segundo nível se baseia na sensibilidade e na intuição, realizando-se quando o crítico consegue receber a "centelha expressiva" emanada do texto, que o "eletrocuta", dando lugar a verdadeira "revelação". Se não tiver acesso a este nível, o crítico corre o risco de ficar na periferia da obra e extrair dela uma visão excessivamente racional. Se tiver acesso apenas a ele, arrisca ficar numa exaltação inarticulada. É preciso jogar com ambos, porque, por mais profunda que seja a sua intuição e por mais plenamente que seja "eletrocutado", é necessário o trabalho da razão a fim de "justificar o entusiasmo". Da atuação harmoniosa dos dois momentos depende o êxito maior ou menor da operação crítica.

Uma consequência interessante é que, como o ato crítico comporta uma "revelação", nascida da "identificação" afetiva e intelectual com a obra, a crítica mais autêntica se confunde com a apologia. Ela não é necessariamente apologética, nem a crítica apologética é boa em si; mas a atitude apologética pode ser o fruto natural e justificado da identificação, que não ocorre senão com as obras em relação às quais o crítico tem afinidade, e das quais, portanto, é levado quase necessariamente a gostar.

Há um aspecto final que escapa ao crítico, e é o destino da obra, que depende do que Sérgio chama o seu "grau de comunicação", devido àquela parte dela que consegue se desprender do condicionamento cultural e social para se tornar valor transmissível a outras culturas e a outros momentos do tempo.

Este problema da comunicabilidade o preocupou sob diversos aspectos, avultando na sua crítica, por exemplo, como discussão sobre o hermetismo. Apesar do seu grande amor de poeta e de crítico pela poesia mais requintada, ele foi sempre contra as tendências herméticas, que teve oportunidade de debater a propósito dos poetas da "geração de 45", aos quais dedicou a maior atenção e o mais compreensivo cuidado analítico.

Talvez esta posição derivasse da convicção de que a obra, tanto literária quanto figurativa, devia ser uma fórmula intimamente integrada de forma e conteúdo, sendo este o lastro do real e o que se dirigia ao público. O hermetismo lhe parecia quem sabe uma certa obliteração do conteúdo, acompanhada às vezes de hipertrofia indevida da forma; daí a sua atitude de rejeição e mesmo censura, quando nele incorriam os jovens poetas. Do mesmo modo, não aceitava a pintura abstrata, que lhe parecia mero exercício, muito atraente, mas comprometendo a integridade da obra, porque perturbava a sua comunicabilidade. Nesses tópicos, é bastante acentuada a concordância com Mário de Andrade, amigo com quem manteve sempre, por escrito e conversa, o intercâmbio mais intenso.

As suas ideias sobre o ato crítico mostram de que maneira prezava a descoberta da intenção do autor e a identificação afetiva com a sua obra — o que naturalmente leva a prezar o conteúdo e, entre as manifestações artísticas, aquelas que se apresentam como *expressão*. À semelhança do que pensava Mário de Andrade, o Expressionismo lhe parecia decisivo e muito mais fecundo do que o Cubismo e o Surrealismo. No romance, é com interesse visível que registra o significado humano e social. Em poesia, a forma (que satisfaz a sensibilidade estética) era para ele o afloramento dos impulsos pessoais e da visão pessoal do mundo.

Daí o seu interesse pelo condicionamento social e cultural das obras, a ponto de (sobretudo nos primeiros volumes do *Diário crítico*) poder se qualificar quase como um crítico sociológico. Mesmo mais tarde, quando concorda com Roger Bastide na reação contra os exageros da sociologia em crítica, entende que a obra só pode ser devidamente avaliada levando-se em conta a dimensão social. Por isso, negava a utilidade de uma crítica puramente estética (II, p. 282).

A sua percepção era aguda e por assim dizer completa, capaz de rodear a obra e penetrar no cerne. Sob este aspecto, são quase sempre certeiros os seus juízos sobre as obras de valor do seu tempo. É verdade que, como todos os críticos, foi demasiado benevolente com obras de pouca valia, sobretudo mais para o fim da carreira. Mas o que importa é a segurança com que viu imediatamente, no momento da publicação, a importância de livros como *Perto do coração selvagem*, de Clarice Lispector, *O engenheiro*, de João Cabral, *Sagarana*, de Guimarães Rosa, *Terras do sem-fim*, de Jorge Amado — e as palavras pertinentes que disse a respeito. Importa a penetração com que comentou e situou a produção sociológica e histórica de Gilberto Freyre, Caio Prado Júnior, Roger Bastide, Emílio Willems; o senso justo dos valores com que reconheceu, discriminou e analisou a maioria dos poetas da "geração de 45", que eram a novidade do momento. E sobretudo a serenidade firme com que entrou no debate de ideias, com um senso constante dos valores humanos. Eu, que no começo era um jovem crítico bastante parcial, apaixonado e meio dogmático, usando com frequência a agressividade e o sarcasmo, pasmava ante a sua imparcialidade e a moderação do seu tom, que mantinha no nível mais digno e ponderado, mesmo na polêmica e no revide.

Algumas das reflexões dele têm um cunho quase premonitório e revelam as antenas sensibilíssimas com que circulava no espaço literário. É o caso, por exemplo, do interesse pela escrita ideográfica dos chineses, que comenta a partir de uma informação de Paul Claudel e lhe parecia abrir perspectiva promissora para a compreensão da linguagem poética, e sobretudo para a criação de novas formas de poesia (I, pp. 82-83). Isso era em 1942, e só muitos anos mais tarde os jovens poetas que fundariam o Concretismo lançaram em nosso meio esta preocupação, mas a partir de Ezra Pound.

Outro caso importante é certa reflexão sobre a precariedade relativa da crítica literária, em comparação com a de música e a de artes plásticas:

> A crítica literária, creio eu, ainda se acha muito atrasada em relação à crítica de outras expressões artísticas, sobretudo da crítica de artes plásticas, que se orienta pouco a pouco para a descoberta das leis de equilíbrio, sensibilidade e invenção sobre as quais se constrói a obra, e assim consegue alcançar alguns princípios gerais mais ou menos estáveis. A crítica literária ainda hesita entre o esteticismo puro, que se arrisca a julgar pelo gosto e a moda do dia, e o sociologismo que perde de vista os valores estéticos e transcendentes da obra. Quero crer, sem me arvorar em crítico, que por baixo das exterioridades de estilo deve haver um conjunto de qualidades, como as que se descobrem na pintura, capazes de fixar a obra no tempo e fazê-la deslocar-se impunemente no espaço. Seriam qualidades de equilíbrio, de sensibilidade e de invenção, correspondendo sem dúvida a uma necessidade essencial do homem. Necessidade de beleza? Sim, mas na medida em que

ela for considerada como uma revelação, isto é, se dermos à palavra beleza um sentido tão amplo que já se faça imprescindível inventar outro vocábulo. (IV, p. 202)

Esta maneira de situar o problema se tornou generalizada vinte anos depois, com orientações teóricas do tipo de estruturalismo, que procurou ver cada obra singular como espécie de um gênero caracterizado por determinado sistema de correlações linguísticas e de construção, mais importantes do que os elementos de conteúdo social ou psíquico — porque são características formais, de certo modo, fora do tempo. A visão antecipada de Sérgio Milliet é diferente, muito mais flexível, e não pressupõe a rigidez que teria o estruturalismo. Ele pensa sobretudo numa espécie de fórmula de organização dos elementos formais e de conteúdo, que define a razão de ser estética e, sendo assim, está relativamente livre do que na obra é periférico, contingente, determinado muito estritamente pelas fontes emocionais e sociais.

Com certeza ele chegou a esta posição a partir dos estudos de estética das artes figurativas, cuja crítica lhe parecia por isso mais adiantada. Sem falar na tradição da leitura dos quadros pelo princípio de composição do "número de ouro", Sérgio pensava eventualmente na teoria de Focillon sobre a permanência das formas, através de uma "vida" que resistia ao tempo. Pensaria ainda na Gestalt e na noção decorrente de "boa forma", marcada pela "pregnância", bem como nos numerosos estudos sobre o que um estudioso chamou "a geometria oculta dos pintores".

Mas, além dessa noção de um sistema mais ou menos rigoroso que a inteligência analítica descobre por baixo da aparência sensível do quadro, ele via com insistência nas obras, literárias e figurativas, algo mais do que a "pregnância" própria da forma. Via uma espécie de halo sugestivo, parecido com o que mais tarde se chamaria "aura". Com muita felicidade, chamava de "mana" a essa qualidade, aplicando o conceito que os velhos antropólogos descobriram entre os nativos da Oceania e exprime a misteriosa essência, ou força, que anima a natureza.

Aí temos, portanto, dois lados que se completam nas concepções e na atividade crítica de Sérgio Milliet: a parte geométrica e a parte, digamos, imponderável. Elas aparecem no detalhe do seu trabalho e exprimem a visada bastante ampla e compreensiva com que encarava as obras. Sob este ponto de vista nós lhe devemos um feito raro: a análise da gênese de um dos seus poemas, que vemos ao mesmo tempo germinar como inspiração e se realizar como artesanato, dando-nos a oportunidade difícil de presenciar o ato criador através do ato crítico (II, pp. 109-115, entrada de 31-III-1944).

Não espanta que, situando-se nessa atmosfera nem sempre acessível à maioria dos seus colegas, ele tivesse da crítica um alto conceito, irritando-se realmente com as costumeiras e por vezes estratégicas afirmações da sua inferioridade em face da criação. À medida que os anos passavam, essa avaliação ficava cada vez mais positiva e elevada, como se o seu relativismo cedesse lugar a uma crença firme na relevância do que fazia como intelectual (por exemplo: IV, pp. 8-10). Mas guardou sempre a noção de que o crítico tem uma limitada margem de independência, devido à sua ligação estreita com o momento, a moda, os cenáculos, as ideologias.

Essas convicções, ligadas ao seu modo de ser, contribuíram para definir o corte ao mesmo tempo altivo e modesto da sua atitude mental e da sua ação. Registremos que no exercício de uma longa atividade ele sempre se portou, do ponto de vista da ética profissional, de maneira exemplar, com independência, coragem, senso de responsabilidade, grande capacidade de estimular, a despeito da severidade com que também costumava temperar o seu apoio aos novos. Creio que esta palestra pode ser encerrada citando o que escreveu sobre Gide, e se ajusta perfeitamente a ele próprio:

> [...] é antes de mais nada um honesto. Odeia a mentira, tem horror à trapaça, ao compromisso, ao conluio. Mentira moral e mentira artística, ambas lhe repugnam até o asco. Prefere perder um amigo, uma posição, o sossego, a renunciar à verdade integral. À sua verdade pelo menos. Arrisca permanentemente tudo, sem nenhuma cautela diplomática. Entretanto jamais sua franqueza se mescla de brutalidade, o que bem caracteriza seu temperamento estranhamente sereno e fervoroso a um tempo. (II, p. 218)

Terceira parte

Literatura e subdesenvolvimento

I

Mario Vieira de Mello, um dos poucos que abordaram o problema das relações entre subdesenvolvimento e cultura, estabelece para o caso brasileiro uma distinção que também é válida para toda a América Latina. Diz ele que houve alteração marcada de perspectivas, pois até mais ou menos o decênio de 1930 predominava entre nós a noção de "país novo", que ainda não pudera realizar-se, mas que atribuía a si mesmo grandes possibilidades de progresso futuro. Sem ter havido modificação essencial na distância que nos separa dos países ricos, o que predomina agora é a noção de "país subdesenvolvido". Conforme a primeira perspectiva salientava-se a pujança virtual e, portanto, a grandeza ainda não realizada. Conforme a segunda, destaca-se a pobreza atual, a atrofia; o que falta, não o que sobra.[1]

As consequências que Mario Vieira de Mello extrai desta distinção não me parecem válidas, mas tomada em si ela é justa e auxilia a compreender certos aspectos fundamentais da criação literária na América Latina. Com efeito, a ideia de país novo produz na literatura algumas atitudes fundamentais, derivadas da surpresa, do interesse pelo exótico, de um certo respeito pelo grandioso e da esperança quanto às possibilidades. A ideia de que a América constituía um lugar privilegiado se exprimiu

[1] Mario Vieira de Mello, *Desenvolvimento e cultura: O problema do estetismo no Brasil*. São Paulo: Nacional, 1963, pp. 3-17.

em projeções utópicas que atuaram na fisionomia da conquista e da colonização; e Pedro Henríquez Ureña lembra que o primeiro documento relativo ao nosso continente, a carta de Colombo, inaugura o tom de deslumbramento e exaltação que se comunicaria à posteridade. No século XVII, misturando pragmatismo e profetismo, Antônio Vieira aconselhou a transferência da monarquia portuguesa para o Brasil, que estaria fadado a realizar os mais altos fins da História como sede do Quinto Império. Mais adiante, quando as contradições do estatuto colonial levaram as camadas dominantes à separação política em relação às metrópoles, surge a ideia complementar de que a América tinha sido predestinada a ser a pátria da liberdade, e assim consumar os destinos do homem do Ocidente.

Esse estado de euforia foi herdado pelos intelectuais latino-americanos, que o transformaram em instrumentos de afirmação nacional e em justificativa ideológica. A literatura se fez linguagem de celebração e terno apego, favorecida pelo Romantismo, com apoio na hipérbole e na transformação do exotismo em estado de alma. O nosso céu era mais azul, as nossas flores mais viçosas, a nossa paisagem mais inspiradora que a de outros lugares, como se lê num poema que sob este aspecto vale como paradigma, a "Canção do exílio", de Gonçalves Dias, que poderia ter sido assinado por qualquer um dos seus contemporâneos latino-americanos entre o México e a Terra do Fogo.

A ideia de *pátria* se vinculava estreitamente à de *natureza* e em parte extraía dela a sua justificativa. Ambas conduziam a uma literatura que compensava o atraso material e a debilidade das instituições por meio da supervalorização dos aspectos regionais, fazendo do exotismo razão de otimismo social. No *Santos Vega*, do argentino Rafael Obligado, já quase no século XX, a exaltação nativista se projeta sobre o civismo propriamente dito, e o poeta distingue implicitamente *pátria* (institucional) e *terra* (natural), ligando-as porém no mesmo movimento de identificação:

[...]
La convicción de que es mia
La patria de Echeverría,
La tierra de Santos Vega.

Pátria do pensador, *terra* do cantador. Um dos pressupostos ostensivos ou latentes da literatura latino-americana foi esta contaminação, geralmente eufórica, entre a terra e a pátria, considerando-se que a grandeza da segunda seria uma espécie de desdobramento natural da pujança atribuída à primeira. As nossas literaturas se nutriram das "promessas divinas da esperança" — para citar um verso famoso do Romantismo brasileiro.

Mas no outro lado da medalha, também as visões desalentadas dependiam da mesma ordem de associações, como se a debilidade ou a desorganização das instituições constituíssem um paradoxo inconcebível em face das grandiosas condições naturais. ("Na América tudo é grande, só o homem é pequeno.")

Ora, dada esta ligação causal "terra bela — pátria grande", não é difícil ver a repercussão que traria a consciência do subdesenvolvimento como mudança de perspectiva, que evidenciou a realidade dos solos pobres, das técnicas arcaicas, da miséria pasmosa das populações, da sua incultura paralisante. A visão que resulta é pessimista quanto ao presente e problemática quanto ao futuro, e o único resto de milenarismo da fase anterior talvez seja a confiança com que se admite que a remoção do imperialismo traria, por si só, a explosão do progresso. Mas, em geral, não se trata mais de um ponto de vista passivo. Desprovido de euforia, ele é agônico e leva à decisão de lutar, pois o traumatismo causado na consciência pela verificação de quanto o atraso é catastrófico suscita reformulações políticas. O precedente gigantismo de base paisagística aparece então na sua essência verdadeira — como construção ideológica transformada em ilusão compensadora. Daí a disposição de combate que se alastra pelo continente, tornando a ideia de subdesenvolvimento uma força propulsora, que dá novo cunho ao tradicional empenho político dos nossos intelectuais.

A consciência do subdesenvolvimento é posterior à Segunda Guerra Mundial e se manifestou claramente a partir dos anos de 1950. Mas desde o decênio de 1930 tinha havido mudança de orientação, sobretudo na ficção regionalista, que pode ser tomada como termômetro, dadas a sua generalidade e persistência. Ela abandona, então, a amenidade e a *curiosidade*, pressentindo ou percebendo o que havia de mascaramento no encanto pitoresco, ou no cavalheirismo ornamental, com que antes se abordava o homem rústico. Não é falso dizer que, sob este aspecto, o romance adquiriu uma força desmistificadora que precede a tomada de consciência dos economistas e políticos.

Neste ensaio falarei, alternativa ou comparativamente, das características literárias na fase de consciência amena de atraso, correspondente à ideologia de "país novo"; e na fase da consciência catastrófica de atraso, correspondente à noção de "país subdesenvolvido". Isto, porque ambas se entrosam intimamente e é no passado imediato e remoto que percebemos as linhas do presente. Quanto ao método, seria possível estudar as condições da difusão ou as da produção das obras. Sem esquecer o primeiro enfoque, preferi destacar o segundo, que, embora nos afaste do rigor das estatísticas, nos aproxima, em compensação, dos interesses específicos da crítica literária.

2

Se pensarmos nas condições materiais de existência da literatura, o fato básico talvez seja o analfabetismo, que nos países de cultura pré-colombiana adiantada é agravado pela pluralidade linguística ainda vigente, com as diversas línguas solicitando o seu lugar ao sol. Com efeito, ligam-se ao analfabetismo as manifestações de debilidade cultural: falta de meios de comunicação e difusão (editoras, bibliotecas, revistas, jornais); inexistência, dispersão e fraqueza dos públicos disponíveis para a literatura, devido ao pequeno número de leitores reais (muito menor que o número já reduzido de alfabetizados); impossibilidade de especialização dos escritores em suas tarefas literárias, geralmente realizadas como tarefas marginais ou mesmo amadorísticas; falta de resistência ou discriminação em face de influências e pressões externas. O quadro dessa debilidade se completa por fatores de ordem econômica e política, como os níveis insuficientes de remuneração e a anarquia financeira dos governos, articulados com políticas educacionais ineptas ou criminosamente desinteressadas. Salvo no tocante aos três países meridionais que formam a "América branca" (no dizer dos europeus), tem sido preciso fazer revoluções para alterar as condições de analfabetismo predominante, como foi o caso lento e incompleto do México e o caso rápido de Cuba.

Os traços apontados não se combinam mecanicamente e sempre do mesmo modo, havendo diversas possibilidades de dissociação e agrupamento entre eles. O analfabetismo não é sempre razão suficiente para explicar a fraqueza de outros setores, embora seja o traço básico do subdesenvolvimento no terreno cultural. O Peru, para citar um exemplo, está menos mal situado que vários outros países quanto ao índice de instrução, mas apresenta o mesmo atraso quanto à difusão da cultura. Noutro setor, um fato como o surto editorial dos anos de

1940, no México e na Argentina, mostrou que a falta de livros não era consequência unicamente do número reduzido de leitores e do baixo poder aquisitivo, pois toda a América Latina, inclusive a de fala portuguesa, absorveu as suas tiragens bastante significativas, sobretudo as de nível superior. Talvez possamos concluir que os maus hábitos editoriais e a falta de comunicação acentuassem além dos limites a inércia dos públicos; e que havia uma capacidade não satisfeita de absorção.

Este último exemplo faz lembrar que na América Latina o problema dos públicos apresenta traços originais, pois ela é o único conjunto de países subdesenvolvidos que falam idiomas europeus (com a exceção já indicada dos grupos indígenas), e provêm culturalmente de metrópoles que ainda hoje têm áreas subdesenvolvidas (Espanha e Portugal). Nessas antigas metrópoles a literatura foi e continua sendo um bem de consumo restrito, em comparação com os países plenamente desenvolvidos, onde os públicos podem ser classificados pelo tipo de leitura que fazem, e tal classificação permite comparações com a estratificação de toda a sociedade. Mas tanto na Espanha e em Portugal quanto em nossos países cria-se uma condição negativa prévia, o número de alfabetizados, isto é, os que podem eventualmente constituir os leitores das obras. Esta circunstância faz com que os países latino-americanos estejam mais próximos das condições virtuais das antigas metrópoles do que, em relação às suas, os países subdesenvolvidos da África e da Ásia, que falam idiomas diferentes dos falados pelo colonizador e enfrentam o grave problema de escolher o idioma em que deve manifestar-se a criação literária. Os escritores africanos de língua europeia (francesa, como Léopold Sédar Senghor, ou inglesa, como Chinua Achebe) se afastam duplamente dos seus públicos virtuais; e se amarram, ou aos públicos metropolitanos, distantes em todos os sentidos, ou a um público local incrivelmente reduzido.

Isto é dito para mostrar que são maiores as possibilidades de comunicação do escritor latino-americano no quadro do Terceiro Mundo, apesar da situação atual, que reduz muito os seus públicos eventuais. No entanto, é também possível imaginar que o escritor latino-americano esteja condenado a ser sempre o que tem sido: um produtor de bens culturais para minorias, embora no caso estas não signifiquem grupos de boa qualidade estética, mas simplesmente os poucos grupos dispostos a ler. Com efeito, não esqueçamos que os modernos recursos audiovisuais podem motivar uma tal mudança nos processos de criação e nos meios de comunicação, que quando as grandes massas chegarem finalmente à instrução, quem sabe irão buscar fora do livro os meios de satisfazer as suas necessidades de ficção e poesia.

Dizendo de outro modo: na maioria dos nossos países há grandes massas ainda fora do alcance da literatura erudita, mergulhando numa etapa folclórica de comunicação oral. Quando alfabetizadas e absorvidas pelo processo de urbanização, passam para o domínio do rádio, da televisão, da história em quadrinhos, constituindo a base de uma cultura de massa. Daí a alfabetização não aumentar proporcionalmente o número de leitores da literatura, como a concebemos aqui; mas atirar os alfabetizados, junto com os analfabetos, diretamente da fase folclórica para essa espécie de folclore urbano que é a cultura massificada. No tempo da catequese os missionários coloniais escreviam autos e poemas, em língua indígena ou vernácula, para tornar acessíveis ao catecúmeno os princípios da religião e da civilização metropolitana, por meio de formas literárias consagradas, equivalentes às que se destinavam ao homem culto de então. Em nosso tempo, uma catequese às avessas converte rapidamente o homem rural à sociedade urbana, por meio de recursos comunicativos que vão até a inculcação subliminar, impondo-lhe valores duvidosos e bem diferentes dos que o homem culto busca na arte e na literatura.

Aliás, este problema é um dos mais graves nos países subdesenvolvidos, pela interferência maciça do que se poderia chamar o know-how cultural e dos próprios materiais já elaborados de cultura massificada, provenientes dos países desenvolvidos. Por este meio, tais países podem não apenas difundir normalmente os seus valores, mas atuar anormalmente através deles para orientar a opinião e a sensibilidade das populações subdesenvolvidas no sentido dos seus interesses políticos. É *normal*, por exemplo, que a imagem do herói de *far-west* se difunda, porque, independente dos juízos de valor, é um dos traços da cultura norte-americana incorporado à sensibilidade média do mundo contemporâneo. Em países de larga imigração japonesa, como o Peru e sobretudo o Brasil, está-se difundindo de maneira também *normal* a imagem do samurai, sobretudo por meio do cinema. Mas é *anormal* que tais imagens sirvam de veículo para inculcar nos públicos dos países subdesenvolvidos atitudes e ideias que os identifiquem aos interesses políticos e econômicos dos países onde foram elaboradas. Quando pensamos que a maioria dos desenhos animados e das histórias em quadrinhos são de copyright norte-americano, e que grande parte da ficção policial e de aventura vem da mesma fonte, ou é decalcada nela, é fácil avaliar a ação negativa que podem eventualmente exercer, como difusão *anormal* junto a públicos inermes.

A este respeito convém assinalar que na literatura erudita o problema das influências (que veremos adiante) pode ter um efeito estético bom, ou deplorável; mas só por exceção repercute no comportamento ético ou político das massas, pois atinge um número restrito de públicos restritos. Porém, numa civilização massificada, onde predominem os meios não literários, paraliterários ou subliterários, como os citados, tais públicos restritos e diferenciados tendem a se uniformizar até o ponto de se confundirem com a massa, que recebe a influência em escala imensa. E, o que é mais, por meio de veículos onde o elemento estético se reduz ao mínimo, podendo confundir-se de maneira indiscernível com desígnios éticos ou políticos, que, no limite, penetram na totalidade das populações.

Visto que somos um "continente sob intervenção", cabe à literatura latino-americana uma vigilância extrema, a fim de não ser arrastada pelos instrumentos e valores da cultura de massa, que seduzem tantos teóricos e artistas contemporâneos. Não é o caso de aderir aos "apocalípticos", mas de alertar os "integrados" — para usar a expressiva distinção de Umberto Eco. Certas experiências modernas são fecundas sob o ponto de vista do espírito de vanguarda e da inserção da arte e da literatura no ritmo do tempo, como é o caso do Concretismo e outras correntes. Mas não custa lembrar o que pode ocorrer quando manipuladas politicamente do lado errado, numa sociedade de massas. Com efeito, apesar de no momento elas apresentarem um aspecto hermético restritivo, os princípios em que se baseiam, com recurso à sonoridade expressiva, aos signos visuais e às combinações sintagmáticas de alto poder sugestivo, podem eventualmente torná-las muito mais penetrantes do que as formas literárias tradicionais junto a públicos massificados. E não há interesse, para a expressão literária da América Latina, em passar da segregação aristocrática da era das oligarquias para a manipulação dirigida das massas, na era da propaganda e do imperialismo total.

3

O analfabetismo e a debilidade cultural não influem apenas nos aspectos exteriores que acabam de ser mencionados. Para o crítico é mais interessante a sua atuação na consciência do escritor e na própria natureza da sua produção.

No tempo da que chamei de consciência amena de atraso, o escritor partilhava da ideologia *ilustrada*, segundo a qual a instrução traz automaticamente todos os benefícios que permitem a humanização do homem e o progresso da sociedade. A princípio, instrução preconizada apenas para os *cidadãos*, a minoria onde se recrutavam os que partilhavam das vantagens econômicas e políticas; depois, para todo o povo, entrevisto de longe e vagamente, menos como realidade do que como conceito liberal. D. Pedro II dizia que teria preferido ser professor, o que denota atitude equivalente ao famoso ponto de vista de Sarmiento, segundo o qual o predomínio da civilização sobre a barbárie tinha como pressuposto uma urbanização latente, baseada na instrução. Na vocação continental de Andrés Bello é impossível distinguir a visão política do projeto pedagógico; e no grupo mais recente do Ateneo, de Caracas, a resistência à tirania de Juan Vicente Gómez faria corpo com a difusão das luzes e a criação de uma literatura repassada de mitos da instrução redentora — tudo projetado na figura de Rómulo Gallegos, que acabou sendo o primeiro presidente de uma República renascida.

Caso curioso é o de um pensador como Manuel Bonfim, que publicou em 1905 um livro de grande interesse, *A América Latina*. Injustamente esquecido (talvez por se apoiar em superadas analogias biológicas, talvez pelo radicalismo incômodo das suas posições), ele analisa o nosso atraso em função do prolongamento do estatuto colonial, traduzido na persistência das oligarquias e no imperialismo estrangeiro. No final, quando tudo levava a uma teoria da transformação das estruturas sociais como condição necessária, ocorre um decepcionante estrangulamento da argumentação e ele termina pregando a instrução como panaceia. Num caso desses, nós nos sentimos no âmago da ilusão *ilustrada*, ideologia da fase de consciência esperançosa de atraso que, significativamente, fez bem pouco para efetivá-la.

Não espanta, pois, que a ideia já referida, segundo a qual o Novo Continente estaria destinado a ser a pátria da liberdade, haja sofrido uma adaptação curiosa: ele estaria destinado igualmente a ser a pátria do livro. É o que lemos num poema retórico, onde Castro Alves diz que, enquanto Gutenberg inventava a imprensa, Colombo encontrava o lugar ideal para aquela técnica revolucionária (o grifo é do poeta):

Quando no tosco estaleiro
Da Alemanha o velho obreiro
A ave da imprensa gerou,
O Genovês salta os mares,
Busca um ninho entre os palmares
E a *pátria da imprensa* achou.

Este poema, escrito no decênio de 1860 por um rapaz abrasado de liberalismo, se chama expressivamente "O livro e a América", manifestando a posição ideológica a que estou me referindo.

Graças a ela, esses intelectuais construíram uma visão igualmente deformada da sua posição em face da incultura dominante. Ao lamentar a ignorância do povo e desejar que ela desaparecesse, a fim de que a pátria realizasse automaticamente os seus altos destinos, eles se excluíam do contexto e se consideravam grupo à parte, realmente "flutuante", num sentido mais completo que o de Alfred Weber. Flutuavam, com ou sem consciência de culpa, acima da incultura e do atraso, certos de que estes não os poderiam contaminar, nem afetar a qualidade do que faziam. Como o ambiente não os podia acolher intelectualmente senão em proporções reduzidas, e como os seus valores radicavam na Europa, para lá se projetavam, tomando-a inconscientemente como ponto de referência e escala de valores; e considerando-se equivalentes ao que havia lá de melhor.

Mas na verdade a incultura geral produzia e produz uma debilidade muito mais penetrante, que interfere em toda a cultura e na própria qualidade das obras. Vista de hoje a situação de ontem parece diversa da ilusão que então reinava, pois hoje podemos analisá-la mais objetivamente, devido à ação reguladora do tempo e ao nosso próprio esforço de desmascaramento.

A questão ficará mais clara quando abordarmos as influências estrangeiras. Para as compreendermos bem, é conveniente focalizar, à luz da reflexão sobre o atraso e o subdesenvolvimento, o problema da dependência cultural. Este é um fato por assim dizer natural, dada a nossa situação de povos colonizados que, ou descendem do colonizador, ou sofreram a imposição de sua civilização; mas fato que se complica em aspectos positivos e negativos.

A penúria cultural fazia os escritores se voltarem necessariamente para os padrões metropolitanos e europeus em geral, formando um agrupamento de certo modo aristocrático em relação ao homem inculto. Com efeito, na medida em que não existia público local suficiente, ele escrevia como se na Europa estivesse o seu público ideal, e assim se dissociava muitas vezes da sua terra. Isto dava nascimento a obras que os autores e leitores consideravam altamente requintadas, porque assimilavam as formas e valores da moda europeia. Mas que, pela falta de pontos locais de referência, podiam não passar de exercícios de mera alienação cultural, não justificada pela excelência da realização — e é o que ocorre na parte que há de bazar e afetação no chamado "Modernismo" de língua espanhola e seus equivalentes brasileiros, o Parnasianismo e o Simbolismo. Há validez em Rubén Darío, é claro, assim como em Herrera y Reissig, Bilac e Cruz e Sousa. Mas há também muita joia falsa desmascarada pelo tempo, muito contrabando que lhes dá um ar de concorrentes em prêmio internacional de escrever bonito. O requinte dos *decadentes* e *nefelibatas* ficou provinciano, mostrando a perspectiva errada que pode predominar quando a elite, sem bases num povo inculto, não tem meios de encarar criticamente a si mesma e supõe que a distância relativa que a separa dele lhe confere uma posição de altitude absoluta. "Eu sou o último heleno!" — bradava teatralmente em 1924 na Academia Brasileira o afetadíssimo Coelho Neto, espécie de operoso D'Annunzio local, protestando contra o vanguardismo dos modernistas, que vinham quebrar a *pose* aristocrática na arte e na literatura.

Lembremos outro aspecto de aristocratismo alienador, que no tempo parecia refinamento apreciável: o uso de línguas estrangeiras na redação das obras.

Certos exemplos extremos mergulhavam involuntariamente na comicidade mais paradoxal, como o de um romântico atrasado e de ínfima categoria, Pires de Almeida, que publicou já no começo do século XX, em francês, uma peça... nativista, composta provavelmente alguns decênios antes: *La Fête des crânes, drame de moeurs indiennes en trois actes et douze tableaux...*[2] Mas o fato é realmente significativo quando ligado a autores e obras de qualidade, como Cláudio Manuel da Costa, que deixou larga e boa produção em italiano. Ou Joaquim Nabuco, típico exemplar da oligarquia cosmopolita de sentimentos liberais na segunda metade do século XIX, que escreveu em francês trechos autobiográficos e um livro de reflexões — mas sobretudo uma peça teatral cujos alexandrinos convencionais debatem os problemas de consciência de um alsaciano depois da Guerra de 1870. Na mesma língua escreveram toda a sua obra, ou parte dela, diversos simbolistas menores, e também um dos mais importantes, Alphonsus de Guimaraens. Em francês escreveu o peruano Francisco García Calderón um livro de

---

2 Devo esta indicação a Décio de Almeida Prado.

valor como tentativa de visão integrada dos países latino-americanos. Em francês escreveu o chileno Vicente Huidobro parte da sua obra e da sua teoria. Em francês publicou Sérgio Milliet a sua obra poética inicial. E estou certo de que se encontrariam exemplos incontáveis da mesma coisa em todos os países da América Latina, desde a vulgar literatice oficial e acadêmica até produções de qualidade.

Tudo isso não ia sem ambivalência, pois as elites imitavam, por um lado, o bom e o mau das sugestões europeias; mas, por outro, às vezes simultaneamente, afirmavam a mais intransigente independência espiritual, num movimento pendular entre a realidade e a utopia de cunho ideológico. E assim vemos que analfabetismo e requinte, cosmopolitismo e regionalismo podem ter raízes misturadas no solo da incultura e do esforço para superá-la.

Influência mais grave de debilidade cultural sobre a produção literária são os fatos de atraso, anacronismo, degradação e confusão de valores.

Toda literatura apresenta aspectos de retardamento que são *normais* ao seu modo, podendo-se dizer que a média da produção num dado instante já é tributária do passado, enquanto as vanguardas preparam o futuro. Além disso, há uma subliteratura oficial, marginal e provinciana, geralmente expressa pelas Academias. Mas o que chama a atenção na América Latina é o fato de serem consideradas vivas obras esteticamente anacrônicas; ou o fato de obras secundárias serem acolhidas pela melhor opinião crítica e durarem por mais de uma geração — quando umas e outras deveriam ter sido desde logo postas no devido lugar, como coisa sem valor ou manifestação de sobrevivência inócua. Citemos apenas o estranho caso do poema *Tabaré*, de Juan Zorrilla de San Martín, tentativa de epopeia nacional uruguaia já no fim do século XIX, levada a sério pela opinião crítica apesar de concebida e executada segundo moldes os mais obsoletos.

Outras vezes o atraso nada tem de chocante, significando simples demora cultural. É o que ocorre com o Naturalismo no romance, que chegou um pouco tarde e se prolongou até nossos dias sem quebra essencial de continuidade, embora modificando as suas modalidades. O fato de sermos países que na maior parte ainda têm problemas de ajustamento e luta com o meio, assim como problemas ligados à diversidade racial, prolongou a preocupação naturalista com os fatores físicos e biológicos. Em tais casos o peso da realidade local produz uma espécie de legitimação da influência retardada, que adquire sentido criador. Por isso, quando na Europa o Naturalismo era uma sobrevivência, entre nós ainda podia ser ingrediente de fórmulas literárias legítimas, como as do romance social dos decênios de 1930 e 1940.

Há outros casos francamente desastrosos: os de provincianismo cultural, que leva a perder o senso das medidas e aplicar a obras sem valor o tipo de reconhecimento e avaliação utilizado na Europa para os livros de qualidade. Que leva, ainda, a fenômenos de verdadeira degradação cultural, fazendo *passar* obras espúrias, no sentido de que *passa* um contrabando, devido à fraqueza dos públicos e à falta de senso dos valores, por parte deles e dos escritores. Veja-se a rotinização de influências já de si duvidosas, como as de Oscar Wilde, D'Annunzio e mesmo Anatole France, nos Elísio de Carvalho e nos Afrânio Peixoto do primeiro quartel deste século. Ou, no limite do grotesco, a verdadeira profanação de Nietzsche por Vargas Villa, cuja voga em toda a América Latina alcançou meios que em princípio deveriam ter ficado imunes, numa escala que pasma e faz sorrir. A profundidade dos semicultos cria estes e outros equívocos.

4

Um problema que vem rondando este ensaio e lucra em ser discutido à luz da dependência causada pelo atraso cultural é o das influências de vário tipo, boas e más, inevitáveis e desnecessárias.

As nossas literaturas latino-americanas, como também as da América do Norte, são basicamente galhos das metropolitanas. E se afastarmos os melindres do orgulho nacional, veremos que, apesar da autonomia que foram adquirindo em relação a estas, ainda são em parte reflexas. No caso dos países de fala espanhola e portuguesa, o processo de autonomia consistiu, numa boa parte, em transferir a dependência, de modo que outras literaturas europeias não metropolitanas, sobretudo a francesa, foram se tornando modelo a partir do século XIX, o que aliás ocorreu também nas antigas metrópoles, intensamente afrancesadas. Atualmente é preciso levar em conta a literatura norte-americana, que constitui um novo foco de atração.

Esta é a que se poderia chamar de influência inevitável, sociologicamente vinculada à nossa dependência, desde a própria colonização e do transplante por vezes brutalmente forçado das culturas. Eis o que dizia a respeito Juan Valera no fim do século passado:

> De este lado y del otro del Atlántico, veo y confieso, en la gente de lengua española, nuestra dependencia de lo francés, y, hasta cierto punto, lo creo ineludible; pero ni yo rebajo el mérito de la ciencia y de la poesía en Francia para que sacudamos su yugo, ni quiero, para que lleguemos a ser independientes, que nos aislemos y no aceptemos la influencia justa que los pueblos civilizados deben ejercer unos sobre los otros.
>
> Lo que yo sostengo es que nuestra admiración no debe ser ciega, ni nuestra imitación sin crítica, y que conviene tomar lo que tomemos con discernimiento y prudencia.[3]

---

[3] Juan Valera, "Juício crítico", em Juan Zorrilla de San Martín, *Tabaré*. Nuevísima Edición Ilustrada. México etc.: Casas Editoriales, 1905, pp. 9-10.

Encaremos portanto serenamente o nosso vínculo placentário com as literaturas europeias, pois ele não é uma opção, mas um fato quase natural. Jamais criamos quadros originais de expressão, nem técnicas expressivas básicas, no sentido em que o são o Romantismo, no plano das tendências; o romance psicológico, no plano dos gêneros; o estilo indireto livre, no da escrita. E embora tenhamos conseguido resultados originais no plano da realização expressiva, reconhecemos implicitamente a dependência. Tanto assim que nunca se viu os diversos nativismos contestarem o uso das *formas* importadas, pois seria o mesmo que se oporem ao uso dos idiomas europeus que falamos. O que requeriam era a escolha de *temas* novos, de sentimentos *diferentes*. Levado ao extremo, o nativismo (que neste grau é sempre ridículo, embora sociologicamente compreensível) teria implicado, por exemplo, rejeitar o soneto, o conto realista, o verso livre.

O simples fato da questão nunca ter sido proposta revela que, nas camadas profundas da elaboração criadora (as que envolvem a escolha dos instrumentos expressivos), sempre reconhecemos como natural a nossa inevitável dependência. Aliás, vista assim ela deixa de o ser, para tornar-se forma de participação e contribuição a um universo cultural a que pertencemos, que transborda as nações e os continentes, permitindo a comunicação das experiências e a circulação dos valores. Mesmo porque, nos momentos em que influímos de volta nos europeus, no plano das obras realizadas por nós (não no das sugestões temáticas que o nosso continente oferece para eles elaborarem como formas mais ou menos acentuadas de exotismo), em tais momentos, o que devolvemos não foram invenções, mas um afinamento dos instrumentos recebidos. Isto ocorreu com Rubén Darío em relação ao "Modernismo" (no sentido hispânico); com Jorge Amado, José Lins do Rego, Graciliano Ramos em relação ao Neorrealismo português.

O "Modernismo" hispano-americano é considerado por muitos uma espécie de rito de passagem, marcando a maioridade literária através da capacidade de contribuição original. Mas, se retificarmos as perspectivas e definirmos os campos, veremos que isto é mais verdadeiro como fato psicossocial do que como realidade estética. É evidente que Darío, e eventualmente todo o movimento, invertendo pela primeira vez a corrente e levando a influência da América sobre a Espanha, representou uma ruptura na soberania literária que esta exercia. Mas o fato é que tal coisa não se fez a partir de recursos expressivos originais, e sim da adaptação de processos e atitude francesas. O que os espanhóis receberam foi a influência da França já coada e traduzida pelos latino-americanos, que deste modo se substituíram a eles como mediadores culturais.

Isto em nada diminui o valor dos "modernistas" nem o sentido de seu feito, baseado numa alta consciência da literatura como arte, não como documento, e numa capacidade por vezes excepcional de realização poética. Mas permite interpretar o "Modernismo" hispânico segundo a linha desenvolvida aqui, isto é, como episódio historicamente importante do processo de fecundação criadora da dependência — modo peculiar dos nossos países serem originais. Pelo fato de também não ser inovador no plano das formas estéticas gerais, o movimento brasileiro correspondente, embora seja menos valioso, é menos enganador, pois, ao denominar-se nas suas duas grandes vertentes "Parnasianismo" e "Simbolismo", deixou clara a fonte francesa onde todos beberam.

Um estágio fundamental na superação da dependência é a capacidade de produzir obras de primeira ordem, influenciadas, não por modelos estrangeiros imediatos, mas por exemplos nacionais anteriores. Isto significa o estabelecimento do que se poderia chamar um pouco mecanicamente de causalidade interna, que torna inclusive mais fecundos os empréstimos tomados às outras culturas. No caso brasileiro, os criadores do nosso Modernismo derivam em grande parte das vanguardas europeias. Mas os poetas da geração seguinte, nos anos de 1930 e 1940, derivam imediatamente deles — como se dá com o que é fruto de influências em Carlos Drummond de Andrade ou Murilo Mendes. Estes, por sua vez, são inspiradores de João Cabral de Melo Neto, apesar do que este deve, também, primeiro a Paul Valéry, depois aos espanhóis seus contemporâneos. No entanto, estes poetas de alto voo não influíram fora do seu país, e muito menos nos países de onde nos vêm as sugestões.

Sendo assim, é possível dizer que Jorge Luis Borges representa o primeiro caso de incontestável influência original, exercida de maneira ampla e reconhecida sobre os países-fontes através de um modo novo de conceber a escrita. Machado de Assis, cuja originalidade não é menor sob este aspecto, e muito maior como visão do homem, poderia ter aberto rumos novos no fim do século XIX para os países-fontes. Mas perdeu-se na areia de uma língua desconhecida, num país então completamente sem importância.

É por isso que as nossas próprias afirmações de nacionalismo e de independência cultural se inspiram em formulações europeias, servindo de exemplo o caso do Romantismo brasileiro, definido em Paris por um grupo de jovens, que lá estavam e lá fundaram em 1836 a revista *Niterói*, marco simbólico do movimento. E sabemos que hoje o contato entre escritores latino-americanos se faz sobretudo na Europa e nos Estados Unidos, onde se incentiva, aliás, mais do que entre nós mesmos, a consciência da nossa afinidade intelectual.[4]

---

4 A situação hoje é diferente e aliás já estava mudando quando escrevi este ensaio (1969). Para isto foi decisivo o papel de Cuba, promovendo intensamente em seu território o encontro de artistas, cientistas, escritores, intelectuais latino-americanos, que assim podem conviver e trocar experiências sem a mediação dos países imperialistas.

Interessante é o caso das vanguardas do decênio de 1920, que marcaram uma libertação extraordinária dos meios expressivos e nos prepararam para alterar sensivelmente o tratamento dos temas propostos à consciência do escritor. Elas foram para nós todos fatores de autonomia e autoafirmação; e em que consistem, examinadas à luz do nosso tema? Huidobro estabelece o "Criacionismo" em Paris, inspirado nos franceses e italianos; escreve em francês os seus versos e expõe em francês os seus princípios, em revistas como *L'Esprit Nouveau*. Diretamente tributários das mesmas fontes são o Ultraísmo argentino e o Modernismo brasileiro. E nada disso impediu que tais correntes fossem inovadoras, nem que os seus propulsores fossem por excelência os fundadores da literatura nova: além de Huidobro, Borges, Mário de Andrade, Oswald de Andrade e outros.

Sabemos, pois, que somos parte de uma cultura mais ampla, da qual participamos como variedade cultural. E que, ao contrário do que supunham por vezes ingenuamente os nossos avós, é uma ilusão falar em supressão de contatos e influências. Mesmo porque, num momento em que a lei do mundo é a inter-relação e a interação, as utopias da originalidade isolacionista não subsistem mais no sentido de atitude patriótica, compreensível numa fase de formação nacional recente, que condicionava uma posição provinciana e umbilical.

Na presente fase, de consciência do subdesenvolvimento, a questão se apresenta, portanto, mais matizada. Haveria paradoxo nisto? Com efeito, quanto mais o homem livre que pensa se imbui da realidade trágica do subdesenvolvimento, mais ele se imbui da aspiração revolucionária — isto é, do desejo de rejeitar o jugo econômico e político do imperialismo e de promover em cada país a modificação das estruturas internas, que alimentam a situação de subdesenvolvimento. No entanto, encara com maior objetividade e serenidade o problema das influências, vendo-as como vinculação normal no plano da cultura.

Apenas na aparência há paradoxo, pois de fato trata-se dum sintoma de maturidade, impossível no mundo fechado e oligárquico dos nacionalismos patrioteiros. Tanto assim, que o reconhecimento da vinculação se associa ao começo da capacidade de inovar no plano da expressão e ao desígnio de lutar no plano do desenvolvimento econômico e político. Inversamente, a afirmação tradicional de originalidade, com um sentido de particularismo elementar, conduzia e conduz a duas doenças de crescimento, talvez inevitáveis, mas não obstante alienadoras: o culto do pitoresco e o servilismo cultural.

A partir dos movimentos estéticos do decênio de 1920; da intensa consciência estético-social dos anos 1930-1940; da crise de desenvolvimento econômico e do experimentalismo técnico dos anos recentes, começamos a sentir que a dependência se encaminha para uma interdependência cultural (se for possível usar sem equívocos esta expressão, que recentemente adquiriu acepções tão desagradáveis no vocabulário político e diplomático). Isto não apenas dará aos escritores da América Latina a consciência da sua unidade na diversidade, mas favorecerá obras de teor maduro e original, que serão lentamente assimiladas pelos outros povos, inclusive os dos países metropolitanos e imperialistas. O caminho da reflexão sobre o desenvolvimento conduz, no terreno da cultura, ao da integração transnacional, pois o que era imitação vai cada vez mais virando assimilação recíproca.

Um exemplo entre muitos: na obra de Vargas Llosa aparece, extraordinariamente refinada, a tradição do monólogo interior, que, sendo de Proust e de Joyce, é também de Dorothy Richardson e Virginia Woolf, de Döblin e de Faulkner. Talvez sejam deste último certas modalidades preferidas por Vargas Llosa, que em todo o caso as aprofundou e fecundou, a ponto de as tornar coisa também sua. Um exemplo admirável em *La ciudad y los perros*: o do personagem não identificado que vai deixando o leitor perplexo, pois se cruza com a voz do narrador na terceira pessoa e com o monólogo de outros personagens conhecidos, podendo confundir-se alternativamente com eles; e que no fim, ao manifestar-se como Jaguar, ilumina retrospectivamente a estrutura do livro, à maneira de um rastilho, promovendo a revisão de tudo que estabelecêramos sobre os personagens. Esta técnica parece uma concretização da imagem que Proust usa para sugerir a sua (a figura japonesa se desdobrando na água da tigela); mas significa algo muito diverso, num plano diverso de realidade. Aí, o romancista do país subdesenvolvido recebeu ingredientes que lhe vêm por empréstimo cultural dos países de que costumamos receber as fórmulas literárias. Mas ajustou-as em profundidade ao seu desígnio, para representar problemas do seu próprio país, compondo uma fórmula peculiar. Não há imitação nem reprodução mecânica. Há participação nos recursos que se tornaram bem comum através do estado de dependência, contribuindo para fazer deste uma interdependência.

A consciência destes fatos parece integrada no modo de ver dos escritores da América Latina; e um dos mais originais, Julio Cortázar, escreve coisas interessantes sobre o novo aspecto que apresentam fidelidade local e mobilidade mundial, numa entrevista à revista *Life* (v. 33, n. 7). E a propósito das influências estrangeiras nos escritores recentes, Rodríguez Monegal assume, num artigo da revista *Tri-Quarterly* (n. 13-14), atitude que se poderia chamar de justificação crítica da assimilação. No entanto, ainda subsistem pontos de vista opostos, ligados a certo localismo próprio da fase de "consciência amena de atraso". Para os que os defendem, fatos como os que estamos comentando são manifestações de falta de personalidade e de alienação cultural, como se pode ver num artigo da revista venezuelana *Zona Franca* (n. 51), onde Manuel Pedro González deixa claro que, no seu modo de entender, verdadeiro escritor latino-americano seria o que não apenas vive em sua terra, mas explora o seu temário característico e exprime sem dependência estética exterior os seus traços peculiares.

Parece, entretanto, que um dos traços positivos da era de consciência do subdesenvolvimento é a superação da atitude de receio, que leva à aceitação indiscriminada ou à ilusão de originalidade por obra e graça do temário local. Quem luta contra obstáculos reais fica mais sereno e reconhece a falácia dos obstáculos fictícios. Em Cuba, admirável vanguarda da América na luta contra o subdesenvolvimento e seus fatores, haverá artificialidade ou fuga na impregnação surrealista de Alejo Carpentier? Na sua complexa visão transnacional, inclusive do ponto de vista temático, como aparece em *Siglo de las Luces*? Haverá alienação nas experiências arrojadas de Cabrera Infante ou Lezama Lima? No Brasil, o movimento recente da poesia concreta adota inspirações de Ezra Pound e princípios estéticos de Max Bense; mas opera uma redefinição do passado nacional, lendo de maneira nova poetas ignorados, como Joaquim de Sousa Andrade, precursor perdido entre os românticos do século XIX; ou iluminando a revolução estilística dos grandes modernistas, Mário de Andrade e Oswald de Andrade.

5

Considerada como derivação do atraso e da falta de desenvolvimento econômico, a dependência tem outros aspectos que manifestam a sua repercussão na literatura. Lembremos de novo o fenômeno da ambivalência, traduzida por impulsos de cópia e rejeição, aparentemente contraditórios quando vistos em si, mas que podem ser complementares se forem encarados desse ângulo.

Atraso que estimula a cópia servil de tudo quanto a moda dos países adiantados oferece, além de seduzir os escritores com a migração, por vezes migração interior, que encurrala o indivíduo no silêncio e no isolamento. Atraso que, entretanto, no outro lado da medalha, propõe o que há de mais peculiar na realidade local, insinuando um regionalismo que, ao parecer afirmação da identidade nacional, pode ser na verdade um modo insuspeitado de oferecer à sensibilidade europeia o exotismo que ela desejava, como desfastio; e que se torna desta maneira forma aguda de dependência na independência. Com a perspectiva atual, parece que as duas tendências são solidárias e nascem da mesma situação de retardo ou subdesenvolvimento.

Em seu aspecto mais grosseiro, a imitação servil dos estilos, temas, atitudes e usos literários tem um ar risível ou constrangedor de provincianismo, depois de ter sido aristocratismo compensatório de país colonial. No Brasil o fato chega ao extremo, com a sua Academia de Letras copiada da francesa, instalada num prédio que reproduz o Petit Trianon, de Versailles (e Petit Trianon se tornou, sem piada, antonomásia da instituição), com quarenta membros que se qualificam de *imortais* e, ainda como o seu manequim francês, usam farda bordada, bicórnio e espadim... Mas, por toda a América, a boemia decalcada em Greenwich Village ou Saint-Germain-des-Prés pode ser muitas vezes fato homólogo, sob a aparência de rebeldia inovadora.

Talvez não sejam menos grosseiras, do lado oposto, certas formas primárias de nativismo e regionalismo literário, que reduzem os problemas humanos a elemento pitoresco, fazendo da paixão e do sofrimento do homem rural, ou das populações *de cor*, um equivalente dos mamões e dos abacaxis. Esta atitude pode não apenas equivaler à primeira, mas combinar-se a ela, pois redunda em *fornecer* a um leitor urbano europeu, ou europeizado artificialmente, a realidade quase turística que lhe agradaria ver na América. Sem o perceber, o nativismo mais sincero arrisca tornar-se manifestação ideológica do mesmo colonialismo cultural que o seu praticante rejeitaria no plano da razão clara, e que manifesta uma situação de subdesenvolvimento e consequente dependência.

No entanto, à luz do enfoque deste ensaio, seria errado proferir, como está em moda, um anátema indiscriminado contra a ficção regionalista, pelo menos antes de estabelecer algumas distinções que permitam encará-la, no plano dos juízos de realidade, como consequência da atuação que as condições econômicas e sociais exercem sobre a escolha dos temas.[5] As áreas de subdesenvolvimento e os problemas do subdesenvolvimento (ou atraso) invadem o campo da consciência e da sensibilidade do escritor, propondo sugestões, erigindo-se em assunto que é impossível evitar, tornando-se estímulos positivos ou negativos da criação.

Na literatura francesa ou inglesa pode haver grandes romances passados ocasionalmente no campo, como os de Thomas Hardy; mas é nítido que se trata de uma moldura, onde os problemas são os mesmos dos romances urbanos. No mais, as diferentes modalidades de regionalismo são nelas uma forma secundária e geralmente provinciana, no meio de formas muito mais ricas, que ocupam o primeiro plano. Entretanto, nos países subdesenvolvidos, como a Grécia, ou que tenham áreas essenciais de subdesenvolvimento, como a Itália ou a Espanha, o regionalismo pode ocorrer como manifestação válida, capaz de produzir obras de categoria, como a de Giovanni Verga no fim do século passado, ou as de Federico García Lorca, Elio Vittorini ou Nikos Kazantzákis em nossos dias.

5 Uso aqui o termo "regionalismo" à maneira da nossa crítica, que abrange toda a ficção vinculada à descrição das regiões e dos costumes rurais desde o Romantismo; e não à maneira da maioria da crítica hispano-americana moderna, que geralmente o restringe às fases compreendidas mais ou menos entre 1920 e 1950.

Por isso, na América Latina ele foi e ainda é força estimulante na literatura. Na fase de consciência de país novo, correspondente à situação de atraso, dá lugar sobretudo ao pitoresco decorativo e funciona como descoberta, reconhecimento da realidade do país e sua incorporação ao temário da literatura. Na fase de consciência do subdesenvolvimento, funciona como presciência e depois consciência da crise, motivando o documentário e, com o sentimento de urgência, o empenho político.

Em ambas as etapas verifica-se uma espécie de seleção de áreas temáticas, uma atração por certas regiões remotas, nas quais se localizam os grupos marcados pelo subdesenvolvimento. Elas podem, sem dúvida, constituir uma sedução negativa sobre o escritor da cidade, pelo seu pitoresco de consequências duvidosas; mas, além disso, geralmente coincidem com as áreas problemáticas, o que é significativo e importante em literaturas tão *empenhadas* quanto as nossas.

É o caso da região amazônica, que atraiu romancistas e contistas brasileiros, como José Veríssimo e Inglês de Sousa, desde o começo do Naturalismo, nos decênios de 1870 e 1880, em plena fase pitoresca; que é matéria de *La Vorágine*, de José Eustasio Rivera, meio século depois, situado entre o pitoresco e a denúncia (mais patriótica do que social); e que veio a ser elemento importante em *La casa verde*, de Vargas Llosa, na fase recente de alta consciência técnica, onde o pitoresco e a denúncia são elementos recessivos, ante o impacto humano que se manifesta, na construção do estilo, com a imanência das obras universais.

Não é preciso enumerar todas as outras áreas literárias que correspondem ao panorama do atraso e do subdesenvolvimento — como os altiplanos andinos ou o sertão brasileiro. Ou, também, as situações e lugares do negro cubano, venezuelano, brasileiro, nos poemas de Nicolás Guillén e Jorge de Lima, em *Ecué-Yamba-Ô*, de Alejo Carpentier, *Pobre negro*, de Rómulo

Gallegos, *Jubiabá*, de Jorge Amado. Ou, ainda, o homem das planícies — *llano*, pampa, caatinga —, objeto de uma tenaz idealização compensatória que vem dos românticos, como José de Alencar no decênio de 1870; que ocorre largamente nos rio-platenses, uruguaios como Eduardo Acevedo Díaz, Carlos Reyles ou Javier de Viana, e argentinos, do telúrico José Hernández ao estilizado Ricardo Güiraldes; que tende à alegoria em Gallegos, na Venezuela, para, de volta ao Brasil, em plena fase de pré-consciência do subdesenvolvimento, encontrar uma alta expressão em *Vidas secas*, de Graciliano Ramos, sem vertigem da distância, sem torneios nem duelos, sem cavalhadas nem vaquejadas, sem o centaurismo que marca os outros.

O regionalismo foi uma etapa necessária, que fez a literatura, sobretudo o romance e o conto, focalizar a realidade local. Algumas vezes foi oportunidade de boa expressão literária, embora na maioria os seus produtos tenham envelhecido. Mas de um certo ângulo talvez não se possa dizer que acabou; muitos dos que hoje o atacam no fundo o praticam. A realidade econômica do subdesenvolvimento mantém a dimensão regional como objeto vivo, a despeito da dimensão urbana ser cada vez mais atuante. Basta lembrar que alguns dentre os melhores encontram nela substância para livros universalmente significativos, como José María Arguedas, Gabriel García Márquez, Augusto Roa Bastos, João Guimarães Rosa. Apenas nos países de absoluto predomínio da cultura das grandes cidades, como a Argentina e o Uruguai, a literatura regional se tornou um anacronismo.

Por isso é preciso redefinir criticamente o problema, verificando que ele não se esgota pelo fato de, hoje, ninguém mais considerar o regionalismo como forma privilegiada de expressão literária nacional; inclusive porque, como ficou dito, pode ser especialmente alienante. Mas convém pensar nas suas transformações, lembrando que sob nomes e conceitos diversos prolonga-se a mesma realidade básica. Com efeito, na fase de consciência eufórica de país novo, caracterizada pela ideia de atraso, tivemos o regionalismo pitoresco, que em vários países se inculcava como *a* verdadeira literatura. É a modalidade há muito superada ou rejeitada para o nível da subliteratura. A sua manifestação mais ampla e tenaz na fase áurea foi porventura o gauchismo rio-platense, enquanto a forma mais espúria foi com certeza um dado "sertanejismo" brasileiro do começo do século XX. E é ela que compromete de maneira irremediável certas obras mais recentes, como as de Rivera e Gallegos.

Na fase de pré-consciência do subdesenvolvimento, ali pelos anos de 1930 e 1940, tivemos o regionalismo problemático, que se chamou de "romance social", "indigenismo", "romance do Nordeste", segundo os países, e, sem ser exclusivamente regional, o é em boa parte. Ele nos interessa mais, por ter sido um precursor da consciência de subdesenvolvimento — sendo justo registrar que muito antes escritores como Alcides Arguedas e Mariano Azuela já se haviam pautado por um senso mais realista das condições de vida, bem como dos problemas humanos dos grupos desprotegidos.

Entre os que naquele momento propuseram com vigor analítico e algumas vezes forma artística de boa qualidade a desmistificação da realidade americana, estão Miguel Ángel Asturias, Jorge Icaza, Ciro Alegría, José Lins do Rego e outros. Todos eles, ao menos em parte da sua obra, fazem um tipo de romance social bastante relacionado com os aspectos regionais, e não raro com os restos de pitoresco negativo, que se combina a um certo esquematismo humanitário para comprometer o alcance do que escrevem.

O que os caracteriza, todavia, é a superação do otimismo patriótico e a adoção de um tipo de pessimismo diferente do que ocorria na ficção naturalista. Enquanto este focalizava o homem pobre como elemento refratário ao progresso, eles desvendam a situação na sua complexidade, voltando-se contra as classes dominantes e vendo na degradação do homem uma consequência da espoliação econômica, não do seu *destino* individual. O paternalismo de *Doña Bárbara* (que é uma espécie de apoteose do bom patrão) fica de repente arcaico, ante os traços à Georg Grosz que observamos em Icaza ou Jorge Amado, em cujos livros o que resta de pitoresco e melodramático é dissolvido pelo desmascaramento social — fazendo pressentir a passagem da "consciência de país novo" à "consciência de país subdesenvolvido", com as consequências políticas que isto importa.

Apesar de muitos desses escritores se caracterizarem pela linguagem espontânea e irregular, o peso da consciência social atua por vezes no estilo como fator positivo, dando lugar à procura de interessantes soluções adaptadas à representação da desigualdade e da injustiça. Sem falar no mestre consumado que é Asturias em alguns dos seus livros, mesmo um romancista cursivo como Icaza deve a sua durabilidade, menos à deblateração indignada ou ao exagero com que caricaturou os exploradores, do que a alguns recursos de estilo que encontrou para exprimir a miséria. É o caso, em *Huasipungo*, de certo emprego diminutivo das palavras, do ritmo de pranto na fala, da redução ao nível do animal; tudo junto encarna uma espécie de diminuição do homem, sua redução às funções elementares, que se associa ao balbucio linguístico para simbolizar a privação. Em *Vidas secas*, Graciliano Ramos leva ao máximo a sua costumeira contenção verbal, elaborando uma expressão reduzida à elipse, ao monossílabo, aos sintagmas mínimos, para exprimir o sufocamento humano do vaqueiro confinado aos níveis mínimos de sobrevivência.

Vem a propósito dizer que o caso do Brasil é talvez peculiar, pois aqui o regionalismo inicial, que principia com o

Romantismo, antes dos outros países, nunca produziu obras consideradas de primeiro plano, mesmo pelos contemporâneos, tendo sido tendência secundária, quando não francamente subliterária, em prosa e verso. Os melhores produtos da ficção brasileira foram sempre *urbanos*, as mais das vezes desprovidos de qualquer pitoresco, sendo que o seu maior representante, Machado de Assis, mostrava desde os anos de 1880 a fragilidade do descritivismo e da cor local, que baniu dos seus livros extraordinariamente requintados. De tal modo que só a partir mais ou menos de 1930, numa segunda fase que estamos tentando caracterizar, as tendências regionalistas, já sublimadas e como transfiguradas pelo realismo social, atingiram o nível das obras significativas, quando em outros países, sobretudo Argentina, Uruguai, Chile, já estavam sendo postas de lado.

A superação destas modalidades e o ataque que vêm sofrendo por parte da crítica são demonstrações de amadurecimento. Por isso, muitos autores rejeitariam como pecha o qualificativo de regionalistas, que de fato não tem mais sentido. Mas isto não impede que a dimensão regional continue presente em muitas obras da maior importância, embora sem qualquer caráter de tendência impositiva, ou de requisito duma equivocada consciência nacional.

O que vemos agora, sob este aspecto, é uma florada novelística marcada pelo refinamento técnico, graças ao qual as regiões se transfiguram e os seus contornos humanos se subvertem, levando os traços antes pitorescos a se descarnarem e adquirirem universalidade.

Descartando o sentimentalismo e a retórica; nutrida de elementos não realistas, como o absurdo, a magia das situações; ou de técnicas antinaturalistas, como o monólogo interior, a visão simultânea, o escorço, a elipse — ela implica não obstante aproveitamento do que antes era a própria substância do nativismo, do exotismo e do documentário social. Isto levaria a propor a distinção de uma terceira fase, que se poderia (pensando em surrealismo, ou super-realismo) chamar de *super-regionalista*. Ela corresponde à consciência dilacerada do subdesenvolvimento e opera uma explosão do tipo de naturalismo que se baseia na referência a uma visão empírica do mundo; naturalismo que foi a tendência estética peculiar de uma época onde triunfava a mentalidade burguesa e correspondia à consolidação das nossas literaturas.

Deste super-regionalismo é tributária, no Brasil, a obra revolucionária de Guimarães Rosa, solidamente plantada no que se poderia chamar a universalidade da região. E o fato de estarem ultrapassados o pitoresco e o documentário não torna menos viva a presença da região em obras como as de Juan Rulfo — quer na realidade fragmentária e obsessiva de *Llano en llamas*, quer na sobriedade fantasmal de *Pedro Páramo*. Por isso é preciso matizar juízos drásticos e no fundo justos, como os de Alejo Carpentier no prefácio de *El reyno de este mundo*, onde escreve que o nosso romance nativista é uma espécie de literatura oficial dos liceus e não encontra leitores nem mais nos lugares de origem. Sem dúvida — se pensarmos na primeira fase da nossa tentativa de classificação; até certo ponto — se pensarmos na segunda; de modo algum — se lembrarmos que a terceira carrega uma dose importante de ingredientes regionais, devido ao próprio fato do subdesenvolvimento. Como ficou dito, tais ingredientes constituem a atuação estilizada das condições dramáticas peculiares a ele, interferindo na seleção dos temas e dos assuntos, bem como na própria elaboração da linguagem.

Não se exigirá mais, como antes se exigiria explícita ou implicitamente, que Cortázar cante a vida de Juan Moreyra, ou Clarice Lispector explore o vocabulário sertanejo. Mas não se deixará igualmente de reconhecer que, escrevendo com requinte e superando o naturalismo acadêmico, Guimarães Rosa, Juan Rulfo, Vargas Llosa praticam em suas obras, no todo ou em parte, tanto quanto Cortázar ou Clarice Lispector no universo dos valores urbanos, uma espécie nova de literatura, que ainda se articula de modo transfigurador com o próprio material daquilo que foi um dia o nativismo.

Literatura de dois gumes

Traçar um paralelo puro e simples entre o desenvolvimento da literatura brasileira e a história social do Brasil seria não apenas enfadonho mas perigoso, porque poderia parecer um convite para olhar a realidade de maneira meio mecânica, como se os fatos históricos fossem determinantes dos fatos literários, ou como se o significado e a razão-de-ser da literatura fossem devidos à sua correspondência aos fatos históricos.

A criação literária traz como condição necessária uma carga de liberdade que a torna independente sob muitos aspectos, de tal maneira que a explicação dos seus produtos é encontrada sobretudo neles mesmos. Como conjunto de obras de arte a literatura se caracteriza por essa liberdade extraordinária que transcende as nossas servidões. Mas na medida em que é um sistema de produtos que são também instrumentos de comunicação entre os homens, possui tantas ligações com a vida social, que vale a pena estudar a correspondência e a interação entre ambas.

Nesta palestra a literatura do Brasil será encarada mais como fato histórico do que como fato estético, pois tentarei mostrar de que maneira está ligada a aspectos fundamentais da organização social, da mentalidade e da cultura brasileira, em vários momentos da sua formação. Se houvesse tempo, procuraria demonstrar que isto só pode ser bem compreendido por meio da análise de textos significativos, pois a ligação entre a literatura e a sociedade é percebida de maneira viva quando tentamos descobrir como as sugestões e influências do meio se incorporam à estrutura da obra — de modo tão visceral que deixam de ser propriamente sociais, para se tornarem a substância do ato criador.

Ficarei, pois, no nível das linhas gerais e das correlações, numa espécie de sondagem preliminar ou introdução ao estudo do problema. Para isto foram escolhidos alguns aspectos, com a intenção de registrar a sua ocorrência em vários momentos da história de nossa sociedade sem obedecer à sequência cronológica estrita, mas descendo e subindo entre os séculos XVI e XIX, que viram o país adquirir fisionomia própria.

A atitude adotada pode ser definida como sentimento dos contrários, isto é: procura ver em cada tendência a componente oposta, de modo a apreender a realidade da maneira mais dinâmica, que é sempre dialética. E como é impossível abranger em poucos minutos matéria tão ampla, me limitarei aos tópicos seguintes, com demora maior no primeiro, por ser o mais geral e a chave dos outros: imposição e adaptação cultural; transfiguração da realidade e senso do concreto; tendência genealógica; o geral e o particular nas formas de expressão.

1. Imposição e adaptação cultural

Para o historiador, o aspecto mais interessante da literatura nos países da América é a adaptação dos padrões estéticos e intelectuais da Europa às condições físicas e sociais do Novo Mundo, por intermédio do processo colonizador, de que é um episódio.

A este respeito comecemos por dizer que em sua formação as nossas literaturas são essencialmente europeias, na medida em que continuam a pesquisa da alma e da sociedade definida na tradição das metrópoles. Tanto mais quanto foram transpostas à América na era do Humanismo, isto é, quando o homem europeu intensificava o seu contato com as fontes greco-latinas e manifestava grande receptividade em relação a outras formas de cultura, das quais ia tendo a revelação. De maneira que herdamos relativamente pouco do que havia de popular, mágico-religioso e espontâneo na literatura da Idade Média; e muito, ao contrário, de uma literatura erudita, cheia de exigências formais, aberta para uma visão realista e ao mesmo tempo alegórica da vida.

Mas, de outro lado, este tipo de literatura veio atuar em regiões desconhecidas, habitadas por povos de cor e tradição diferentes (no caso do Brasil, primitivos), aos quais se juntaram logo outros povos trazidos da África, aumentando a complexidade do panorama. Em consequência, a literatura foi obrigada a imprimir na expressão herdada certas inflexões que a tornaram capaz de exprimir também a nova realidade natural e humana. Deste modo, deu-se no seio da cultura europeia uma espécie de experimentação, cujo resultado foram as literaturas nacionais da América Latina no que têm de prolongamento e novidade, cópia e invenção, automatismo e espontaneidade. E elas foram se tornando variantes de tal modo diferenciadas das literaturas matrizes que, já nos últimos cem anos, chegaram nalguns casos a influir nelas.

Quanto ao Brasil estas observações são necessárias, apesar de óbvias, porque a nossa crítica naturalista, prolongando sugestões românticas, transmitiu por vezes a ideia enganadora de que a literatura foi aqui produto do encontro de três tradições culturais: a do português, a do índio e a do africano. Ora, as influências dos dois últimos grupos só se exerceram (e aí intensamente) no plano folclórico; na literatura escrita atuaram de maneira remota, na medida em que influíram na transformação da sensibilidade portuguesa, favorecendo um modo de ser que, por sua vez, foi influir na criação literária. Portanto, o que houve não foi fusão prévia para formar uma literatura, mas modificação do universo de uma literatura já existente, importada com a conquista e submetida ao processo geral de colonização e ajustamento ao Novo Mundo.

Levando a questão às últimas consequências, vê-se que no Brasil a literatura foi de tal modo expressão da cultura do colonizador, e depois do colono europeizado, herdeiro dos seus valores e candidato à sua posição de domínio, que serviu às vezes violentamente para impor tais valores, contra as solicitações a princípio poderosas das culturas *primitivas* que os cercavam de todos os lados. Uma literatura, pois, que do ângulo político pode ser encarada como peça eficiente do processo colonizador.

Comecemos lembrando, em nível popular, as restrições opostas pela administração colonial a uma expansão possível das culturas dominadas. Em São Paulo, por exemplo, onde era forte e atuante a presença do índio, havia uma competição cultural que foi resolvida, de um lado, pela fusão racial e espiritual; mas, de outro, por uma dura repressão por parte das autoridades. Assim, a Câmara da Vila de São Paulo estabelecia penalidades para os brancos, e considerados tais, que participassem dos festejos nativos ou os promovessem. Em nível mais brando, as culturas dominadas foram permitidas em todo o país a modo de apêndice pitoresco, como válvula de escape que formava contraste para realçar a cultura dominante nas festividades oficiais.

Ainda mais drástico foi o caso da língua geral, o tupi-guarani adaptado pelos jesuítas e falado correntemente por toda a população bilíngue em diversos lugares, e que foi proibida em São Paulo na segunda metade do século XVIII, até se extinguir rapidamente num meio cada vez mais estabilizado dentro da cultura de tipo europeu. Os últimos a usá-la normalmente foram registrados em Porto Feliz no decênio de 1820; mas a não ter sido aquela medida repressiva, é possível, como já se tem dito, que ocorresse em São Paulo até hoje um bilinguismo análogo ao do Paraguai.

A literatura desempenhou papel saliente nesse processo de imposição cultural, bastando lembrar que os cronistas, historiadores, oradores e poetas dos primeiros séculos eram quase todos sacerdotes, juristas, funcionários, militares, senhores de terras — obviamente identificados aos valores sancionados da civilização metropolitana. Para eles as letras deviam exprimir a religião imposta aos primitivos e as normas políticas encarnadas na Monarquia; mas, mesmo quando desprovidas de aspecto ideológico ostensivo, seriam uma forma de disciplina mental da Europa, que deveria ser aplicada ao meio rústico a modo de instrução e defesa da civilização.

Este intuito de controle social é expresso pela atividade cultural da Igreja e do Estado, ao promoverem manifestações literárias para comemorar as festas religiosas, as datas ligadas à Família Real, a movimentação das autoridades, os acontecimentos políticos e militares. Estes eram os principais pretextos para jornadas de sermões ou representações teatrais, composição e recitação de poemas. Abundam na correspondência dos governadores das Capitanias as ordens a professores, corporações, Câmaras para promoverem tais atividades.

Dessas comemorações de reforço ficaram documentos importantes, que constituem uma parte considerável da vida literária do nosso passado e testemunham a função ideológica de uma literatura diretamente ligada aos mecanismos de dominação. É o caso da coletânea feita em 1749 por ocasião da posse do primeiro bispo de Mariana (*Áureo trono episcopal*); ou do livro em que se publicou o tributo poético ao governador do Rio de Janeiro, Gomes Freire de Andrada, no ano de 1752 (*Júbilos da América*).

Em plano mais elevado e sistemático, verificamos coisa parecida nas Academias fundadas no século XVIII com intenção de durar e promover grandes estudos, na Bahia e no Rio de Janeiro. Os seus membros eram pessoas de relevo social; os seus fundadores e protetores foram vice-reis ou altos magistrados. Por isso não espanta que promovessem a celebração direta da ordem por meio das letras, louvando as normas da colonização, defendendo e justificando a obra do colonizador, ecoando a palavra das autoridades. Ao mesmo tempo manifestavam espírito de investigação histórica, e em seguida científica, esforçando-se por serem encarnação da memória do passado e fator de progresso intelectual.

Finalmente, quanto às obras literárias não ocasionais encontramos fenômeno igual, de maneira mais complexa e matizada. É bastante significativo que os livros extensos e ambiciosos do século XVIII, fora da poesia lírica, se apliquem à mesma celebração dos valores ideológicos dominantes. É o caso da curiosa ficção moral de Nuno Marques Pereira, *O peregrino da América* (1728), da *História da América portuguesa* (1730), de Sebastião da Rocha Pita, dos poemas *O Uraguai* (1769), de Basílio da Gama, *Vila Rica* (anterior a 1776), de Cláudio Manuel da Costa, *Caramuru* (1781), de Santa Rita Durão. Em todos eles predomina a ideia conformista de que a empresa colonizadora foi justa e fecunda, devendo ser aceita, louvada como implantação dos valores morais, religiosos e políticos que reduziam a barbárie em benefício da civilização. Aliás, os três poemas têm como assunto o encontro entre ambas.

Mas naquela altura este ponto de vista já estava sendo questionado, inclusive, logo a seguir, com base na obra denunciadora de Raynal, cuja leitura se considerava subversiva e foi capitulada como culpa na repressão da Sociedade Literária do Rio de Janeiro (1794). Olhando a outra face da medalha, vemos, portanto, que a colonização portuguesa ia criando a sua própria contradição, na medida em que se modificava para se adaptar, e ao consolidar as classes dominantes da Colônia. Os interesses destas começaram a certa altura a apresentar divergências em relação aos da Metrópole, e elas também se puseram a exprimir as suas novas posições e sentimentos através da literatura. Esta reação intelectual da elite não foi dificultada pelas formas literárias que o português trouxe, como pensavam os nacionalistas do Romantismo; ao contrário, a adaptação ao meio americano já as havia tornado capazes de exprimir aquela reação. Tanto assim que as atividades e obras literárias que acabo de mencionar podem ser vistas de ângulos divergentes, e mesmo contrários, mas igualmente válidos. Justamente pelo fato de manter relações com a realidade social, a literatura incorpora as suas contradições à estrutura e ao significado das obras.

As Academias, por exemplo, na medida em que pesquisaram o passado, valorizaram as figuras dos brasileiros natos e exaltaram a importância dos seus feitos, acentuando os traços próprios do país e preparando deste modo as atitudes nacionalistas em embrião. Já se tem observado que elas foram deslizando insensivelmente neste sentido, a ponto da última, a Sociedade Literária, ter sido fechada em 1794 e os seus membros processados, porque se transformara numa espécie de clube político, admirando a Revolução Francesa e questionando a legitimidade do estatuto colonial.

Com referência aos livros citados mais alto, é fácil notar que a *História da América portuguesa* alcançou um grau de nativismo que a transformou em instrumento para verificar as diferenças do país e, portanto, o seu eventual afastamento da Metrópole. *O Uraguai*, que de um lado se preocupava em elogiar a ação do Estado na guerra contra as missões jesuíticas do Sul, de outro lado interessou-se tanto pela ordem natural da vida indígena, pela beleza plástica do mundo americano, que lançou os fundamentos do que seria o Indianismo e se tornou um dos modelos do nacionalismo estético do século XIX. Coisa parecida aconteceu com o *Caramuru*, onde a ordem natural do índio se opõe à ordem político-religiosa do branco. Devido à grande acuidade do autor o poema apresenta uma expressiva ambiguidade (pois ambígua era a sociedade local), valendo ao mesmo tempo como glorificação do português e como glorificação do país, onde o brasileiro já começava a sentir-se coagido pelo sistema colonial.

Resumindo, digamos que o século XVIII representa uma fase de amadurecimento no processo de adaptação da cultura e da literatura. Observam-se nele a ocorrência de temas novos e novas maneiras de tratar velhos temas, inclusive a preferência muito significativa por certas formas de composição em prosa e verso, que permitiam exprimir de maneira mais adequada uma realidade física e social diferente; esta, nascida da dinâmica interna da colonização. Por isso as obras que mais desejam acentuar e reforçar a ordem política e cultural dominante são, ao mesmo tempo, as que utilizam as sugestões locais com maior carinho e discernimento, acabando por parecer à posteridade que afirmavam as nossas peculiaridades e sentimentos contra a superimposição externa. É que esta se tornara em grande parte adaptação, e a literatura, no conjunto da herança cultural portuguesa, ia passando para o controle dos novos grupos dominantes, sempre como fator de uma unidade, uma continuidade e uma consciência do real que se ajustavam aos seus interesses e aos seus desígnios.

2. Transfiguração da realidade e senso do concreto

Em *Visão do paraíso*, Sérgio Buarque de Holanda mostrou que a colonização do Brasil sofreu a influência (mesmo freada pelo realismo português) duma série de imagens ideais a respeito da beleza, riqueza e propriedades miraculosas do continente americano, imagens bem representadas pela famosa lenda do *El Dorado*, que obsedou tanta gente. Este movimento da imaginação pode ser também considerado uma forma de orientar inconscientemente a realização da Conquista, pois permitiu não apenas estimular a exploração de recursos naturais, mas, indiretamente, penetrar na vastidão desconhecida e submetê-la às normas e à cultura impostas pela Metrópole.

De maneira parecida, a imaginação literária transfigurou a realidade da terra e, ao mesmo tempo, submeteu-a a uma descrição objetiva, como se o conhecimento dependesse dessa via contraditória. O homem português da época dos descobrimentos não via contradição nisto, pois era crédulo e crítico, sonhador e prático. E de fato as dimensões do país incitavam o espírito a se atirar no devaneio, mas ao mesmo tempo o puxavam para a terra, fazendo-o encarar as tarefas com pragmatismo.

Para muitos escritores do século XVII e grande parte do XVIII, a linguagem metafórica e os jogos de argúcia do espírito barroco eram maneiras normais de comunicar a sua impressão a respeito do mundo e da alma. E isto só poderia ser favorecido pelas condições do ambiente, formado de contrastes entre a inteligência do homem culto e o primitivismo reinante, entre a grandeza das tarefas e a pequenez dos recursos, entre a aparência e a realidade. Como a desproporção gera o senso dos extremos e das oposições, esses escritores se adaptaram com vantagem a uma moda literária que lhes permitia empregar ousadamente a antítese, a hipérbole, as distorções mais violentas da forma e do conceito. Para eles o estilo barroco foi uma linguagem providencial, e por isso gerou modalidades tão tenazes de pensamento e expressão que, apesar da passagem das modas literárias, muito delas permaneceu como algo congenial ao país.

No Brasil, sobretudo naqueles séculos, esse estilo equivalia a uma *visão* — graças à qual foi possível ampliar o domínio do espírito sobre a realidade, atribuindo sentido alegórico à flora, magia à fauna, grandeza sobre-humana aos atos. Poderoso fator ideológico, ele compensa de certo modo a pobreza dos recursos e das realizações; e ao dar transcendência às coisas, fatos e pessoas, transpõe a realidade local à escala do sonho. A *História* de Rocha Pita, apesar do conteúdo informativo, cristaliza essa extensão do real. Pouco antes, em 1705, Botelho de Oliveira tinha aberto com a *Música do parnaso* a série de poemas de hipérbole nativista, que se tornaram uma constante quase até os nossos dias, quando apenas sobrevivem no ridículo. Exemplo curioso nessa longa sequência é o trecho do *Assunção* (1820), de frei Francisco de São Carlos, onde o Paraíso é plantado com as espécies típicas dos pomares brasileiros.

A esta atitude de espírito se prende a velha predileção da nossa poesia pela prosopopeia, isto é, a humanização da natureza, que fala ao homem. É como se o gigantismo e a inospitalidade da terra se acomodassem aos desejos do colonizador, que deste modo a incorpora fraternalmente ao universo dos seus sonhos. *Prosopopeia* (1600) é significativamente o nome de um dos nossos primeiros poemas; e nele o Oceano profetiza sob a forma de uma divindade marinha. Mais tarde, as amplificações pomposas de Rocha Pita, em prosa, de Itaparica, Durão e outros, em verso, são uma espécie de animação da natureza, fazendo do país inteiro um desmesurado corpo vivo.

A partir dos meados do século XVIII essa tendência se manifesta também no gênero ovidiano da "metamorfose", como em vários lugares da obra lírica de Cláudio Manuel da Costa, onde vemos a natureza de Minas animar-se pela transformação lendária de ciclopes em montanhas, de ninfas em rios portadores de ouro. Cruz e Silva, português que passou grande parte da vida no Brasil, transpõe diversos aspectos da nossa paisagem conforme o mesmo processo; e no começo do século XIX Januário da Cunha Barbosa imagina num longo poema que a baía do Rio de Janeiro se formara a partir de um episódio da guerra dos Titãs. Já em pleno Romantismo, Gonçalves Dias vê na serra dos Órgãos as formas de um gigantesco índio adormecido que, simbolizando a terra, testemunha o choque das raças e a destruição da sua. Não custa lembrar que, no começo do século XX, uma das imagens centrais do poema escolhido pela República para a velha melodia do Hino Nacional é o país deitado na beira do mar, sob a forma de um gigante pronto a entrar em ação através dos seus filhos.

Estas maneiras de ver, que elaboram o sentimento nacional por meio de uma exaltação da sua realidade física, existem por vezes nas obras menos poéticas pelo assunto e pelo intuito, como são as informações sobre costumes, vida econômica e acontecimentos. É certo que alguns cronistas, como o sóbrio frei Vicente do Salvador na *História do Brasil* (1627), limitam-se o mais possível a informar objetivamente e em linguagem direta, como haviam feito no século anterior Anchieta e Gabriel Soares de Sousa. Mas outros embalam na hipérbole, mesmo sem sair do concreto, e vão dando às coisas um brilho e um relevo de epopeia ou lenda, como é o caso de Simão de Vasconcelos.

A prova de que essa visão não era incompatível com a fidelidade ao real pode ser verificada num dos observadores mais argutos e precisos da vida econômica da Colônia, o jesuíta italiano Andreoni, que publicou em 1711 a sua obra fundamental sobre o assunto com o pseudônimo de André João Antonil. Nela, os números e os relatórios áridos são envolvidos frequentemente pelo voo do estilo, que alarga a compreensão dos fatos por meio da linguagem figurada. É o caso da admirável descrição do processo de fabricar açúcar, apresentado como suplício numa câmara infernal onde os escravos negros são expostos à voracidade das máquinas que os mutilam, chamuscados pelo calor das fornalhas, enquanto a cana é cortada, esmagada, moída, queimada para se extrair o caldo, numa sequência de ressonância metafórica que o leitor transpõe para a condição do homem. Dessa página eloquente, abrasada pelo fogo das imagens, desprende-se uma visão alegórica que faz compreender, mais que os quadros numéricos, as precisões técnicas e a própria intenção do autor, a dura iniquidade do processo econômico.

Mas não devemos esquecer, no outro lado, a representação direta da realidade, que não apenas coexiste com esse método transfigurador, mas predomina em outras, a exemplo dos cronistas citados há pouco, que contribuíram para estabelecer em nossa literatura um realismo que se tornou arma de conhecimento objetivo da sociedade e do espírito.

Na poesia da segunda metade do século XVIII manifestam-se nesta direção as tendências didáticas e de crítica social. Sofrendo influência da Ilustração, elas constituem um esboço do que seria a consciência nacional propriamente dita. Poesia didática pura são as obras latinas de Prudêncio do Amaral sobre o açúcar e de Basílio da Gama sobre a mineração. Mas os poemas cômicos de Silva Alvarenga e Francisco de Melo Franco sobre a situação do ensino em Portugal já entram pela política, enquanto os poemas científicos de Sousa Caldas, sobre as aves, e do mesmo Silva Alvarenga, sobre as formas do saber, denotam certo inconformismo. O exemplo mais brilhante é obviamente *Cartas chilenas*, poema que expõe com veemência a corrupção administrativa e os abusos do poder.

Estes e outros escritores foram na maior parte adeptos da política reformadora de Pombal, que fez muito pelo Brasil à sua maneira de déspota ilustrado. Alguns deles (encarnando tanto a visão utópica dos nativistas, transfiguradores da realidade, quanto a mentalidade crítica dos precursores do nacionalismo) chegaram a exprimir algumas reivindicações do país, que começava a perceber as contradições do domínio português. E os que se reuniram a fim de debater e aventar soluções para tais problemas foram presos, processados, exilados, infamados socialmente, tanto na repressão da Inconfidência Mineira, de 1789, quanto da que se poderia chamar Inconfidência Carioca, de 1794. Esses poetas, eruditos, sacerdotes, exprimem a maturidade da inteligência brasileira aplicada ao conhecimento e à expressão do país. A sua tomada de posição, que caro lhes custou, pode ser considerada o primeiro sinal concreto do movimento que terminaria com a independência política em 1822. E isto mostra como a literatura foi atuante na imposição dos padrões culturais e, a seguir, também como fermento crítico capaz de manifestar as desarmonias da colonização.

Feita a independência política, difundiu-se entre os escritores a ideia de que a literatura era uma forma de afirmação nacional e de construção da pátria; daí subsistirem, como antes, os dois aspectos indicados. Vale a pena assinalar que a representação mais realista encontrou no novo gênero do romance, a partir do decênio de 1840, um instrumento apto para efetuar verdadeira sondagem social. Desde o início a ficção brasileira teve inclinação pelo documentário, e durante o século XIX foi promovendo uma espécie de grande exploração da vida na cidade e no campo, em todas as áreas, em todas as classes, revelando o país aos seus habitantes, como se a intenção fosse elaborar o seu retrato completo e significativo. Por isso ainda permanece viva a realidade que apresenta — seja no romance do tempo do Romantismo, com Macedo, Alencar, Manuel Antônio de Almeida, Bernardo Guimarães, Franklin Távora, Taunay, seja no do Realismo e do Naturalismo, com Machado de Assis, Aluísio Azevedo, Inglês de Sousa, Oliveira Paiva, Adolfo Caminha e outros, que nos trazem ao começo do século XX.

3. Tendência genealógica

A minha insistência no século XVIII não é fortuita, pois nele se definiram com certa clareza as linhas da nossa fisionomia espiritual, configurando-se valores que influíram em toda a evolução posterior da sociedade e da cultura. Na literatura, notamos sob este aspecto certas escolhas intelectuais e artísticas, entre as quais podemos destacar o que noutro estudo chamei "tendência genealógica", tomando o qualificativo em sentido amplo, a fim de designar a interpretação ideologicamente dirigida do passado com o intuito de justificar a situação presente.

Ela corresponde à formação da consciência das classes dominantes locais que, depois de estabilizadas, necessitavam elaborar uma ideologia que justificasse a sua preeminência na sociedade, à luz dos critérios que definiam a formação e privilégios dos três *estados* que a constituíam oficialmente (clero, nobreza e povo). Já vimos que no período colonial a inteligência escolheu aspectos adequados para *criar* um meio natural representado na literatura e dando forma ao sentimento. Do mesmo modo, ela *inventou, criou* um tipo de história, por meio da avaliação especial da mestiçagem e do contato de culturas. O elemento paradoxal do ponto de vista lógico, mas normal do ponto de vista sociológico, foi a tentativa de compatibilizar com os padrões europeus a realidade de uma sociedade pioneira, sincrética sob o aspecto cultural, mestiça sob o aspecto racial. De fato, a "tendência genealógica" consiste em escolher no passado local os elementos adequados a uma visão que de certo modo é nativista, mas procura se aproximar o mais possível dos ideais e normas europeias. Como exemplo para ilustrar este fato no terreno social e no terreno literário, intimamente ligados no caso, tomemos a idealização do índio.

Àquela altura, nas zonas colonizadas este já estava neutralizado, repelido, destruído ou dissolvido em parte pela mestiçagem. Para formar uma imagem positiva a seu respeito contribuíram diversos fatores, entre os quais a condição de homem que os jesuítas lhe reconheceram; a abolição da sua escravização em meados do século XVIII; o costume dos reis portugueses de conferir categoria de nobreza a alguns chefes que, nos séculos XVI e XVII, ajudaram a conquista e defesa do país; e finalmente a moda do "homem natural". Tudo isso ajudou a elaborar um conceito favorável, não sobre o índio de todo o dia, com o qual ainda se tivesse contato, mas sobre o índio das regiões pouco conhecidas e, principalmente, o do passado, que se pôde plasmar com a imaginação até transformá-lo em modelo ideal. Note-se que esse índio eponímico, esse antepassado simbólico, justificador tanto da mestiçagem quanto do nativismo, podia ter curso livre no plano da ideologia porque a sua evocação não tocava no sistema social, que repousava sobre a exploração do escravo negro — e este só receberia um esboço de tratamento literário idealizador na segunda metade do século XIX, quando começou a crise do regime servil.

A atitude positiva em relação ao índio já é clara na Academia dos Renascidos, que em 1759, mandando elaborar as biografias dos homens ilustres da história colonial, incluiu pela primeira vez os chefes indígenas ao lado de governadores, magistrados, guerreiros, senhores de terras, promovendo-os assim ao nível dos varões tutelares. Ainda mais significativa foi a sua incorporação ao orgulho ancestral, no momento em que as famílias importantes começavam a estabelecer o registro (sobretudo forjado) das suas estirpes. Como elas se colocavam a este respeito numa perspectiva formalmente europeia, surgia o problema delicado da mestiçagem, que era fator discrepante em relação à ideia de nobreza, e da consequente "pureza de sangue" dos "quatro costados". Para resolvê-lo, os linhagistas criaram a ficção das "princesas do sangue brasílico", isto é, as filhas dos chefes que se tinham unido aos primeiros colonos. Deste modo, como ocorre em toda sociedade nova, os aspectos heterodoxos foram reduzidos ao padrão dominante, e os arrivistas da Colônia procuraram legitimar a sua posição social preeminente por meio de uma *correção* do passado. Entre as obras consagradas a essa mistificação ideológica estão (nos três núcleos principais da colonização) as de Borges da Fonseca, em Pernambuco, a de Jaboatão, na Bahia, a de Pedro Taques, em São Paulo.

O resultado positivo foi erigir o índio em símbolo nacional e, assim, encontrar um recurso para afirmar as nossas particularidades. Mais tarde, com efeito, no século XIX, não foram apenas as famílias importantes com as suas divertidas "princesas", mas toda a nação que passou a ver no autóctone uma espécie de antepassado mítico, de herói epônimo, que acabou servindo para outra mistificação de alcance bem geral: atribuir ao sangue indígena (previamente valorizado) a mestiçagem com o africano, que por várias razões, sobretudo a de ser ele ainda escravo, era cuidadosamente negada ou disfarçada, terminando por ser ignorada nos casos individuais (pelo *esquecimento* total do antepassado negro).

Associado desta maneira ao processo civilizador segundo as classes dominantes, arraigado na consciência de grupos sociais cada vez mais numerosos, o índio não teve dificuldade em tornar-se personagem literário privilegiado. Nos três poemas referidos há pouco — *O Uraguai*, *Vila Rica*, *Caramuru* —, sobretudo no primeiro e no terceiro, ele entra como força pitoresca e humana, enquanto em outras composições menores vai aparecendo cada vez mais como símbolo da terra e, depois, dos sentimentos locais. Para os escritores da segunda metade do século XVIII, muitos dos quais seguiam as convenções da poesia pastoral, e portanto proclamavam a beleza e dignidade da vida rústica, o reconhecimento do índio como tipo de "homem natural" era quase uma extensão lógica. Esta circunstância aparece concretizada de maneira completa em certos neoclássicos retardatários, como o poeta pernambucano Antônio Joaquim de Melo, que no decênio de 1830 escreveu éclogas formalmente ortodoxas, com diálogo e tudo, cujos pastores eram simplesmente substituídos por índios.

Depois de 1840 os românticos fizeram do Indianismo uma paixão nacionalista, que transbordou o círculo dos leitores e se espalhou por todo o país, onde perdura o uso dos nomes indígenas, muitos dos quais tomados a personagens de romances e poemas daquela época. Os dois escritores mais eminentes do Indianismo romântico, Gonçalves Dias e José de Alencar, foram considerados pelos contemporâneos como realizadores de uma literatura que finalmente era nacional, porque manifestava a nossa sensibilidade e a nossa visão das coisas.

O triunfo dessa opinião unilateral significa o apogeu da "tendência genealógica" durante o Romantismo, quando foi fortalecida pelo intuito, politicamente compreensível, de negar os valores ligados à colonização portuguesa. O desejo de independência integral ia das esferas da alta política até os hábitos de cada um, sendo que várias pessoas trocaram por nomes indígenas os seus sobrenomes, como se isto apagasse a origem e a tradição que as tinha formado. Afinando por este ritual nacionalista, de valor simbólico muito ponderável, os dois imperadores, ao conferirem títulos de nobreza, tiveram predileção pela toponímia indígena, que forneceu a designação de quase metade dos titulares (430 sobre 990), resultando barões, condes, marqueses de sonoridade bizarra para o ouvido europeu.

Esta ânsia de diferenciação integral de uma jovem nação explica o incremento que teve no século XIX o desejo de *inventar* um passado que já fosse nacional, marcando desde cedo a diferença em relação à mãe-pátria. Inspirada em parte por autores franceses interessados pelo exotismo americano, a crítica literária estabeleceu então que descrever a natureza e os costumes do país, sobretudo os das suas raças primitivas, era a verdadeira tarefa da literatura e o critério para identificar, no passado, aqueles que tinham contribuído para criá-la.

O que havia de estreito e restritivo nesta ideia foi compensado pelo efeito que ela teve na mudança da estética literária, pois como o Romantismo coincidiu com a Independência, tudo o que era escrito segundo os seus princípios passou a ser considerado mais autenticamente brasileiro, e assim se definiu um critério que vinculou a produção literária à construção da nacionalidade. Não foram apenas os novos temas, mas também os temas tradicionais que de repente pareceram mais nossos, mais legítimos, ao se exprimirem conforme a maneira personalizadora que então predominava, com o seu gosto pelo sentimentalismo, o patético e a confidência, reputados algo realmente *brasileiro*.

Além disso, como se tratava de construir a nação, as atividades intelectuais e artísticas foram consideradas por si mesmas contribuição a este esforço — o que conferiu ao poeta, ao romancista, ao orador, ao jornalista uma importância maior do que se poderia esperar em país tão atrasado. Talvez tenha influído nisso a atitude do segundo Imperador junto às elites, pois ele se considerava um intelectual e de fato manifestou sempre, durante o seu longo reinado, embora conforme os padrões mais convencionais, um amor e um apoio constantes à literatura, artes e ciências. Influiu também com certeza o fato do exercício da literatura ser homólogo ao das "profissões liberais", o que a fez beneficiar-se do grande prestígio destas. No fundo, todas eram expressões diversas das camadas dominantes e funcionavam como critérios para a sua adaptação às circunstâncias novas, marcadas pela urbanização e a formação das classes médias.

4. O geral e o particular nas formas de expressão

Para os teóricos românticos o Classicismo (que para eles engloba o que depois se chamou Barroco) teria sido expressão do colonizador português, perturbando o desenvolvimento original da literatura brasileira, apesar do esforço de alguns escritores. Inversamente, o Romantismo representaria o espírito nacional, permitindo com a sua liberdade criadora a manifestação do gênio brasileiro inspirado pelas características da terra, da sociedade, dos ideais.

Esta noção nitidamente ideológica correspondia a um estádio da consciência nacional em plena euforia. E como tinha um lado verdadeiro, implantou-se de tal modo que ainda hoje vemos críticos e professores falarem da importância dos escritores do período colonial, *apesar* da imitação clássica. Subentende-se que ser brasileiro era ser qualquer coisa de parecido com o que foram os românticos.

Ora, nada mais duvidoso e prejudicial para uma boa compreensão da nossa história literária do que este parecer cheio de descompasso temporal, cujo pressuposto é que os escritores do tempo da Colônia devessem ter renegado a moda literária dominante em todo o mundo ocidental, para se tornarem magicamente nacionalistas românticos antes do tempo. A outra suposição errada é que as normas clássicas não se prestavam a exprimir a realidade natural e social do país. O que ficou dito até agora deve ter deixado claro que penso o contrário, devido a razões ao mesmo tempo de ordem histórica e estética.

Historicamente a literatura do período colonial foi algo imposto, inevitavelmente imposto, como o resto do equipamento cultural dos portugueses. E este fato nada tem de negativo em si, desde que focalizemos a colonização, não pelo que poderia ter sido, mas pelo que realmente foi como processo de criação do país, com todas as suas misérias e grandezas.

No Brasil, ao contrário dos países americanos que conheceram grandes civilizações pré-colombianas, é impossível pensar num processo civilizador à margem da conquista europeia, que criou o país. Entre nós seria inadmissível dizer, como diz o escritor boliviano Jesus Lara a propósito do poeta quéchua José Wallparrimachi Maita, que a conquista destruiu a possibilidade de desenvolvimento duma literatura original, de qualidade equivalente à que foi imposta, e mais *autêntica* do que ela. A nacionalidade brasileira e as suas diversas manifestações espirituais se configuraram mediante processos de imposição e transferência da cultura do conquistador, apesar da contribuição (secundária em literatura) das culturas dominadas, do índio e do africano, esta igualmente importada.

Indo mais longe e desenvolvendo uma afirmação feita há pouco, poderíamos mesmo dizer que os padrões clássicos (no sentido amplo, abrangendo todo o período colonial) foram eficazes, por vários motivos e sob as suas diversas formas: Humanismo de influência italiana, no século XVI, Barroco de influência espanhola, no século XVII, Neoclassicismo de influência francesa, no século XVIII. Em qualquer destes casos, tratava-se de uma disciplina intelectual coerente que levou a inteligência a se exercer com rigor; isto lhe deu consistência e resistência na sociedade atrasada e por vezes caótica do período colonial. Além disso, a convenção greco-latina era fator de universalidade, uma espécie de idioma comum a toda a civilização do Ocidente; por conseguinte, na medida em que a utilizaram, os escritores do Brasil integraram nesta civilização as manifestações espirituais da sua terra, dentro, é claro e como ficou dito, do propósito colonizador de dominação, inclusive através da literatura.

Vistos assim, certos traços que sempre foram censurados no Classicismo tornam-se fatores positivos, como a "artificialidade" das suas tendências, isto é, o caráter convencional do seu discurso. Talvez isto haja perturbado a expressão mais calorosa da personalidade, sem falar no aproveitamento eventual de inspirações populares. Mas em compensação, ao estabelecer contraste com o primitivismo reinante, permitiu aos intelectuais criar um mundo de liberdade e autonomia espiritual, que preservou a existência da literatura, neutralizando o perigo de absorção pelo universo do folclore; e ao fazer do escritor um cidadão da República universal das letras, tornou-o fator de civilização do país. Daí a sua capacidade crítica, às vezes mesmo a sua rebeldia, como verificamos em diversos aspectos da obra de Gregório de Matos, ou, de modo mais engajado, nos poetas chamados arcádicos do século XVIII. Portanto, o que havia de negativamente artificial na moda clássica foi compensado por esta circunstância, graças à qual certos escritores de valor dos séculos XVII e XVIII parecem às vezes menos provincianos, mais abertos para os grandes problemas do homem do que muitos românticos do século XIX, enrolados no egocentrismo e no pitoresco.

Mas mesmo aceitando a argumentação tradicional, podemos ver que o estilo clássico se prestava bem para exprimir um mundo novo, enorme e desconhecido. Já vimos que o uso da alegoria e do mito facilitara a descoberta e a classificação estética da natureza, enquanto o uso de recursos mais particulares como a perífrase, o hipérbato, a elipse, a hipérbole permitia ajustar a linguagem à realidade insólita ou desconhecida. Quando Cláudio Manuel da Costa transforma em Polifemos as rochas da Capitania de Minas, e em Galateias os ribeirões cheios de ouro, está dando nome ao mundo e incorporando a realidade que o cerca a um sistema inteligível para os homens cultos da época, em qualquer país de civilização ocidental. Assim, a possibilidade de ajustar a tradição ao meio trazia em si, ao lado da disciplina, uma considerável liberdade; e da combinação de ambas formou-se a expressão ao mesmo tempo geral e particular, universal e local, que a literatura do tempo da Colônia transmitiu como conquista sua.

Para mostrar a plasticidade de formas reputadas tão rígidas e constrangedoras, lembremos como Gregório de Matos pôs nos rigorosos limites convencionais do soneto não apenas a expressão dos padecimentos do amor e toda a inquietação do pecado (isto é, algo *normal* dentro da tradição), mas os costumes da sociedade em formação, com os seus preconceitos, as suas querelas, a sonoridade dos seus nomes indígenas. A noção de convenção é relativa, e quando os nossos poetas arcádicos escrevem sobre pastores e a paz virgiliana dos campos, não são mais artificiais do que um poeta espanhol ou inglês baseado na mesma moda. O importante é que através dessa convenção livresca manifestaram implicitamente, de maneira original, o contraste entre a civilização da Europa, que os fascinava e na qual se haviam formado intelectualmente, e a rusticidade da terra onde viviam, que amavam e desejavam exprimir. Como ficou visto noutros níveis, também aqui, na esfera essencial dos recursos literários, a imposição e adaptação de padrões culturais permitiram à literatura contribuir para formar uma consciência nacional. Na sociedade duramente estratificada, submetida à brutalidade de uma dominação baseada na escravidão, se de um lado os escritores e intelectuais reforçaram os valores impostos, puderam muitas vezes, de outro, usar a ambiguidade do seu instrumento e da sua posição para fazer o que é possível nesses casos: dar a sua voz aos que não poderiam nem saberiam falar em tais níveis de expressão.

Dentro do processo de análise que estamos seguindo, mencionemos que foi igualmente fecundo sob este aspecto o espírito romântico, que, em contexto histórico diverso, permitiu maior exteriorização dos sentimentos e das atitudes. Ao anunciar o que fazia à medida que o fazia, o escritor romântico expunha claramente o seu desígnio afetivo ou social, e isto lhe deu maior poder de comunicação imediata. E enquanto na sociedade de *estados* a literatura clássica era mais discriminatória, pressupondo no leitor uma certa formação, a do Romantismo se tornou acessível a níveis mais modestos e grupos mais numerosos.

As formas de expressão de que o Romantismo dispunha eram, aliás, mais plásticas. E esta plasticidade maior parece providencial vista de hoje. Mesmo porque, numa sociedade já constituída como nação e orientada para o seu destino próprio, como a nossa no século XIX, o rigor, o senso rígido da ordem espiritual e estética eram menos necessários. E embora a literatura seja uma disciplina e uma norma, as formas mais acessíveis que então assumiu favoreceram não apenas a penetração em setores vivos da consciência e da sociedade, mas a difusão maior junto aos leitores. Basta comparar o rigor dialético de um soneto barroco, o malabarismo conceitual de uma ode ou a rigorosa disposição de uma tragédia clássica, com o universo aberto, comparativamente amorfo do romance, ou a musicalidade embaladora do verso romântico, exprimindo uma sensibilidade mais ondulante e comunicativa.

No entanto (como procurei mostrar num livro sobre o assunto) esta ruptura estética entre os dois períodos não significa ruptura histórica, pois o Romantismo continuou orientado pela mesma tendência, isto é, o duplo processo de integração e diferenciação, de incorporação do geral (no caso, a mentalidade e as normas da Europa) para obter a expressão do particular, isto é, os aspectos novos que iam surgindo no processo de amadurecimento do país. Esta circunstância dá continuidade e unidade à nossa literatura, como elemento de formação da consciência nacional, do século XVI, ou pelo menos do século XVII, até o século XIX. A essa altura, tanto a literatura quanto a consciência das classes dominantes (a que ela correspondia) já podem ser consideradas maduras e consolidadas, como a sociedade, porque eram capazes de formular os seus problemas e tentar resolvê-los.

5. Conclusão

Como sempre acontece nas sínteses ambiciosas e rápidas, termino com um sentimento de insatisfação. Para mostrar qual foi a função da literatura no processo de formação nacional do Brasil, coloquei-me no ângulo da História e deixei de lado os aspectos mais propriamente estéticos. Além disso, não mencionei os momentos em que a literatura começa a produzir as suas obras ao mesmo tempo mais características e mais importantes, isto é, desde Machado de Assis até os nossos dias, passando pelo grande eixo dos modernistas de 1922. Com isso tenho a impressão de haver mostrado apenas o vestíbulo, sem entrar no interior da casa.

Mas mesmo dentro dos quadros que estabeleci fui limitado e talvez injusto. Teria sido preciso mostrar como algumas tendências, vistas aqui sob o aspecto positivo, foram também negativas. Mostrar, por exemplo, como a transfiguração barroca instaurou nos hábitos mentais do brasileiro um amor irracional pela grandiloquência pura e simples. Como a transposição da realidade através da imagem e da alegoria levou muitas vezes o espírito a se enganar a si mesmo, e a ação a cruzar os braços ou se perder na utopia estéril. Teria sido preciso mostrar bem, e não apenas indicar, de que maneira a elaboração mitológica do índio serviu para ocultar o problema do negro, de tal modo que o Indianismo se tornou também, visto deste ângulo, uma forma de manter o preconceito contra ele, apesar do esforço generoso de poetas e abolicionistas.

Nos países da América Latina a literatura sempre foi algo profundamente empenhado na construção e na aquisição de uma consciência nacional, de modo que o ponto de vista histórico-sociológico é indispensável para estudá-la. Entre nós, tudo se banhou de literatura, desde o formalismo jurídico até o senso humanitário e a expressão familiar dos sentimentos. Por isso é difícil delimitar esse universo insinuante e multiforme. Mas a versão unilateral que acaba de ser exposta não causará grande mal, se o ouvinte sair com a certeza de que a realidade é de fato muito mais vasta e complexa, e que só as limitações do conferencista impediram que isto ficasse claro.

A Revolução de 1930 e a cultura

> Nos países subdesenvolvidos, o equipamento cultural se limita geralmente a círculos muito pequenos e classes médias rudimentares. Com frequência consiste em apenas alguns poucos difusores e consumidores, ligados pela educação aos mecanismos culturais de nações mais desenvolvidas. Esses desventurados eleitos (*"these unhappy few"*) formam o único público disponível para os produtos e serviços culturais.
>
> C. Wright Mills

I

Quem viveu nos anos de 1930 sabe qual foi a atmosfera de fervor que os caracterizou no plano da cultura, sem falar de outros. O movimento de outubro não foi um começo absoluto nem uma causa primeira e mecânica, porque na história não há dessas coisas. Mas foi um eixo e um catalisador: um eixo em torno do qual girou de certo modo a cultura brasileira, catalisando elementos dispersos para dispô-los numa configuração nova. Neste sentido foi um marco histórico, daqueles que fazem sentir vivamente que houve um "antes" diferente de um "depois". Em grande parte porque gerou um movimento de unificação cultural, projetando na escala da nação fatos que antes ocorriam no âmbito das regiões. A este aspecto integrador é preciso juntar outro, igualmente importante: o surgimento de condições para realizar, difundir e "normalizar" uma série de aspirações, inovações, pressentimentos gerados no decênio de 1920, que tinha sido uma sementeira de grandes mudanças.

Com efeito, os fermentos de transformação estavam claros nos anos de 1920, quando muitos deles se definiram e manifestaram, mas como fenômenos isolados, parecendo arbitrários e sem necessidade real, vistos pela maioria da opinião com desconfiança, e mesmo ânimo agressivo. Depois de 1930 eles se tornaram até certo ponto "normais", como fatos de cultura com os quais a sociedade aprende a conviver e, em muitos casos, passa a aceitar e apreciar. Pode-se dizer, portanto, que sofreram um processo de "rotinização", mais ou menos no sentido em que Max Weber usou esta palavra para estudar as transformações do carisma. Não se pode, é claro, falar em socialização ou coletivização da cultura artística e intelectual, porque no Brasil as suas manifestações em nível erudito são tão restritas quantitativamente que vão pouco além da pequena minoria que as pode fruir. Mas levando em conta esta contingência, devida ao desnível de uma sociedade terrivelmente espoliadora, não há dúvida que depois de 1930 houve alargamento de participação dentro do âmbito existente, que por sua vez se ampliou.

Isto ocorreu em diversos setores: instrução pública, vida artística e literária, estudos históricos e sociais, meios de difusão cultural como o livro e o rádio (que teve desenvolvimento espetacular). Tudo ligado a uma correlação nova entre, de um lado, o intelectual e o artista; do outro, a sociedade e o Estado — devido às novas condições econômico-sociais. E devido também à surpreendente tomada de consciência ideológica de intelectuais e artistas, numa radicalização que antes era quase inexistente. Os anos de 1930 foram de engajamento político, religioso e social no campo da cultura. Mesmo os que não se definiam explicitamente, e até os que não tinham consciência clara do fato, manifestaram na sua obra esse tipo de inserção ideológica, que dá contorno especial à fisionomia do período.

2

O caso do ensino é significativo. Não foi o movimento revolucionário de 1930 que começou as reformas; mas ele propiciou a sua extensão por todo o país. Antes houvera reformas locais, iniciadas pela de Sampaio Dória em São Paulo (1920), que introduziu a modernização dos métodos pedagógicos e procurou tornar realidade o ensino primário obrigatório, com notável incremento de escolas rurais. Outras reformas localizadas foram as de Lourenço Filho, no Ceará (1924), a de Francisco Campos, em Minas (1927), a de Fernando de Azevedo, no então Distrito Federal (1928). Todas elas visavam à renovação pedagógica expressa na designação de "escola nova", que representava posição avançada no liberalismo educacional, e que por isso foi combatida às vezes violentamente pela Igreja, então muito aferrada não apenas ao ensino religioso, mas a métodos tradicionais. Ora, a escola pública leiga pretendia formar mais o "cidadão" do que o "fiel", com base num aprendizado pela experiência e a observação que descartava o dogmatismo. Isto pareceu à maioria dos católicos o próprio mal, porque segundo eles favorecia perigosamente o individualismo racionalista ou uma concepção materialista e iconoclasta. Não faltou quem falasse em "bolchevização do ensino" a propósito da reforma corajosa e brilhante de Fernando de Azevedo.

As ideias e aspirações dos grupos reformadores nos anos de 1920 se encontram no livro *A educação pública em São Paulo* (1937), que contém os resultados do inquérito feito por Fernando de Azevedo em 1926 e publicado então em jornal. Nele podemos ver inclusive o grande desejo de criar a Universidade, cimentada e coroada pelas faculdades de filosofia, ciências, letras e educação — o que ocorreria depois de 1930.

O Governo Provisório instalado nesse ano criou imediatamente o Ministério de Educação e Saúde, confiado ao reformador da instrução pública em Minas, Francisco Campos. Este promoveu ato contínuo, mas, agora na escala nacional, a reforma que traz o seu nome e procurava estabelecer em todo o país algumas das ideias e experiências da pedagogia e da filosofia educacional dos "escola-novistas". Assim, a integração e a generalização, já mencionadas, eram promovidas como resposta a todo o movimento renovador dos anos de 1920.

Os ideais dos educadores, desabrochados depois de 1930, pressupunham de um lado a difusão da instrução elementar que, conjugada ao voto secreto (um dos principais tópicos no programa da Aliança Liberal), deveria formar cidadãos capazes de escolher bem os seus dirigentes; de outro lado, pressupunham a redefinição e o aumento das carreiras de nível superior, visando renovar a formação das elites dirigentes e seus quadros técnicos; mas, agora, com maiores oportunidades de diversificação e classificação social. Tratava-se de ampliar e "melhorar" o recrutamento da massa votante, e de enriquecer a composição da elite votada. Portanto, não era uma revolução educacional, mas uma reforma ampla, pois no que concerne ao grosso da população a situação pouco se alterou. Nós sabemos que (ao contrário do que pensavam aqueles liberais) as reformas na educação não geram mudanças essenciais na sociedade, porque não modificam a sua estrutura e o saber continua mais ou menos como privilégio. São as revoluções verdadeiras que possibilitam as reformas do ensino em profundidade, de maneira a torná-lo acessível a todos, promovendo a igualitarização das oportunidades. Na América Latina, até hoje isto só ocorreu em Cuba a partir de 1959. Quanto ao Brasil, quinze ou vinte anos após o movimento revolucionário de 1930, e apesar do progresso havido, as oportunidades mais modestas ainda eram irrisórias, bastando mencionar que no decênio de 1940 os índices mais altos de escolarização primária (isto é, o número de crianças em idade escolar frequentando efetivamente escolas) eram os de Santa Catarina e São Paulo, respectivamente 42% e 40%.

Mas houve sem dúvida aumento ponderável de escolas médias, bem como do ensino técnico sistematizado. E a situação se tornou bastante mais favorável no ensino superior, onde a criação das universidades (a partir da de São Paulo em 1934) alterou o esquema tradicional das elites. A prática anterior de criar faculdades isoladas fazia com que cada uma adquirisse importância equivalente ao papel dos seus graduados na vida política e administrativa do país, onde os diplomas de bacharel em direito, doutor em medicina e engenheiro conferiam uma espécie de nobreza funcional na sociedade de mentalidade ainda meio estamental, empurrando para baixo a arraia-miúda das outras escolas superiores. No decênio de 1920 foram fundadas algumas universidades nominais, isto é, que apenas davam um nome novo à justaposição de unidades preexistentes. As que se fundaram no decênio de 1930 estabeleceram um padrão inédito, pela ideia orgânica que pressupunham e que dependia das novas faculdades de filosofia. Equipadas para a pesquisa nas ciências físicas, naturais e humanas, estas tiraram um pouco da aura "científica" das grandes escolas profissionais e dignificaram as "pequenas" (farmácia, odontologia, agronomia, veterinária), atuando como elemento aglutinador. Esboçou-se então um "sistema", onde as partes deveriam funcionar em vista do todo, com atenuação das hierarquias e ampliação dos grupos de elite com formação superior. Houve assim uma espécie de "democratização" dentro dos setores privilegiados, com ascensão dos seus estratos menos favorecidos. Sem contar que algumas faculdades de filosofia e economia (estas, mais recentes) efetuaram uma relativa radicalização das atitudes e concepções, devido à difusão das ciências sociais e humanas, que levaram o espírito crítico a domínios onde reinavam a tradição e o dogmatismo.

3

Nas artes e na literatura foram mais flagrantes do que em qualquer outro campo cultural a "normalização" e a "generalização" dos fermentos renovadores, que nos anos de 1920 tinham assumido o caráter excepcional, restrito e contundente próprio das vanguardas, ferindo de modo cru os hábitos estabelecidos. Nos anos de 1930 houve sob este aspecto uma perda de auréola do Modernismo, proporcional à sua relativa incorporação aos hábitos artísticos e literários.[1] Não esqueçamos que o Hino da Revolução de 1930 é de Villa-Lobos, músico de vanguarda que encontrou grande apoio na "era de Vargas", quando foi de algum modo oficializado e dirigiu o movimento de canto coral.

De 1931 é o XXXVIII Salão da Escola Nacional de Belas Artes, organizado por Lúcio Costa, que chamou pela primeira vez para esse certame os artistas de vanguarda, provocando reações de escandalizada indignação acadêmica.[2] A Lúcio Costa e Oscar Niemeyer seria confiado por Gustavo Capanema o projeto do edifício do Ministério de Educação e Saúde, em cujas paredes Cândido Portinari pintou os seus murais e para cuja entrada se encomendou a Bruno Giorgi o monumento da mocidade. Houve portanto na arquitetura uma espécie de sanção oficial do Modernismo, que correspondia à aceitação progressiva pelo gosto médio, a partir das primeiras residências traçadas por Warchavchik e Rino Levi nos anos de 1920. O "estilo futurista" não apenas se difundiria,

---

[1] Acompanho aqui e noutros lugares o ponto de vista de João Luiz Lafetá, que estudou no Modernismo a passagem do "projeto estético" (anos de 1920) ao "projeto ideológico" (anos de 1930), como dois momentos de um processo, apontando a "diluição da vanguarda" (*1930: A crítica e o Modernismo*. São Paulo: Duas Cidades, 1974, pp. 13-22). [2] A importância deste fato é analisada por Gilda de Mello e Souza, "Vanguarda e nacionalismo na década de vinte", em *Exercícios de leitura*. São Paulo: Duas Cidades, 1980, pp. 249-250.

mas receberia a consagração do mau gosto nas inumeráveis casas quadradas, brilhantes de mica, que se espalharam por todo o país.

Tomando por amostra a literatura, verificam-se nela alguns traços que, embora característicos do período aberto pelo movimento revolucionário, são na maioria "atualizações" (no sentido de "passagem da potência ao ato") daquilo que se esboçara ou definira nos anos de 1920. É o caso do enfraquecimento progressivo da literatura acadêmica; da aceitação consciente ou inconsciente das inovações formais e temáticas; do alargamento das "literaturas regionais" à escala nacional; da polarização ideológica.

Até 1930 a literatura predominante e mais aceita se ajustava a uma ideologia de permanência, representada sobretudo pelo purismo gramatical, que tendia no limite a cristalizar a língua e adotar como modelo a literatura portuguesa. Isto correspondia às expectativas oficiais de uma cultura de fachada, feita para ser vista pelos estrangeiros, como era em parte a da República Velha. Ela tinha encontrado o seu propagandista no barão do Rio Branco, o seu modelo no estilo de Rui Barbosa e a sua instituição simbólica na Academia Brasileira de Letras, ainda preponderante no decênio de 1920 apesar dos ataques dos modernistas (estes pareciam, então, uma excentricidade transitória). Mas a partir de 1930 a Academia foi-se tornando o que é hoje: um clube de intelectuais e similares, sem maior repercussão ou influência no vivo do movimento literário.

A incorporação das inovações formais e temáticas do Modernismo ocorreu em dois níveis: um nível específico, no qual elas foram adotadas, alterando essencialmente a fisionomia da obra; e um nível genérico, no qual elas estimulavam a rejeição dos velhos padrões. Graças a isto, no decênio de 1930 o inconformismo e o anticonvencionalismo se tornaram um direito, não uma transgressão, fato notório mesmo nos que ignoravam, repeliam ou passavam longe do Modernismo. Na verdade, quase todos os escritores de qualidade acabaram escrevendo como beneficiários da libertação operada pelos modernistas, que acarretava a depuração antioratória da linguagem, com a busca de uma simplificação crescente e dos torneios coloquiais que rompem o tipo anterior de artificialismo. Assim, a escrita de um Graciliano Ramos ou de um Dionélio Machado ("clássicas" de algum modo), embora não sofrendo a influência modernista, pôde ser aceita como "normal" porque a sua despojada secura tinha sido também assegurada pela libertação que o Modernismo efetuou.

Na poesia a libertação foi mais geral e atuante, na medida em que os modos tradicionais ficaram inviáveis e, praticamente, todos os poetas que tinham alguma coisa a dizer entraram pelo verso livre ou a livre utilização dos metros, ajustando-os ao antissentimentalismo e à antiênfase. Os decênios de 1930 e 1940 assistiram à consolidação e difusão da poética modernista, e também à produção madura de alguns dos seus próceres, como Manuel Bandeira e Mário de Andrade.

Essas coisas repercutiram na instrução, com as reformas educacionais favorecendo a modernização na escolha de textos para o ensino e na maneira de os tratar. Embora só nos nossos dias a literatura realmente contemporânea tenha predominado nesse setor, as coisas começaram a mudar nos anos de 1930, podendo servir de exemplo a *Antologia da língua portuguesa* (1933), de Estêvão Cruz, excelente e inovadora (nas primeiras edições), apesar do cunho ideologicamente conservador.

Ela foi a primeira a incluir autores considerados modernistas (Alceu Amoroso Lima, Agrippino Grieco, Graça Aranha, Mário de Andrade, Manuel Bandeira, Jorge de Lima), juntando aos textos subsídios importantes para a análise. Graças a isto, pela primeira vez os autores e as teorias da vanguarda foram propostos em dose apreciável a professores e alunos do curso secundário, ficando assim em pé de igualdade com os da tradição literária da língua.

Traço interessante ligado às condições específicas do decênio de 1930 foi a extensão das literaturas regionais e sua transformação em modalidades expressivas cujo âmbito e significado se tornaram nacionais, como se fossem coextensivos à própria literatura brasileira.

É o caso do "romance do Nordeste", considerado naquela altura pela média da opinião como *o* romance por excelência. A sua voga provém em parte do fato de radicar na linha da ficção regional (embora não "regionalista", no sentido pitoresco), feita agora com uma liberdade de narração e linguagem antes desconhecida. Mas deriva também do fato de todo o país ter tomado consciência de uma parte vital, o Nordeste, representado na sua realidade viva pela literatura.

Coisa igual se pode dizer da produção do Rio Grande do Sul, tanto a "gaúcha" quanto a outra, modernista ou simplesmente urbana. Num estudo sugestivo, Ligia Chiappini Moraes Leite mostrou como a projeção política do Estado, depois e por causa do movimento revolucionário de 1930, acarretou a projeção triunfal da sua literatura, conhecida e aceita por todo o país, em cuja vida intelectual o Rio Grande tinha sido até então uma presença episódica e marginal, porque relativamente fechada sobre si.[3]

Foi com efeito notável a interpenetração literária em todo o Brasil depois de 1930, quando um jovem, digamos do interior de Minas, ia vivendo numa experiência feérica e real a Bahia, de Jorge Amado, a Paraíba ou o Recife, de José Lins do Rego, a Aracaju, de Amando Fontes, a Amazônia, de Abguar Bastos, a Belo Horizonte, de Cyro dos Anjos, a Porto Alegre, de Erico Verissimo ou Dionélio Machado, a cidade cujo rio imitava o Reno, de Vianna Moog. Foi como se a literatura tivesse desenvolvido para o leitor uma visão renovada, não convencional, do seu país, visto como um conjunto diversificado mas solidário.

---

3 Ligia C. Moraes Leite, *Regionalismo e Modernismo: O "caso gaúcho"*. São Paulo: Ática, 1978. Sobretudo pp. 139-201.

4

Como decorrência do movimento revolucionário e das suas causas, mas também do que acontecia mais ou menos no mesmo sentido na Europa e nos Estados Unidos, houve nos anos de 1930 uma espécie de convívio íntimo entre a literatura e as ideologias políticas e religiosas. Isto, que antes era excepcional no Brasil, se generalizou naquela altura, a ponto de haver polarização dos intelectuais nos casos mais definidos e explícitos, a saber, os que optavam pelo comunismo ou o fascismo. Mesmo quando não ocorria esta definição extrema, e mesmo quando os intelectuais não tinham consciência clara dos matizes ideológicos, houve penetração difusa das preocupações sociais e religiosas nos textos, como viria a ocorrer de novo nos nossos dias em termos diversos e maior intensidade.

Naquela altura o catolicismo se tornou uma fé renovada, um estado de espírito e uma dimensão estética. "Deus está na moda", disse com razão André Gide em relação ao que ocorria na França e era verdade também para o Brasil. Os anos de 1930 viram frutificar as sementes lançadas por Jackson de Figueiredo no decênio anterior, com a fundação da revista *Ordem* (1921), do Centro Dom Vital (1922), e a momentosa conversão de Alceu Amoroso Lima em 1928. De 1932 é a Ação Católica, feita para suscitar a militância dos leigos, e da mesma época são as primeiras Equipes Sociais, inspiradas pelo professor e crítico francês Robert Garric, que orientou o trabalho dessas missões leigas nas favelas do Rio de Janeiro.

Além do engajamento espiritual e social dos intelectuais católicos, houve na literatura algo mais difuso e insinuante: a busca de uma tonalidade espiritualista de tensão e mistério, que sugerisse, de um lado, o inefável, de outro, o fervor; e que aparece em autores tão diversos quanto Otávio de Faria, Lúcio Cardoso, Cornélio Pena, na ficção; ou Augusto Frederico Schmidt, Jorge de Lima, Murilo Mendes, o primeiro Vinicius de Moraes, na poesia.

Na crítica e no ensaio isto se traduziu num gosto paralelo pela pesquisa da "essência", o "sentido", a "vocação", a "mensagem", a "transcendência", o "drama" — numa espécie de visão amplificadora e ardente.

Muitas vezes o espiritualismo católico levou no Brasil dos anos de 1930 à simpatia pelas soluções políticas de direita, e mesmo fascistas, como foi o caso do integralismo, cujo fundador, Plínio Salgado, modernista e participante do movimento estético renovador, aliou a doutrinação a uma atividade literária de certo interesse. E é curioso notar que as opções desse tipo foram favorecidas pela combinação de catolicismo, simbolismo e semimodernismo nacionalista, como nos casos de Tasso da Silveira, Andrade Murici, Mansueto Bernardi e, com alguma variação de componentes, o citado Schmidt. Sem o sentimentalismo desta corrente, antes com dureza polêmica, destacou-se a linha crítica e política de Otávio de Faria, autor de importantes ensaios parafascistas. Já outros teóricos de direita nada tinham de religioso, como Oliveira Viana e Azevedo Amaral.

Simetricamente, os anos de 1930 viram um grande interesse pelas correntes de esquerda, como se pôde ver no êxito da Aliança Nacional Libertadora e certo espírito genérico de radicalismo, que provocou as repressões posteriores ao levante de 1935 e serviu como uma das justificativas do golpe de 1937. Muita gente se interessou pela experiência da União Soviética e as livrarias pululavam de livros a respeito, estrangeiros e nacionais.[4] Estes, devidos a observadores entusiastas, como Caio

---

4 "No extenso e superficial debate de ideias sociais, literárias, artísticas e científicas (marxismo, psicanálise, pós-modernismo artístico etc.), que acompanhou a vitória da também extensa e superficial Revolução de 1930, avultava o interesse em torno da Rússia forjada pela Revolução de Outubro de 1917." Paulo Emílio Sales Gomes, em *Plataforma da Nova Geração*. Vinte e nove figuras da intelectualidade brasileira prestam o seu depoimento no inquérito promovido por Mário Neme (Porto Alegre: Globo, 1945), p. 284.

Prado Júnior, simpáticos, como Maurício de Medeiros, ou reticentes, como Gondim da Fonseca. Editoras pequenas e esforçadas divulgavam obras sobre anarquismo, marxismo, sindicalismo, movimento operário. Algumas, de grande êxito, como a *História do socialismo e das lutas sociais*, de Max Beer, o *ABC do comunismo*, de Bukharin, ou o famoso *Dez dias que abalaram o mundo*, de John Reed. Ao lado, traduções de narradores engajados na esquerda, como Boris Pilniak, Panait Istrati, Ilya Ehrenburg, Fiódor Gladkov, Michael Gold, Upton Sinclair, Jack London.

Surgem então os primeiros livros brasileiros de orientação marxista: o polêmico *Mauá* (1932), de Castro Rebelo, e sobretudo *Evolução política do Brasil* (1934), de Caio Prado Júnior. E assim como o espiritualismo atingiu largos setores não religiosos, o marxismo repercutiu em ensaístas, estudiosos, ficcionistas que não eram socialistas nem comunistas, mas se impregnaram da atmosfera "social" do tempo. Daí a voga de noções como "luta de classes", "espoliação", "mais-valia", "moral burguesa", "proletariado", ligadas à insatisfação difusa em relação ao sistema social dominante. Foram muitos os escritores declaradamente de esquerda, como Graciliano Ramos, Jorge Amado, Rachel de Queiroz, Abguar Bastos, Dionélio Machado, Oswald de Andrade; ou simpatizantes, como Mário de Andrade, Carlos Drummond de Andrade, José Lins do Rego (este, ex-integralista); ou que não eram uma coisa nem outra, mas manifestavam a referida consciência "social", que os punha um grau além do liberalismo que os animava no plano consciente, como Erico Verissimo, Amando Fontes, Guilhermino César.

5

Talvez essa radicalização ainda tenha sido mais nítida num certo sentido próprio daquela fase, que consistia em procurar uma atitude de análise e crítica em face do que se chamava incansavelmente a "realidade brasileira" (um dos conceitos-chave do momento). Ela se encarnou nos "estudos brasileiros" de história, política, sociologia, antropologia, que tiveram incremento notável, refletido nas coleções dedicadas a eles. Antes de qualquer outra a Brasiliana, fundada e dirigida por Fernando de Azevedo na Companhia Editora Nacional; e ainda: Coleção Azul, da Editora Schmidt; Problemas Políticos Contemporâneos e Documentos Brasileiros, da José Olympio (esta, dirigida primeiro por Gilberto Freyre e depois por Otávio Tarquínio de Sousa, ainda existe sob a direção de Afonso Arinos de Melo Franco); Biblioteca de Divulgação Científica, dirigida por Artur Ramos, na Editora Civilização Brasileira etc.

Deixando de lado o cunho mais conservador de algumas destas coleções e de obras isoladas, digamos que a radicalização propriamente dita, crítica e "progressista", teve como traços mais salientes, além da "consciência social", a ânsia de reinterpretar o passado nacional, o interesse pelos estudos sobre o negro e o empenho em explicar os fatos políticos do momento. Quanto ao negro, é preciso mencionar a iniciativa cultural dos próprios "homens de cor", que inclusive criaram então uma imprensa muito ativa, não raro ligada a organizações, como a Frente Negra Brasileira. No domínio dos estudos foi decisiva a contribuição de Gilberto Freyre, a partir de *Casa-grande & senzala* (1933) e do I Congresso Afro-Brasileiro, que ele organizou no Recife em 1934. Antes houvera os trabalhos da escola de Nina Rodrigues, na Bahia, sobretudo os de Artur Ramos, que se tornou a grande autoridade na matéria.

Com referência à interpretação histórica, o livro de Gilberto Freyre (apesar do peso saudosista de uma visão aristocrática) funcionou como fermento radicalizante, modificando o enfoque racista e convencional reinante até então, sobretudo pela escolha inovadora dos instrumentos de análise, bem como dos documentos e fatos a estudar (papéis íntimos, jornais; moda, alimentação, maneiras, vida sexual etc.). Discreta mas segura foi a contribuição de Sérgio Buarque de Holanda em *Raízes do Brasil* (1935), que efetuou uma crítica muito aguda das soluções autoritárias do passado e do presente, ao mesmo tempo em que quebrava o sentimentalismo lusófilo (visível em Gilberto Freyre) e punha em dúvida a capacidade das elites para o papel que se arrogavam, e era um dos temas dominantes do momento.

O aparecimento de *Formação do Brasil contemporâneo*, de Caio Prado Júnior, em 1942, foi uma espécie de culminação desse movimento cultural, pois, baseando-se no marxismo, deu realce à vida econômica e chamou a atenção para as formas oprimidas do trabalho de um ângulo estritamente econômico. Ao mesmo tempo desmistificava a aura que envolvia certos conceitos, como "patriarcado" ou "elite rural", apresentando uma visão ao mesmo tempo objetiva e radical, que encarna as tendências mais avançadas do pensamento renovador dos anos de 1930.

Lembre-se nesta chave do papel dos recém-fundados cursos superiores de filosofia, ciências sociais, história, letras, bem como da difusão do ensino da sociologia no nível médio. Isto contribuiu para desenvolver o espírito analítico nos estudos sobre o Brasil, com incremento do interesse pelos grupos até então menos estudados, ou estudados com ilusões deformadoras: além do negro, o índio, o trabalhador rural, o operário, o pobre. Neste campo foi decisiva a contribuição de professores e pesquisadores estrangeiros, temporária ou definitivamente radicados no Brasil, como Samuel Lowrie, Claude Lévi-Strauss, Donald Pierson, Roger Bastide, Herbert Baldus, Pierre Deffontaines, Pierre Monbeig, Jacques Lambert, Emílio Willems etc.

6

As mudanças na educação, na literatura e nos estudos brasileiros repercutiram na indústria do livro, desde o projeto gráfico até a difusão; mas sobretudo quanto à matéria preferencial das suas páginas, cada vez mais receptivas aos autores novos integrados nas tendências do momento. Pode-se dizer que, reciprocamente, essas tendências foram estimuladas pelo livro renovado, na medida em que os autores procuravam se ajustar à preferência da moda e dos editores — como, por exemplo, o "romance social" e os estudos brasileiros. (Em meados do decênio de 1930 Plínio Barreto pôde escrever que, assim como na geração anterior os jovens procuravam se afirmar através de um livro inaugural de versos, os de então tendiam a fazê-lo por meio do ensaio de cunho sociológico.)

Ainda aqui estamos ante um processo começado nos anos de 1920, quando Monteiro Lobato fundou e desenvolveu a sua editora, marcada por alguns traços inovadores: preferência quase exclusiva por autores brasileiros do presente; interesse pelos problemas da hora; busca de uma fisionomia material própria, diferente dos tradicionais padrões franceses e portugueses; esforço para vender por preços acessíveis sem quebra da qualidade editorial.

Mas só depois de 1930 se generalizaria em grande escala este desejo de nacionalizar o livro e torná-lo instrumento da cultura mais viva do país. As editoras procuraram inclusive criar uma literatura didática ajustada aos novos programas e aos ideais das reformas educacionais. Consolidou-se deste modo o livro escolar brasileiro para o nível médio, atento às necessidades imediatas da nossa cultura e procurando substituir a clássica bibliografia estrangeira do tipo coleções de FTD e FIC, série Royal Readers, História, de Raposo Botelho, Matemática, de Comberousse, Física, de Ganot (ou do seu mau adaptador português Nobre), Química, de Bazin, Geologia, de Lapparent, História Natural, de Pizon etc. etc. A obrigação do curso seriado (anterior à Reforma Campos) propiciou o aparecimento de séries de livros para as diferentes matérias, que antes existiam sobretudo para o ensino primário de português e história pátria.

Neste sentido destaca-se a atividade da Companhia Editora Nacional, de São Paulo, sucessora de Monteiro Lobato & Cia. Conservadora em literatura, publicou apenas os novos menos avançados (Guilherme de Almeida, Cassiano Ricardo, Menotti del Picchia, Ribeiro Couto). Mas foi longe noutros terrenos, como se comprova pela famosa Biblioteca Pedagógica Brasileira, talvez o mais notável empreendimento editorial que o país conheceu até hoje. Ideada e durante muito tempo dirigida por Fernando de Azevedo, abrangia coleções de livros didáticos, atualidades pedagógicas, divulgação científica, literatura infantil e estudos brasileiros. Estes últimos constituíram a Brasiliana, ainda em atividade, que foi um marco decisivo, não apenas pela reedição de clássicos estrangeiros e nacionais, mas pelo estímulo aos contemporâneos.

Importante foi a atuação da Editora Globo, de Porto Alegre, que passou do livro didático para a literatura, divulgando os novos valores do Rio Grande do Sul e uma quantidade de autores estrangeiros contemporâneos, tudo isso com a colaboração de Erico Verissimo como conselheiro editorial e tradutor. A Globo distribuía gratuitamente, a título de propaganda, o folheto periódico *Preto e Branco*, que desempenhou uma boa tarefa de popularização cultural pelo país afora, graças às notícias informativas e críticas sobre escritores brasileiros e estrangeiros editados pela casa. No geral gente pouco difundida antes, como Joseph Conrad, Thomas Mann, Somerset Maugham, Aldous Huxley, Lion Feuchtwanger, William Faulkner, Charles Morgan, Rosamond Lehmann, Sinclair Lewis, Ernst Glaeser etc. etc. Mais tarde ela chegaria aos empreendimentos monumentais que foram a tradução da *Comédia humana*, de Balzac (sob a direção de Paulo Rónai), e de *Em busca do tempo perdido*, de Marcel Proust.

No Rio algumas pequenas editoras exerceram papel importante: Adersen, Schmidt, Ariel (que publicava o famoso *Boletim*), seguidas logo depois por uma grande editora, sob vários aspectos a mais característica do período — a José Olympio. Estas casas confiaram abertamente no autor nacional jovem e, assim, permitiram a difusão da literatura moderna. Confiaram também nos jovens artistas, que trouxeram para as capas e ilustrações as conquistas das artes visuais do decênio anterior, incorporando à sensibilidade média o que antes ficara confinado aos amadores esclarecidos. Assim, insensivelmente, o leitor se familiarizou com o Cubismo, o Primitivismo, o Surrealismo, as estilizações do Realismo — nas capas de Santa Rosa, Cícero Dias, Jorge de Lima, Cornélio Pena, Fulvio Pennacchi, Clóvis Graciano, João Fahrion, Edgar Koetz e outros, para elas e outras editoras. Nos anos de 1920 isto ocorrera em escala bem restrita, através de algumas capas de Di Cavalcanti, Tarsila do Amaral, Brecheret, Flávio de Carvalho, para uns poucos livros de Mário de Andrade, Oswald de Andrade, Raul Bopp.

No centro deste movimento, José Olympio pode ser considerado verdadeiro herói cultural, pelo arrojo e a amplitude com que estimulou e editou os novos, bem como pelo estilo das capas de suas edições, criadas sobretudo por Santa Rosa em suas diversas fases. A mancha colorida com o desenho central em branco e preto se tornou nos anos de 1930, por todo o país, o símbolo da renovação incorporada ao gosto público.

Como uma espécie de ilha artesanal e graficamente conservadora, nessa onda de industrialização e atualização editorial, funcionaram em Belo Horizonte, por iniciativa de Eduardo Frieiro, a princípio a Pindorama, depois a Amigos do Livro, mantidas por cotizações mensais que davam direito à edição periódica de um volume. Deste modo foram editadas algumas obras importantes de Carlos Drummond de Andrade, João Alphonsus, Emílio Moura, Cyro dos Anjos etc.

7

De maneira geral a repercussão do movimento revolucionário de 1930 na cultura foi positiva. Comparada com a de antes, a situação nova representou grande progresso, embora tenha sido pouco, em face do que se esperaria de uma verdadeira revolução. Se pensarmos no "povo pobre" (como diria Joaquim Manuel de Macedo), ou seja, a maioria absoluta da nação, foi quase nada. Mesmo pondo entre parênteses as modificações que poderiam ter ocorrido na estrutura econômica e social, para ele o que se impunha era a implantação real da instrução primária, com possibilidade de acesso futuro aos outros níveis; e ela continuou a atingi-lo apenas de raspão. Mas se pensarmos nas camadas intermediárias (que aumentaram de volume e participação social depois de 1930), a melhora foi sensível graças à difusão do ensino médio e técnico, que aumentou as suas possibilidades de afirmação e realização, de acordo com as necessidades novas do desenvolvimento econômico. Se, finalmente, pensarmos nas chamadas elites, verificaremos o grande incremento de oportunidades para ampliar e aprofundar a experiência cultural, inclusive com aquisição de um corte progressista por alguns dos seus setores. Este fato não poderia deixar de repercutir na sociedade por causa do papel que as elites desempenhavam — muito grande devido à extrema privação cultural do país. A qualidade e grau de consciência dos detentores da cultura e do saber tornavam-se elementos de peso, porque eles podiam assumir a função de "delegados" da coletividade. De um lado isto servia de pretexto para manter posições privilegiadas, com a consequente sujeição das camadas dominadas (que não eram cultas nem "preparadas" para dirigir o seu destino, segundo a ideologia reinante). Mas sob o ponto de vista estritamente cultural, podia ser oportunidade de servir como veículo possível para manifestar os interesses e necessidades de expressão dessas camadas. Desde o pensador político que formula um ideário radical, até o artista que constrói estruturas por meio das quais se manifesta o humano, acima dos interesses de classe, muitos setores das elites puderam (e podem) encontrar uma alta justificativa para a sua atividade.

Além disso, depois de 1930 se esboçou uma mentalidade mais democrática a respeito da cultura, que começou a ser vista, pelo menos em tese, como direito de todos, contrastando com a visão de tipo aristocrático que sempre havia predominado no Brasil, com uma tranquilidade de consciência que não perturbava a paz de espírito de quase ninguém. Para esta visão tradicional, as formas elevadas de cultura erudita eram destinadas apenas às elites, como equipamento (que se transformava em direito) para a "missão" que lhes competia, em lugar do povo e em seu nome.

O novo modo de ver, mesmo discretamente manifestado, pressupunha uma "desaristocratização" (com perdão da má palavra) e tinha aspectos radicais que não cessariam de se reforçar até nossos dias, desvendando cada vez mais as contradições entre as formulações idealistas da cultura e a terrível realidade da sua fruição ultrarrestrita. Por extensão, houve maior consciência a respeito das contradições da própria sociedade, podendo-se dizer que sob este aspecto os anos de 1930 abrem a fase moderna nas concepções de cultura no Brasil.

Uma das consequências foi o conceito de intelectual e artista como opositor, ou seja, que o seu lugar é no lado oposto da ordem estabelecida; e que faz parte da sua natureza adotar uma posição crítica em face dos regimes autoritários e da mentalidade conservadora.

No entanto, este processo foi cheio de paradoxos, inclusive porque o intelectual e o artista foram intensamente cooptados pelos governos posteriores a 1930, devido ao grande aumento das atividades estatais e às exigências de uma crescente racionalização burocrática. Nem sempre foi fácil a colaboração sem submissão de um intelectual, cujo grupo se radicalizava, com um Estado de cunho cada vez mais autoritário. Resultaram tensões e acomodações, com incremento da divisão de papéis no mesmo indivíduo. Sérgio Miceli estudou os aspectos externos desta situação num livro pioneiro — ao qual seria preciso todavia acrescentar que o serviço público não significou e não significa necessariamente identificação com as ideologias e interesses dominantes.[5] E que uma análise mais completa mostra como o artista e o escritor aparentemente cooptados são capazes, pela própria natureza da sua atividade, de desenvolver antagonismos objetivos, não meramente subjetivos, com relação à ordem estabelecida. A sua margem de oposição vem da elasticidade maior ou menor do sistema dominante, que os pode tolerar sem que eles deixem com isto de exercer a sua função corrosiva. Assim, durante a ditadura do Estado Novo, depois de 1937, Candido Portinari, cumprindo encomenda oficial, pintou no Ministério da Educação os famosos murais que, pela concepção, temário e técnica, eram a negação do regime opressor, ao mostrarem como representante da produção o trabalhador, não o patrão, o negro, não o branco, e ao fazê-lo conforme uma fatura que afirmava a inovação criadora contra as normas tradicionais, de agrado dos poderes. É o que sugere Annateresa Fabris numa análise precisa e matizada.[6]

Já vimos também que muitos intelectuais significativos daquele momento, mesmo sem qualquer definição ideológica explícita, participavam dum tipo de consciência crítica identificada

---

5 Sérgio Miceli, *Intelectuais e classe dirigente no Brasil (1920-1945)*. São Paulo: Difel, 1979. Veja-se também a análise realmente notável sobre a indústria do livro no capítulo II: "A expansão do mercado do livro e a gênese de um grupo de romancistas profissionais", pp. 69-128. **6** Annateresa Fabris, *Portinari pintor social*. São Paulo: Universidade de São Paulo, Escola de Comunicações e Artes, 1977. Dissertação de Mestrado, mimeografado. A autora focaliza a pintura social de Portinari à luz da teoria marxista da alienação, analisando o tratamento revolucionário do negro, cuja função em telas e painéis dos anos de 1930 "é uma afirmação racial, é um reconhecimento do seu papel histórico, é símbolo do proletariado" (p. 176). A análise do assunto é feita da p. 174 à p. 198.

aos temas e atitudes radicais. E que, apesar das discrepâncias (dentro de cada indivíduo) entre estas e os automatismos conservadores, engrossaram o que se poderia chamar o "espírito dos anos 30". Sobretudo levando em conta que graças a eles se instalou no Brasil uma situação de ambiguidade, que levaria aos esforços para superá-la.

Mencionemos para terminar algumas consequências formais da "consciência social" dos escritores e artistas, que foi bastante característica daquele momento, mesmo antes do Congresso de Kharkov (1934) ter apresentado o "realismo socialista" como padrão.

Trata-se do seguinte: a preocupação absorvente com os "problemas" (da mente, da alma, da sociedade) levou muitas vezes a certo desdém pela elaboração formal, o que foi negativo. Posto em absoluto primeiro plano, o "problema" podia relegar para segundo a sua organização estética, e é o que sentimos lendo muitos escritores e críticos da época. Chega-se a pensar que para eles não era necessário, e talvez até fosse prejudicial, fundir de maneira válida a "matéria" com os requisitos da "fatura", pois esta poderia atrapalhar eventualmente o impacto humano da outra (quando na verdade é a sua condição).

Esta atitude, bem característica dos anos de 1930, se explica em boa parte pela referida passagem do "projeto estético" ao "projeto ideológico" no processo modernista (Lafetá), e por aí contrasta com a posição dos modernistas do decênio de 1920, baseada no esforço para discernir a correlação matéria-fatura. Leia-se, por exemplo, a nota prévia de Jorge Amado a *Cacau* (1933): "Tentei contar neste livro, com um mínimo de literatura para um máximo de honestidade, a vida dos trabalhadores de cacau do sul da Bahia".

O leitor fica com a impressão de que "honestidade" é pouco compatível com "literatura", e que esta (aqui, sinônimo de elaboração formal) tende a ser um embuste que atrapalha o enfoque certo da realidade. Outros autores mostravam ter consciência dos requisitos da produção literária, mas na prática a sua escrita permanecia no nível cursivo que parecia ignorá-los — como Abguar Bastos, em cujo romance *Safra* (1937) há um lúcido prefácio onde, depois de informar que vai descrever a vida dos apanhadores de castanha da Amazônia, pondera:

> Porém, devo advertir o seguinte: um romance permite que se lhe adivinhem os planos, quando se trata de reconstituir qualquer fase da existência humana. Mas evita que eles surjam, à flor do texto, com um ar de deliberação.
>
> Síntese de acontecimentos que não perde de vista o fundo mais nobre das suas paisagens: eis o romance. Assim sendo, o seu material não só é intrínseco ao segredo da sua forma, como proíbe uma sequência de arte que não se revele muito naturalmente. Desse modo o plano do livro, isto é, a sua intenção social e a sua aparência artística, se misturam sem que um perceba o outro. Não será como a água e o azeite. Será, antes, como a luz e a cor.

Estas considerações mostram consciência clara do problema essencial na elaboração literária; mas comparadas com a realização, em seu autor e muitos outros, ficam mais como alegação ritual; e os "planos" (isto é, os intuitos, as convicções) acabam absorvendo o resto, como uma "tese" a ser "ilustrada" pela ficção. Poucos, naquele período, tiveram a capacidade de corresponder ao programa traçado por Abguar Bastos: Graciliano Ramos, Dionélio Machado, alguns mais. E pouquíssimos puderam unir a formulação crítica adequada à realização correta, como se observa num veterano do decênio precedente, Mário de Andrade.

O que houve mais foi preocupação de discutir a pertinência dos temas e das atitudes ideológicas, quase ninguém percebendo como uma coisa e outra dependem da elaboração formal (estrutural e estilística), chave do acerto em arte e literatura. E note-se que isto não foi próprio dos escritores e artistas de esquerda, ou radicais no sentido amplo. Ocorreu também nos outros, inclusive os de direita, devido ao mesmo desvio obsessivo rumo aos "problemas", bastando pensar no aspecto pouco elaborado de obras ambiciosas e não desprovidas de força, como a de Otávio de Faria, que se tornou um crítico acerbo do Modernismo e dos temas "sociais", defendendo a concentração nos de cunho religioso, moral e psicológico, que praticava no entanto com total insensibilidade em relação aos aspectos de fatura. Tanto no caso da ficção espiritualista quanto do "romance social", a imersão nos "planos" (sentido de Abguar Bastos) como aspecto dominante conduzia ao espontâneo, que no limite é o informe.

Na poesia houve fenômeno paralelo, mas diferente, que foi positivo: a tensão entre o verso (elaborado segundo as regras) e o não verso (livre, em vários sentidos). Poetas como Drummond e Murilo Mendes pareciam reduzir o verso a uma forma nova de expressão, que incorporou as qualidades da prosa e funcionou como instrumento adequado para exprimir o dilaceramento da consciência estética. Sob este aspecto eles prolongaram a experiência modernista de apagamento das fronteiras entre os gêneros, que fora empreendida nos anos de 1920 sobretudo por Oswald de Andrade (cujo *Serafim Ponte Grande*, aliás, foi publicado em 1933); e que nos anos de 1930 encontrou manifestação curiosa no irrealizado romance surrealista *O anjo* (1934), de Jorge de Lima.

O gosto, ou pelo menos a tolerância pelo informe, o não artístico (em relação aos padrões da tradição ou aos da vanguarda), levou por vezes a supervalorizar escritores que pareciam ter a virtude do espontâneo; e a não reconhecer devidamente certas obras de fatura requintada, mas desprovidas de ideologia ostensiva, como *Os ratos* (1935), de Dionélio Machado, ou *O amanuense Belmiro* (1937), de Cyro dos Anjos. E talvez um artista de grande nível, como Graciliano Ramos, tenha sido mais valorizado pelo temário, considerado inconformista e contundente, do que pela rara qualidade da fatura, que lhe permitiu fazer obras realmente válidas.

Post scriptum

Aqui foram abordados alguns aspectos da vida cultural posterior a 1930; mas haveria muitos outros, relativos ao teatro, rádio, cinema, música, que escapam à minha competência. Lembro apenas que na música popular ocorreu um processo equivalente de "generalização" e "normalização", só que a partir das esferas populares, rumo às camadas médias e superiores. Nos anos de 1930 e 1940, por exemplo, o samba e a marcha, antes praticamente confinados aos morros e subúrbios do Rio, conquistaram o país e todas as classes, tornando-se um pão nosso cotidiano de consumo cultural. Enquanto nos anos de 1920 um mestre supremo como Sinhô era de atuação restrita, a partir de 1930 ganharam escala nacional homens como Noel Rosa, Ismael Silva, Almirante, Lamartine Babo, João da Bahiana, Nássara, João de Barro e muitos outros. Eles foram o grande estímulo para o triunfo avassalador da música popular nos anos de 1960, inclusive de sua interpenetração com a poesia erudita, numa quebra de barreiras que é dos fatos mais importantes da nossa cultura contemporânea e começou a se definir nos anos de 1930, com o interesse pelas coisas brasileiras que sucedeu ao movimento revolucionário.

A nova narrativa

I

Pelo mundo afora, quando se menciona a "nova narrativa latino-americana", pensa-se quase exclusivamente na produção deveras impressionante de *todos* os autores espalhados em *todos* os países da América que falam a língua espanhola, isto é, dezenove, se não estou enganado. Uma unidade compósita, maciça e poderosa, em face da qual, num segundo momento, lembra-se de que existe uma unidade simples que fala português e é preciso incluir, a fim de completar o panorama. E então se juntam alguns nomes, em geral Guimarães Rosa e Clarice Lispector.

A mesma coisa acontece no Brasil, onde, quando se menciona a referida narrativa, pensa-se na produção dos nossos parentes de idioma espanhol, em geral com um senso unificador e mesmo simplificador que permite considerar como aspectos do mesmo fenômeno o mexicano Rulfo, o colombiano García Márquez, o peruano Arguedas, o paraguaio Roa Bastos, o argentino Cortázar, considerando-se caso à parte os nossos próprios escritores, que só depois de alguma reflexão a gente se esforça por integrar no conjunto.

> A Espanha estilhaçou-se numa poeira de nações americanas
> Mas sobre o tronco sonoro da língua do ão
> Portugal reuniu 22 orquídeas desiguais

diz Mário de Andrade no "Noturno de Belo Horizonte", aludindo à unidade da América portuguesa e aos atuais estados brasileiros. Ora, alguns desses estados, por vezes grupos deles, quiseram formar países independentes, como a Confederação do Equador (1824) e a República de Piratini (1835-1845), para mencionar apenas duas tentativas importantes que desencadearam guerras internas. Uma pergunta, talvez gratuita, mas curiosa, é a seguinte: se essas repúblicas tivessem subsistido, haveria hoje três literaturas de língua portuguesa na América? A Confederação do Equador correspondia quase exatamente à atual região nordestina, que sempre teve produção literária bastante própria, culminando no século XX por um poderoso romance regional. A República de Piratini equivalia ao Rio Grande do Sul, cuja produção também possui traços característicos, que por vezes a aproximam mais da literatura gauchesca rio-platense que do romance urbano do Rio de Janeiro.

No decênio de 1870 Franklin Távora defendeu a tese de que no Brasil havia duas literaturas independentes dentro da mesma língua: uma do Norte e outra do Sul, regiões segundo ele muito diferentes por formação histórica, composição étnica, costumes, modismos linguísticos etc. Por isso, deu aos romances regionais que publicou o título geral de "Literatura do Norte". Em nossos dias um escritor gaúcho, Vianna Moog, procurou mostrar com bastante engenho que no Brasil há em verdade literaturas setoriais diversas, refletindo as características locais. Pode-se então pensar que, caso o Brasil se houvesse tornado uma pluralidade de países falando português, haveria hoje algumas literaturas nacionais nesta língua, formando ante o bloco hispânico um conjunto compósito de maior peso, que suscitaria no plano internacional problemas diferentes de avaliação e classificação.

Mas a realidade é a que ficou indicada no começo e se reflete no temário deste encontro, cujo pressuposto é a existência de traços comuns às literaturas ibéricas da América Latina = dezenove + um. Estes traços seriam naturalmente devidos ao fato dos nossos países terem sido colonizados pelas duas monarquias da Península, cujas afinidades eram notórias; ao fato de terem conhecido a escravidão, como regime de trabalho, a monocultura e a mineração, como atividade econômica; de passarem em geral por um processo amplo de mestiçamento com povos chamados *de cor*; de terem produzido uma elite de *crioulos* que dirigiu o processo de independência em períodos sensivelmente paralelos, e depois o capitalizou em benefício próprio, a fim de manter mais ou menos intacto o estatuto econômico e social.

Com efeito, trata-se de condicionamentos com bastante analogia, quando vistos em grosso. A isto se deve juntar, no plano literário, a imitação das tendências europeias, sobretudo francesas, que se misturaram às das metrópoles e ajudaram a estabelecer uma certa autonomia em relação a elas. Por toda a América Latina a França foi um fator de unificação quem sabe alienante, mas diferenciador.

Nos nossos dias aparecem outros traços para dar certa fisionomia comum, como, por exemplo, a urbanização acelerada e desumana, devida a um processo industrial com características parecidas, motivando a transformação das populações rurais em massas miseráveis e marginalizadas, despojadas de seus usos estabilizadores e submetidas à neurose do consumo, que é inviável devido à sua penúria econômica. Pairando sobre isto o capitalismo predatório das imensas multinacionais, que às vezes parecem mais fortes do que os governos dos seus países de origem, transformando-nos (salvo Cuba) em um novo tipo de colônias regidas por governos militares ou militarizados, mais capazes de garantir os interesses internacionais e os das classes dominantes locais.

No campo cultural, ocorre em todos os nossos países a influência avassaladora dos Estados Unidos, desde a poesia de revolta e a técnica do romance até os inculcamentos da televisão, que dissemina o espetáculo de uma violência ficcional correspondente à violência real, não apenas da Metrópole, mas de todos nós, seus satélites.

Assim, no passado e no presente, muitos elementos comuns permitem refletir sobre a cultura e a literatura da América Latina como "um conjunto". Parafraseando Mário de Andrade — sobre o tronco dos idiomas ibéricos a anamorfose imperialista criou vinte orquídeas sangrentas, desiguais entre si, mas sobretudo em relação a ele.

Por isso, o caso do Brasil pode ser analisado neste contexto. Só que convém explicar com detalhe as raízes das tendências atuais, remontando no passado mais do que seria preciso para as literaturas de língua espanhola, melhor conhecidas fora dos âmbitos nacionais. E antes de terminar este prólogo, quero registrar as posições antagônicas de dois textos brasileiros contemporâneos. A primeira, num trecho do conto "Intestino grosso", de Rubem Fonseca:

> Existe uma literatura latino-americana?
>
> Não me faça rir. Não existe nem mesmo uma literatura brasileira, como semelhança de estrutura, estilo, caracterização, ou lá o que seja. Existem pessoas escrevendo na mesma língua, em português, o que já é muito e tudo. Eu nada tenho com Guimarães Rosa, estou escrevendo sobre pessoas empilhadas na cidade enquanto os tecnocratas afiam o arame farpado.

E agora Roberto Drummond, numa entrevista com o editor Granville Ponce:

> Acho que nós, de cultura latino-americana, não temos que ser sucursal de um movimento de Nova York ou de Londres. Nós temos condições de ditar. É o que a literatura latino-americana tá fazendo, pois hoje você encontra americano imitando Borges.

São alternativas que existem não apenas na consciência dos ficcionistas, mas na dos críticos e do público. É preciso não as perder de vista.

2

Se as primitivas capitanias portuguesas da América, e em seguida os dois governos-gerais que as reagruparam, acabaram formando um só país — de acordo com as convenções houve e há apenas uma literatura de língua portuguesa neste continente. Mas por isso mesmo as diferenças locais se exprimiram com intensidade no regionalismo, que quem sabe corresponde nalguns casos a literaturas nacionais atrofiadas, embora signifique, no plano geral unificador, uma procura dos elementos específicos da nacionalidade.

No começo do período independente, que coincidiu com o Romantismo, esse elemento de identificação e comunhão foi o Indianismo, que apresentava o habitante original do país como uma espécie de antepassado mítico, oposto ao colonizador. Pouco depois surgiu o regionalismo na ficção, assinalando as peculiaridades locais e mostrando cada uma delas como outras tantas maneiras de ser brasileiro. Por estarem organicamente vinculadas à terra e pressuporem a descrição de um certo isolamento cultural, tais peculiaridades pareciam a muitos representar melhor o país do que os costumes e a linguagem das cidades, marcadas pela constante influência estrangeira.

Esta linhagem especificadora percorre a história da nossa literatura, com momentos de maior ou menor relevo e significado. No século XIX teve um importante sentido social de *reconhecimento* do país. No começo do século XX, sob o nome de "literatura sertaneja", tornou-se na maioria das vezes uma subliteratura vulgar, explorando o pitoresco segundo o ângulo duvidoso do exotismo, paternalista, patrioteiro e sentimental.

Segundo a maioria dos críticos, apenas Simões Lopes Neto fez narrativa realmente boa dentro deste enquadramento comprometido, porque soube, entre outras coisas (como se tem assinalado), escolher os ângulos narrativos corretos, que identificavam o narrador com o personagem e, assim, suprimiam a distância paternalista e a dicotomia entre o discurso direto ("popular") e o indireto ("culto").

Mas antes mesmo do Indianismo e do regionalismo, a ficção brasileira, desde os anos de 1840, se orientou para a outra vertente de identificação nacional através da literatura: a descrição da vida nas cidades grandes, sobretudo o Rio de Janeiro e áreas de influência, o que sobrepunha à diversidade do pitoresco regional uma visão unificadora. Se por um lado isto favoreceu a imitação mecânica da Europa, e portanto uma certa alienação, de outro contribuiu para dissolver as forças centrífugas, estendendo sobre o país uma espécie de linguagem culta comum a todos e a todos dirigida: a linguagem que procura dar conta dos problemas que são de todos os homens, em todos os quadrantes, na moldura dos costumes da civilização dominante, que contrabalança o particular de cada zona.

Este segundo processo alcança precocemente um auge com Machado de Assis, que decerto contribuiu para que o regionalismo ficasse na ficção brasileira como opção secundária, ao trazer para o primeiro plano o *homem* existente no substrato dos *homens* de cada país, região, povoado. O amadurecimento promovido por Machado foi decisivo e cheio de consequências futuras, porque ele não apenas consolidou com maestria uma escolha temática, mas se interessou por técnicas narrativas que eram heterodoxas e poderiam ter sido inovadoras. Além disso, teve consciência crítica da sua posição sem preconceitos provincianos, como se vê no famoso e nunca assaz mencionado artigo "Instinto de nacionalidade", de 1873.

Estas considerações aparentemente intempestivas são feitas com o intuito de lembrar que na ficção brasileira o regional, o pitoresco campestre, o peculiar que destaca e isola, nunca foi elemento central e decisivo; que desde cedo houve nela uma certa opção estética pelas formas urbanas, universalizantes, que ressaltam o vínculo com os problemas suprarregionais e supranacionais; e que houve sempre uma espécie de jogo dialético deste *geral* com aquele *particular*, de tal modo que as fortes tendências centrífugas (correspondendo no limite a quase literaturas autônomas atrofiadas) se compõem a cada instante com as tendências centrípetas (correspondendo à força histórica da unificação política).

3

A atual narrativa brasileira, no que tem de continuidade dentro da nossa literatura, e sem contar as influências externas, desenvolve ou contraria a obra dos antecessores imediatos dos anos de 1930 e 1940.

A partir de 1930 houve uma ampliação e consolidação do romance, que apareceu pela primeira vez como bloco central de uma fase em nossa literatura, marcando uma visão diferente da sua função e natureza. A radicalização posterior à revolução daquele ano favoreceu a divulgação das conquistas da vanguarda artística e literária dos anos 1920. Radicalização do gosto e também das ideias políticas: divulgação do marxismo; aparecimento do fascismo; renascimento católico. O fato mais saliente foi a voga do chamado "romance do Nordeste", que transformou o regionalismo ao extirpar a visão paternalista e exótica, para lhe substituir uma posição crítica frequentemente agressiva, não raro assumindo o ângulo do espoliado, ao mesmo tempo em que alargava o ecúmeno literário por um acentuado realismo no uso do vocabulário e na escolha das situações. Graciliano Ramos (um dos poucos ficcionistas realmente grandes da nossa literatura), Rachel de Queiroz, José Lins do Rego, o primeiro Jorge Amado são nomes destacados desse movimento renovador, que conta com algumas dezenas de bons praticantes.

Ao mesmo tempo, o romance voltado para os grandes centros urbanos cresceu no conjunto em qualidade e importância, inclusive, nalguns casos, com ânimo polêmico de reação contra os "nordestinos", como é o caso de Otávio de Faria, romancista e ensaísta de direita, que preconizou a ficção dramática, interessada nos conflitos de consciência e nos problemas religiosos ligados à classe social, como se vê em sua obra cíclica *Tragédia burguesa*. Cornélio Pena e Lúcio Cardoso, igualmente marcados pelos valores católicos, constroem universos fantasmais como quadro das tensões íntimas.

Uma terceira linha seria a dos equidistantes da direita e da esquerda quanto à ideologia; e quanto à escrita, passando longe tanto da dureza realista quanto da angústia dilacerante: Marques Rebelo, João Alphonsus, Cyro dos Anjos — que, como os anteriores, são do Centro-Sul, gravitando em torno do Rio de Janeiro.

É possível ainda distinguir os que se poderia chamar de radicais urbanos, atentos à desarmonia da sociedade mas também aos problemas pessoais; marcados pela sua província, mas sem obsessão regional — como ocorre na vasta obra de Erico Verissimo e na obra parca mas admirável de Dionélio Machado, ambos do Rio Grande do Sul.

Geralmente estas diversas orientações eram concebidas pelos autores e apresentadas pela crítica de um ponto de vista disjuntivo: uma *ou* outra. Sobretudo porque os autores tinham muita preocupação com os temas e uma concepção da escrita como veículo, mais do que como objeto central e integrador do processo narrativo. Os decênios de 1930 e 1940 foram momentos de renovação dos assuntos e busca da naturalidade, e a maioria dos escritores não sentia plenamente a importância da revolução estilística que por vezes efetuavam. Mas não esqueçamos que esses autores (quase todos despreocupados em refletir sobre a linguagem literária) estavam de fato construindo uma nova maneira de escrever, tornada possível pela liberdade que os modernistas do decênio de 1920 haviam conquistado e praticado. Por exemplo: a obtenção do ritmo oral em José Lins do Rego; a transfusão de poesia e a composição descontínua do primeiro Jorge Amado; a atualização da linguagem tradicional em Graciliano Ramos ou Marques Rebelo; o contundente prosaísmo de Dionélio Machado; a simplicidade chã de Erico Verissimo.

A posição politicamente radical de vários desses autores fazia-os procurar soluções antiacadêmicas e acolher os modos populares; mas ao mesmo tempo os tornava mais conscientes da sua contribuição ideológica e menos conscientes daquilo que na verdade traziam como renovação formal. De qualquer maneira, neles ganha ímpeto o movimento ainda em curso de *desliterarização*, com a quebra dos tabus de vocabulário e sintaxe, com o gosto pelos termos considerados *baixos* (segundo a convenção) e com a desarticulação estrutural da narrativa, que Mário de Andrade e Oswald de Andrade haviam começado nos anos de 1920 em nível de alta estilização, e que de um quase idioleto restrito tendia agora a se tornar linguagem natural da ficção, aberta a todos.

Essas linhagens de escritores liquidaram o velho regionalismo e retemperaram o moderno romance urbano, livrando-o da frivolidade que tinha predominado nos anos de 1910 e 1920. Os seus sucessores, que estrearam ou amadureceram nos anos de 1950, tiveram menos vigor, mas promoveram o que se pode chamar a consolidação da média, que segundo Mário de Andrade é essencial para a literatura. O que antes era exceção tornou-se rendimento normal, e se houve menos *erupções* de elevada criatividade, houve maior número de bons livros do que em qualquer outro momento da nossa ficção. Penso em contistas como Dalton Trevisan (estreia em 1954), mestre do conto curto e cruel, criador duma espécie de mitologia da sua cidade de Curitiba. Em Osman Lins (estreia em 1955), que foi passando do Realismo corrente para uma inquietação experimental que o atualizava sempre, até a morte. Em Fernando Sabino, cujo romance *Encontro marcado* (1956) é uma crônica da adolescência e da iniciação literária, numa prosa acelerada que faz da *performance* realista um ataque à realidade, para dela extrair o maior realce. Em Otto Lara Resende, autor de um romance que se prende pelas origens à atmosfera de Bernanos e dela se desprende, para conseguir um impacto seco de tragédia banal, no prosaísmo de um caderno de notas (*O braço direito*, 1963). Em Lygia Fagundes Telles (maturidade literária com *Ciranda de pedra*, 1954), que sempre teve o alto mérito de obter, no romance e no conto, a limpidez adequada a uma visão que penetra e revela, sem recurso a qualquer truque ou traço carregado, na linguagem ou na caracterização. Estes e outros, como Bernardo Élis, representam a boa linha média que caracteriza a ficção brasileira dos anos de 1950 e 1960.

Registro que, deles, só o último é regionalista; os outros circulam no universo dos valores urbanos, relativamente desligados de um interesse mais vivo pelo lugar, o momento, os costumes, que em seus livros entram por assim dizer na filigrana. Também nenhum deles manifesta preocupação ideológica por meio da ficção, com exceções que aumentam depois do Golpe Militar de 1964. Por isso, é difícil enquadrá-los numa opção, no sentido definido acima. Direita ou esquerda? Romance pessoal ou social? Escrita popular ou erudita? Pontos como estes, antes controversos, já não têm sentido com relação a livros marcados por uma experiência abrangente, segundo a qual a tomada de partido ou a denúncia são substituídos pelo modo de ser e existir, do ângulo da pessoa ou do grupo.

Mas chegando à última fase da ficção brasileira, que se manifesta nos anos de 1960 e 1970, devemos voltar atrás para registrar a obra de alguns inovadores, como Clarice Lispector, Guimarães Rosa e Murilo Rubião, que produziram um toque novo, percebido desde logo, nos três casos, por um crítico de grande acuidade — Álvaro Lins; mas que, sobretudo quanto aos dois últimos, só muito mais tarde seria captado pelo público e a maioria da crítica.

O romance *Perto do coração selvagem* (1943), de Clarice Lispector, foi quase tão importante para a ficção quanto, para a poesia, *Pedra de sono* (1942), de João Cabral de Melo Neto. Nele, de certo modo, o tema passava a segundo plano e a escrita a primeiro, fazendo ver que a elaboração do texto era elemento decisivo para a ficção atingir o seu pleno efeito. Por outras palavras, Clarice mostrava que a realidade social ou pessoal (que fornece o tema), e o instrumento verbal (que institui a linguagem) se justificam antes de mais nada pelo fato de produzirem uma realidade própria, com a sua inteligibilidade específica. Não se trata mais de ver o texto como algo que se esgota ao conduzir a este ou àquele aspecto do mundo e do ser; mas de lhe pedir que crie para nós o mundo, ou um mundo que existe e atua na medida em que é discurso literário. Este fato é requisito em qualquer obra, obviamente; mas se o autor assume maior consciência dele, mudam as maneiras de escrever e a crítica sente necessidade de reconsiderar os seus pontos de vista, inclusive a atitude disjuntiva (tema *a* ou tema *b*; direita *ou* esquerda; psicológico *ou* social). Isto porque, assim como os próprios escritores, a crítica verá que a força própria da ficção provém, antes de tudo, da convenção que permite elaborar os "mundos imaginários".

Guimarães Rosa publicou em 1946 um livro de contos regionais, *Sagarana*, com inflexão diferente graças à inventividade dos entrechos e à capacidade inovadora da linguagem. Prosseguindo silenciosamente neste rumo, ele o aprofundou durante anos numa série de contos longos, o último dos quais cresceu a ponto de se tornar um romance: respectivamente *Corpo de baile* (dois volumes) e *Grande sertão: veredas*, ambos publicados em 1956.

Muito mais do que no caso de Clarice Lispector, estes livros foram um acontecimento, não apenas pela sua grandeza singular, mas porque tomavam por dentro uma tendência tão perigosa quanto inevitável, o regionalismo, e procediam à sua explosão transfiguradora. Com isto Rosa alcançou o mais indiscutível universal através da exploração exaustiva quase implacável de um particular que geralmente desaguava em simples pitoresco. Machado de Assis tinha mostrado que num país novo e inculto era possível fazer literatura de grande significado, válida para qualquer lugar, deixando de lado a tentação do exotismo (quase irresistível no seu tempo). Guimarães Rosa cumpriu uma etapa mais arrojada: tentar o mesmo resultado sem contornar o perigo, mas aceitando-o, entrando de armas e bagagens pelo pitoresco regional mais completo e meticuloso, e assim conseguindo anulá-lo como particularidade, para transformá-lo em valor de todos. O mundo rústico do sertão ainda existe no Brasil, e ignorá-lo é um artifício. Por isso ele se impõe à consciência do artista, como à do político e do revolucionário. Rosa aceitou o desafio e fez dele matéria, não de regionalismo, mas de ficção pluridimensional, acima do seu ponto de partida contingente.

Com isso, tornou-se o maior ficcionista da língua portuguesa em nosso tempo, mostrando como é possível superar o realismo para intensificar o senso do real; como é possível entrar pelo fantástico e comunicar o mais legítimo sentimento do verdadeiro; como é possível instaurar a modernidade da escrita dentro da maior fidelidade à tradição da língua e à matriz da região. Além disso, em *Grande sertão: veredas*, forjou como instrumento privilegiado da narrativa o que se poderia chamar de monólogo infinito (um pouco no sentido da "melodia infinita") — que teria uma influência decisiva sobre a ficção brasileira posterior.

Com todos esses recursos na mão, talvez tenha sido o primeiro que fez a síntese final das obsessões constitutivas da nossa ficção, até ali dissociadas; a sede do particular como justificativa e como identificação; o desejo do geral como aspiração ao mundo dos valores inteligíveis à comunidade dos homens. Como sugeria em 1873 o artigo citado de Machado de Assis, tratava-se de fixar o particular, mesmo sob a sua forma extrema de pitoresco, como afirmação de uma autonomia interior que o transcende.

Com o livro de contos *O ex-mágico* (1947), Murilo Rubião instaurou no Brasil a ficção do insólito absurdo. Havia exemplos anteriores de outros tipos de insólito, sobretudo de cunho lírico, haja vista o admirável conto "O iniciado do vento", de Aníbal Machado, um dos escritores mais finos da nossa literatura moderna, formado no Modernismo e se expandindo a partir dos anos de 1940. Mas de absurdo havia casos limitados e de caráter cômico, sobretudo na poesia, como as décimas de um poeta popular do começo do século XIX, o Sapateiro Silva; ou, no decênio de 1840, a "poesia pantagruélica" de alguns românticos boêmios.

Com segurança meticulosa e absoluta parcialidade pelo gênero (pois nada escreve fora dele), Murilo Rubião elaborou os seus contos absurdos num momento de predomínio do realismo social, propondo um caminho que poucos identificaram e só mais tarde outros seguiram. Na meia penumbra ficou ele até a reedição modificada e aumentada daquele livro em 1966 (*Os dragões e outros contos*). Já então a voga de Borges e o começo da de Cortázar, logo seguida pela divulgação no Brasil de livros como *Cien años de soledad*, de García Márquez, fizeram a crítica e os leitores atentarem para este discreto precursor local, que todavia precisou esperar os anos de 1970 para atingir plenamente o público e ver reconhecida a sua importância. Entrementes a ficção tinha-se transformado e, de exceção, ele passava quase a uma alta regra.

4

O decênio de 1960 foi primeiro turbulento e depois terrível. A princípio, a radicalização generosa mas desorganizada do populismo, no governo João Goulart. Em seguida, graças ao pavor da burguesia e à atuação do imperialismo, o Golpe Militar de 1964, que se transformou em 1968 de brutalmente opressivo em ferozmente repressivo.

Na fase inicial, período Goulart, houve um aumento de interesse pela cultura popular e um grande esforço para exprimir as aspirações e reivindicações do povo — no teatro, no cinema, na poesia, na educação. O golpe não cortou tudo desde logo, mas aos poucos. E então surgiram algumas manifestações de revolta, meio caóticas, berrantes e demolidoras, como o Tropicalismo. Na verdade, tratava-se de um processo transformador que teve como eixo os movimentos estudantis de 1968 e desfechou num anticonvencionalismo que ainda hoje orienta a produção cultural — em sincronia com a mudança dos costumes, a dissolução da moda no vestuário, a quebra das hierarquias convencionais, a busca entre patética e desvairada de uma situação de *catch-as-catch-can* em atmosfera de terra de ninguém.

Na ficção, o decênio de 1960 teve algumas manifestações fortes na linha mais ou menos tradicional de fatura, como os romances de Antonio Callado, que renovou a "literatura participante" com destemor e perícia, tornando-se o primeiro cronista de qualidade do golpe militar em *Quarup* (1967), a que seguiria a história desabusada da esquerda aventureira em *Bar Don Juan* (1971). Na mesma linha de inconformismo e oposição, o veterano Erico Verissimo produziu a fábula política *Incidente* em *Antares* (1971), e com o correr dos anos surgiu o que se poderia chamar "geração da repressão", formada pelos jovens escritores amadurecidos depois do golpe, dos quais serve de amostra Renato Tapajós, no romance *Em câmara lenta* (1977), análise do terrorismo com técnica ficcional avançada (apreendido por ordem da censura, foi liberado judicialmente em 1979).

Mas o timbre dos anos de 1960 e sobretudo 1970 foram as contribuições de linha experimental e renovadora, refletindo de maneira crispada, na técnica e na concepção da narrativa, esses anos de vanguarda estética e amargura política.

Se a respeito dos escritores dos anos de 1950 falei na dificuldade em optar, no fim da apreciação "disjuntiva", com relação aos que avultam no decênio de 1970 pode-se falar em verdadeira legitimação da pluralidade. Não se trata mais de coexistência pacífica das diversas modalidades de romance e conto, mas do desdobramento destes gêneros, que na verdade deixam de ser gêneros, incorporando técnicas e linguagens nunca dantes imaginadas dentro de suas fronteiras. Resultam textos indefiníveis: romances que mais parecem reportagens; contos que não se distinguem de poemas ou crônicas, semeados de sinais e fotomontagens; autobiografias com tonalidade e técnica de romance; narrativas que são cenas de teatro; textos feitos com a justaposição de recortes, documentos, lembranças, reflexões de toda a sorte. A ficção recebe na carne mais sensível o impacto do boom jornalístico moderno, do espantoso incremento de revistas e pequenos semanários, da propaganda, da televisão, das vanguardas poéticas que atuam desde o fim dos anos de 1950, sobretudo o Concretismo, *storm-center* que abalou hábitos mentais, inclusive porque se apoiou em reflexão teórica exigente. Uma ideia do que há de característico na ficção mais recente pode ser dada pela coleção Nosso Tempo, da Editora Ática, de São Paulo, que publica os jovens em edições cujo projeto gráfico arrojado e vistoso tem um relevo equivalente ao do texto, formando ambos um conjunto anticonvencional, que agride o leitor ao mesmo tempo em que o envolve. E o envolvimento agressivo parece uma das chaves para se entender a nossa ficção presente.

Mas, a princípio, o que pareceu avultar como influência foi algo mais brando: a de Clarice Lispector. Ela é provavelmente a origem das tendências desestruturantes, que dissolvem o enredo na descrição e praticam esta com o gosto pelos contornos fugidios. Decorre a perda da visão de conjunto devido ao meticuloso acúmulo de pormenores, que um crítico atribuiu com argúcia à visão feminina, presa ao miúdo concreto. Daí a produção de textos monótonos do tipo "nouveau roman", de que Clarice foi talvez uma desconhecida precursora, e que verificamos em outras ficcionistas que vieram na sua esteira, como Maria Alice Barroso (estreia em 1960) e Nélida Piñon (estreia em 1961).

Traço característico é também a ficcionalização de outros gêneros (crônica, autobiografia), sem falar da vocação ficcional transferida para fora da palavra escrita, indo levar a diversas artes o que era substância do conto e do romance: cinema, teatro, telenovela (cada dia mais importante e atraindo boas vocações de escritor). É sabido como a ficção encontrou no cinema um escoadouro excepcional, sobretudo a partir do "cinema novo" dos anos de 1950 e 1960, quando se tornou normal que os diretores concebessem e escrevessem os roteiros dos seus filmes. Muitos romancistas potenciais se realizaram deste modo, como tantos poetas que preferiram a canção, a exemplo de Vinicius de Moraes.

Segundo opinião bastante difundida, o conto representa o melhor da ficção brasileira mais recente, e de fato alguns contistas se destacam pela penetração veemente no real graças a técnicas renovadoras, devidas, quer à invenção, quer à transformação das antigas. Não é possível nem cabível enumerá-los aqui, mas alguns nomes devem ser mencionados.

João Antônio publicou em 1963 a vigorosa coletânea *Malagueta, Perus e Bacanaço*; mas a sua obra-prima (e obra-prima em nossa ficção) é o conto longo "Paulinho Perna-Torta", de 1965. Nele parece realizar-se de maneira privilegiada a aspiração a uma prosa aderente a todos os níveis da realidade, graças ao fluxo do monólogo, à gíria, à abolição das diferenças entre falado e escrito, ao ritmo galopante da escrita, que acerta o passo com o pensamento para mostrar de maneira brutal a vida do crime e da prostituição.

Esta espécie de ultrarrealismo sem preconceitos aparece igualmente na parte mais forte do grande mestre do conto que é Rubem Fonseca (estreia em 1963). Ele também agride o leitor pela violência, não apenas dos temas, mas dos recursos técnicos — fundindo ser e ato na eficácia de uma fala magistral em primeira pessoa, propondo soluções alternativas na sequência da narração, avançando as fronteiras da literatura no rumo duma espécie de notícia crua da vida.

Estes dois escritores representam em alto nível uma das tendências salientes do momento, que se poderia chamar de "realismo feroz", de que talvez tenham sido os propulsores. O mesmo se observa em outros, como Ignácio de Loyola, cujo romance *Zero* (1975) ficou pronto em 1971 mas, não encontrando meios de ser publicado no Brasil, apareceu inicialmente na tradução italiana. E, quando saiu aqui, foi proibido pela censura, que só neste ano (1979) o liberou.

Outra tendência é a ruptura, agora generalizada, do pacto realista (que dominou a ficção por mais de duzentos anos), graças à injeção de um insólito que de recessivo passou a predominante e, como vimos, teve nos contos do absurdo de Murilo Rubião o seu precursor. Com certeza foi a voga da ficção hispano-americana que levou para este rumo o gosto dos autores e do público. Os seus adeptos são legião, mas bem antes da moda se instalar José J. Veiga tinha publicado *Os cavalinhos de Platiplanto* (1959) — contos marcados por uma espécie de tranquilidade catastrófica.

Convém lembrar que a ruptura das normas pode ocorrer por meio do recurso a sinais gráficos, figuras, fotografias, não apenas inseridos no texto, mas fazendo parte orgânica do projeto gráfico dos livros, como nas mencionadas edições da Ática. Vejam-se a este propósito os dois de Roberto Drummond: *A morte de D. J. em Paris* (1975), contos, e o romance *O dia em que Ernest Hemingway morreu crucificado* (1978). Insólito no texto e no contexto gráfico.

Muitos autores mantêm uma linha que se poderia chamar de mais tradicional, sem dizer com isto que seja convencional, pois na verdade operam dentro dela com audácia — no tema, na violação dos usos literários, na procura de uma naturalidade coloquial que vem sendo buscada desde o Modernismo dos anos de 1920 e só agora parece instalar-se de fato na prática geral da literatura. Pode-se mencionar neste rumo a obra discreta de Luiz Vilela, escritor bastante fecundo que estreou em 1967 com um volume de contos. E mesmo numa indicação muito incompleta, não é possível omitir a curiosa vertente satírica de corte picaresco, de que é manifestação *Galvez, imperador do Acre* (1976), de Márcio Souza, antissaga desmistificadora dos aventureiros da Amazônia.

Pelo dito, vê-se que estamos ante uma literatura do contra. Contra a escrita elegante, antigo ideal castiço; contra a convenção realista, baseada na verossimilhança e o seu pressuposto de uma escolha dirigida pela convenção cultural; contra a lógica narrativa, isto é, a concatenação graduada das partes pela técnica da dosagem dos efeitos; finalmente, contra a ordem social, sem que com isso os textos manifestem uma posição política determinada (embora o autor possa tê-la). Talvez esteja aí mais um traço dessa literatura recente: a negação implícita sem afirmação explícita da ideologia.

Estas tendências podem ser ligadas às condições do momento histórico e ao efeito das vanguardas artísticas, que por motivos diferentes favoreceram um movimento duplo de negação e superação. A ditadura militar — com a violência repressiva, a censura, a caça aos inconformados — certamente aguçou por contragolpe, nos intelectuais e artistas, o sentimento de oposição, sem com isto permitir a sua manifestação clara. Por outro lado, o pressuposto das vanguardas era também de negação, como foi entre outros o caso do Tropicalismo dos anos de 1960, que desencadeou uma recusa trepidante e final dos valores tradicionais que regiam a arte e a literatura, como bom gosto, equilíbrio, senso das proporções.

É possível enquadrar nesta ordem de ideias o que denominei "realismo feroz", se lembrarmos que, além disso, ele corresponde à era de violência urbana em todos os níveis do comportamento. Guerrilha, criminalidade solta, superpopulação, migração para as cidades, quebra do ritmo estabelecido de vida, marginalidade econômica e social — tudo abala a consciência do escritor e cria novas necessidades no leitor, em ritmo acelerado. Um teste interessante é a evolução da censura, que em vinte anos foi obrigada a se abrir cada vez mais à descrição crua da vida sexual, ao palavrão, à crueldade, à obscenidade — no cinema, no teatro, no livro, no jornal —, apesar do arrocho do regime militar.

Talvez este tipo de feroz realismo se perfaça melhor na narrativa em primeira pessoa, dominante na ficção brasileira atual, em parte, como ficou sugerido, pela provável influência de Guimarães Rosa. A brutalidade da situação é transmitida pela brutalidade do seu agente (personagem), ao qual se identifica a voz narrativa, que assim descarta qualquer interrupção ou contraste crítico entre narrador e matéria narrada. Na tradição naturalista o narrador em terceira pessoa tentava identificar-se ao nível do personagem popular através do discurso indireto livre. No Brasil isto era difícil por motivos sociais: o escritor não queria arriscar a identificação do seu status, por causa da instabilidade das camadas sociais e da degradação do trabalho escravo. Por isso usava a linguagem culta no discurso indireto (que o definia) e incorporava entre aspas a linguagem popular no discurso direto (que definia o *outro*); no indireto livre, depois de tudo já definido, esboçava uma prudente fusão.

Daí o cunho exótico do regionalismo e de muitos romances de tema urbano. O desejo de preservar a distância social levava o escritor, malgrado a *simpatia* literária, a definir a sua posição superior, tratando de maneira paternalista a linguagem e os temas do povo. Por isso se encastelava na terceira pessoa, que define o ponto de vista do Realismo tradicional.

O esforço do escritor atual é inverso. Ele deseja apagar as distâncias sociais, identificando-se com a matéria popular. Por isso usa a primeira pessoa como recurso para confundir autor e personagem, adotando uma espécie de discurso direto permanente e desconvencionalizado, que permite fusão maior que a do indireto livre. Esta abdicação estilística é um traço da maior importância na atual ficção brasileira (e com certeza também em outras).

Um reparo, todavia. Escritores como Rubem Fonseca primam quando usam esta técnica, mas quando passam à terceira pessoa ou descrevem situações da sua classe social, a força parece cair. Isto leva a perguntar se eles não estão criando um novo exotismo de tipo especial, que ficará mais evidente para os leitores futuros; se não estão sendo eficientes, em parte, pelo fato de apresentarem temas, situações e modos de falar do marginal, da prostituta, do inculto das cidades, que para o leitor de classe média têm o atrativo de qualquer outro pitoresco. Mas seja como for, estão operando uma extraordinária expansão do âmbito literário, como grandes inovadores. Os ficcionistas dos anos de 1930 e 1940 inovaram no temário e no léxico, assim como no progresso rumo à oralidade. Estes vão mais longe e entram pela própria natureza do discurso ficcional, mesmo quando não alcançam a eminência daqueles predecessores.

Este ânimo de experimentar e renovar talvez enfraqueça a ambição criadora, porque se concentra no pequeno fazer de cada texto. Daí o abandono dos grandes projetos de antanho: o *Ciclo da cana-de-açúcar*, de José Lins do Rego (cinco títulos); *Os romances da Bahia*, de Jorge Amado (seis títulos); *Tragédia burguesa*, de Otávio de Faria (treze títulos); *O espelho partido*, de Marques Rebelo (sete títulos projetados); *O tempo e o vento*, de Erico Verissimo (nove títulos). O ímpeto narrativo se atomiza e a unidade ideal acaba sendo o conto, a crônica, o sketch, que permitem manter a tensão difícil da violência, do insólito ou da visão fulgurante.

Ao mesmo tempo, nos vemos lançados numa ficção sem parâmetros críticos de julgamento. Não se cogita mais de produzir (nem de usar como categorias) a Beleza, a Graça, a Emoção, a Simetria, a Harmonia. O que vale é o Impacto, produzido pela Habilidade ou a Força. Não se deseja emocionar nem suscitar a contemplação, mas causar choque no leitor e excitar a argúcia do crítico, por meio de textos que penetram com vigor mas não se deixam avaliar com facilidade.

Talvez, por isso, caiba refletir, para argumentar, sobre os limites da inovação que vai se tornando rotineira e resiste menos ao tempo. Aliás, a duração parece não importar à nova literatura, cuja natureza é frequentemente a de uma montagem provisória em era de leitura apressada, requerendo publicações ajustadas ao espaço curto de cada dia. Dentro desta luta contra a pressa e o esquecimento rápido, exageram-se os recursos, e eles acabam virando clichês aguados nas mãos da maioria, que apenas segue e transmite a moda.

Daí, quem sabe, o fato de alguns dos livros mais criadores e sem dúvida mais interessantes da narrativa brasileira recente serem devidos a não ficcionistas ou, mesmo, não serem de ficção... Por isso, apresentam uma escrita antes tradicional, com ausência de recursos espetaculares, aceitação dos limites da palavra escrita, renúncia à mistura de recursos e artes, indiferença às provocações estilísticas e estruturais.

Quero me referir a livros como *Maíra* (1976), romance de Darcy Ribeiro; *Três mulheres de três pês* (1977), contos de Paulo Emílio Sales Gomes; e os quatro volumes publicados das memórias de Pedro Nava: *Baú de ossos* (1972), *Balão cativo* (1973), *Chão de ferro* (1976), *Beira-mar* (1978).

Darcy Ribeiro, que tem uma obra notável de antropólogo e educador, além de uma corajosa atividade de homem público progressista, nunca escrevera antes ficção. O seu romance é uma retomada original do Indianismo, operando em três planos: o dos deuses, o dos índios, o dos brancos. A correlação dos planos, a força germinal dos mitos, misturada à ordem social do primitivo e tudo questionado pela interferência do branco, são manipulados com uma maestria narrativa sem modismos nem preconceitos estilísticos, de maneira a atingir aquela modernidade que não é a das vanguardas, e sim a da expressão que encontra uma espécie de plenitude. Com patético, mas com ironia, ele recria a utilização ficcional do índio em chave transfiguradora, que lembra o que Guimarães Rosa fizera com o regionalismo: uma explosão nuclear.

Paulo Emílio sempre foi um estudioso de cinema, o maior crítico cinematográfico que já tivemos, o criador do movimento das cinematecas no Brasil, o autor de monografias clássicas sobre Jean Vigo e Humberto Mauro. A sua livre e extraordinária imaginação sempre aspirou a algo mais, porém só no fim da vida, aos sessenta anos, escreveu os três contos longos do mencionado livro, que tratam de relações amorosas complicadas, com uma rara liberdade de escrita e concepção. No entanto, a sua modernidade serena e corrosiva se exprime numa prosa quase clássica, translúcida e irônica, com certa libertinagem de tom que faz pensar em ficcionistas franceses do século XVIII.

Pedro Nava, médico eminente, era conhecido em literatura por alguns amigos, devido à participação no movimento modernista de Minas; e por alguns raros poemas de amador original e talentoso. De repente, aos setenta anos, começa a publicar as suas espantosas memórias, numa linguagem extremamente saborosa, de uma prolixidade que fascina proustianamente o leitor. Nós as lemos como se fossem ficção, porque são de fato poderosamente ficcionais a força da caracterização e a disposição imaginosa dos acontecimentos, que, mesmo quando documentados no ponto de partida, são tratados com o tipo de fantasia que distingue o romancista.

Portanto, na literatura brasileira atual há uma circunstância que faz refletir: a ficção procurou de tantos modos sair das suas normas, assimilar outros recursos, fazer pactos com outras artes e meios, que nós acabamos considerando como obras ficcionalmente mais bem realizadas e satisfatórias algumas que foram elaboradas sem preocupação de inovar, sem vinco de escola, sem compromisso com a moda; inclusive uma que não é ficcional. Seria um acaso? Ou seria um aviso? Eu não saberia nem ousaria dizer. Apenas verifico uma coisa que é pelo menos intrigante e estimula a investigação crítica.

Notas bibliográficas

1. "A educação pela noite": palestra na Academia Paulista de Letras, setembro de 1981, na série comemorativa do sesquicentenário do nascimento do poeta, publicada com o título "Teatro e narrativa em prosa de Álvares de Azevedo", como introdução ao *Macário*. Campinas: Universidade Estadual de Campinas; Instituto de Estudos da Linguagem, 1982.
2. "Os primeiros baudelairianos": publicado em *Studia Iberica. Festschrift für Hans Flasche*, Herausgegeben von Karl-Hermann Körner und Klaus Rühl, Berna; Munique: Francke, 1973.
3. "Os olhos, a barca e o espelho": palestra no Instituto Brasileiro de Estudos Africanistas, São Paulo, maio de 1976, publicada no Suplemento Cultural d'*O Estado de S. Paulo*, ano I, n. 1, 17 out. 1976.
4. "Poesia e ficção na autobiografia": palestra em Belo Horizonte, março de 1976, publicada com o título "Autobiografia poética e ficcional de Minas", no volume coletivo *IV Seminário de Estudos Mineiros*, Edições do Cinquentenário da Universidade Federal de Minas Gerais, 1977.
5. "O patriarca" apareceu em versão menor e com o título "Nas origens da teoria do romance" no Caderno de Sábado do *Correio do Povo*, Porto Alegre, 13 dez. 1969, com uma nota dizendo que era "publicado como manifestação de solidariedade ao eminente professor Ângelo Ricci e sua equipe, e como preito à obra que realizou no setor de Teoria Literária da Universidade Federal do Rio Grande do Sul". (O professor Ricci e outros colegas haviam sido aposentados punitivamente com base no AI-5.)
6. "Timidez do romance": publicado em "Miscelânea de estudos dedicados ao professor Theodoro Henrique Maurer Júnior", *Revista Alfa*, São Paulo, Faculdade de Filosofia de Marília, n. 18-19, 1972-1973.
7. "Fora do texto, dentro da vida" é, sem este título, a introdução a *Sílvio Romero: Teoria, crítica e história literária*. Seleção e apresentação de Antonio Candido. Rio de Janeiro: Livros Técnicos e Científicos; São Paulo: Edusp, 1978. Reproduzido aqui com licença do professor José Aderaldo Castello, diretor da Biblioteca Universitária de Literatura Brasileira, coleção de que o livro faz parte.

8. "O ato crítico": palestra na Biblioteca Municipal de São Paulo em setembro de 1978, publicada no respectivo *Boletim Bibliográfico*, v. 39, n. 3-4, jul.-dez. 1978, com o título "Sérgio Milliet, o crítico".
9. "Literatura e subdesenvolvimento": apareceu em tradução francesa de Claude Fell, na revista *Cahiers d'Histoire Mondiale*, Paris, Unesco, v. XII, n. 4, 1970, e a seguir em espanhol na obra coletiva a que se destinava: *América Latina en su Literatura*. Coordinación y Introducción de César Fernández Moreno. México: Unesco; Siglo Veintiuno, 1972. Editada em português pela Editora Perspectiva (São Paulo, 1979), à qual agradeço a permissão de incluí-lo neste volume. Em nossa língua, já saíra na revista *Argumento*, ano I, n. 1, out. 1973.
10. "Literatura de dois gumes": lido em tradução inglesa de Celso Lafer na Universidade Cornell, março de 1966, e publicado com alguns cortes e o título "Literature and the Rise of Brazilian Self-Identity", tradução de Charles Eastlack, *Luso-Brazilian Review*, Wisconsin, v. 1, 1968. Em português [com o título "Literatura e consciência nacional"], no *Suplemento Literário de Minas Gerais*, v. 4, n. 158, pp. 8-11, set. 1969.
11. "A Revolução de 1930 e a cultura": contribuição ao Simpósio sobre a Revolução de Trinta, promovido no mês de outubro de 1980 em Porto Alegre pela Universidade Federal do Rio Grande do Sul, que o publicou no volume com este título em 1983.
12. "A nova narrativa": comunicação, com o título "O papel do Brasil na nova narrativa", ao encontro sobre ficção latino-americana contemporânea no Woodrow Wilson Center for Scholars, Washington, outubro de 1979, lida na ausência do autor por Roberto Schwarz. Publicada [com o título "Os brasileiros e a literatura latino-americana"] em *Novos Estudos Cebrap*, São Paulo, v. 1, n. 1, pp. 58-68, dez. 1981, e [com o título "O papel do Brasil na nova narrativa"] na *Revista de Crítica Literaria Latinoamericana*, Lima, ano 7, n. 14, pp. 103-117, 1981. Em espanhol, no livro coletivo *Más allá del boom: Literatura y mercado*. México: Marcha, 1982; e [com o título "Los brasileños y la literatura latinoamericana"] em *Casa de las Américas*, Havana, v. 23, n. 136, pp. 82-92, jan.-fev. 1983.

Mary C. N. Lafer

Antonio Candido de Mello e Souza nasceu no Rio de Janeiro, em 1918. Crítico literário, sociólogo, professor, mas sobretudo um intérprete do Brasil, foi um dos mais importantes intelectuais brasileiros. Candido partilhava com Gilberto Freyre, Caio Prado Jr., Celso Furtado e Sérgio Buarque de Holanda uma largueza de escopo que o pensamento social do país jamais voltaria a igualar, aliando anseio por justiça social, densidade teórica e qualidade estética. Com eles também tinha em comum o gosto pela forma do ensaio, incorporando o legado modernista numa escrita a um só tempo refinada e cristalina. É autor de clássicos como *Formação da literatura brasileira* (1959), *Literatura e sociedade* (1965) e *O discurso e a cidade* (1993), entre diversos outros livros. Morreu em 2017, em São Paulo.

© Ana Luisa Escorel, 2023

Todos os direitos desta edição reservados à Todavia.

Grafia atualizada segundo o Acordo Ortográfico da Língua Portuguesa de 1990, que entrou em vigor no Brasil em 2009.

Este volume tomou como base a sexta edição de *A educação pela noite* (Rio de Janeiro: Ouro sobre Azul, 2017), elaborada a partir da última versão revista por Antonio Candido. Em casos específicos, e a pedido dos representantes do autor, a Todavia também seguiu os critérios de estilo da referida edição.
O texto de orelha, redigido originalmente pelo próprio Antonio Candido, foi mantido.

capa
Oga Mendonça
composição
Maria Lúcia Braga e Fernando Braga,
sob a supervisão da Ouro sobre Azul
preparação e revisão
Huendel Viana
Jane Pessoa

Dados Internacionais de Catalogação na Publicação (CIP)

Candido, Antonio (1918-2017)
A educação pela noite / Antonio Candido. — 1. ed. — São Paulo : Todavia, 2023.

Ano da primeira edição: 1987
ISBN 978-65-5692-526-4

1. Literatura brasileira. 2. Literatura e sociedade.
I. Título.

CDD B869.4

Índice para catálogo sistemático:
1. Literatura brasileira : Ensaio B869.4

Bruna Heller — Bibliotecária — CRB 10/2348

todavia
Rua Luís Anhaia, 44
05433.020 São Paulo SP
T. 55 11. 3094 0500
www.todavialivros.com.br

Acesse e leia textos encomendados especialmente
para a Coleção Antonio Candido na Todavia.
www.todavialivros.com.br/antoniocandido

fonte Register*
papel Pólen natural 80 g/m²
impressão Geográfica